Opfervertrauen und Strafzumessung

Europäische Hochschulschriften

Publications Universitaires Européennes
European University Studies

Reihe II
Rechtswissenschaft

Série II Series II
Droit
Law

Bd./Vol. 2253

PETER LANG
Frankfurt am Main · Berlin · Bern · New York · Paris · Wien

Claudia Büch-Schmitz

Opfervertrauen und Strafzumessung

PETER LANG
Europäischer Verlag der Wissenschaften

Die Deutsche Bibliothek - CIP-Einheitsaufnahme

Büch-Schmitz, Claudia:

Opfervertrauen und Strafzumessung / Claudia Büch-Schmitz. - Frankfurt am Main ; Berlin ; Bern ; New York ; Paris ; Wien : Lang, 1997

(Europäische Hochschulschriften : Reihe 2, Rechtswissenschaft ; Bd. 2253)
Zugl.: Mainz, Univ., Diss., 1997
ISBN 3-631-32112-0

D 77
ISSN 0531-7312
ISBN 3-631-32112-0

Vorwort

Das Opfer der Straftat findet in Kriminologie und Strafrecht zunehmend Berücksichtigung, nicht nur, wenn es um die Stärkung seiner Stellung und seines Schutzes im Strafprozeß geht, sondern auch bei der Frage nach der angemessenen Strafe.

Einigkeit besteht in Literatur und Rechtsprechung darüber, daß bestimmte Opferverhaltensweisen sowie Täter-Opfer-Beziehungen für die Beurteilung der Straftat herangezogen werden und sich – zumindest auch – bei der Bemessung der Strafe niederschlagen müssen. Streit besteht jedoch darüber, ob eine ausschließliche Berücksichtigung im Rahmen der Strafzumessung der Rolle des Opfers ausreichend Rechnung trägt und wie sich ein als strafzumessungsrelevant erwiesener opferbezogener Umstand auf die Strafzumessungsschuld des Täters auswirkt.

Die vorliegende Arbeit unternimmt den Versuch, strafzumessungsrelevante Opferverhaltensweisen unter strafrechtlichen und kriminologischen Gesichtspunkten zu systematisieren und anhand eines bestimmten Opferverhaltens, nämlich des Opfervertrauens, exemplarisch darzulegen, wie aus den vorhandenen gesetzlichen und gewohnheitsrechtlichen Regelungen sowie von der Rechtsprechung entwickelten Rechtsinstituten Anhaltspunkte für die Bewertungsrichtung gewonnen werden können.

Es handelt sich um meine Dissertation, die dem Fachbereich Rechts- und Wirtschaftswissenschaften der Johannes Gutenberg-Universität zu Mainz im Wintersemester 1995/1996 vorlag.

Bedanken möchte ich mich an dieser Stelle vor allem bei Herrn Prof. Dr. Alexander Böhm, der schon in den ersten Semestern mein Interesse für das Strafrecht, insbesondere auch für die Folgen einer Straftat geweckt und die Arbeit angeregt hat. Mein Dank gilt des weiteren Herrn Prof. Dr. Dr. Michael Bock für die Erstattung des Zweitgutachtens.

Schließlich danke ich meinen Eltern, meiner Schwester sowie meinem Ehemann für ihre Unterstützung und Ermunterung zur Fertigstellung der Arbeit.

Mainz, 7. April 1997
Claudia Büch-Schmitz

Inhaltsverzeichnis

Literaturverzeichnis

Achenbach, Hans: Historische und dogmatische Grundlagen der strafrechtlichen Schuldlehre, Berlin 1974, zit.: Achenbach, 1974

ders.: Individuelle Zurechnung, Verantwortlichkeit, Schuld, in: Schünemann, Bernd (Hrsg.): Grundfragen des modernen Strafrechtssystems, Berlin 1984, S. 135-151, zit.: Achenbach, 1984

ders.: Übungsklausur Strafrecht (Fall aus dem Bereich des Betruges, mit Randproblemen bei Untreue und Urkundenfälschung), in: Juristische Ausbildung 1984, S. 602-608

Amelung, Knut: Irrtum und Zweifel des Getäuschten beim Betrug, in: Goltdammer's Archiv für Strafrecht 1977, S. 5-17

Amelunxen, Clemens: Strafjustitz und Viktimologie, in: Kriminalistik 1969, S. 178-181

ders.: Das Opfer der Straftat, Hamburg 1970, zit.: Amelunxen, 1970

Amir, Menachem: Patterns in Forcible Rape, Chicago 1971

Antilla, Inkeri: Victimology - A New Territory in Criminology, in: Scandinavian Studies in Criminology 1974 (Volume) 5, S. 7-10

Arzt, Gunther: Zur Bekämpfung der Vermögensdelikte mit zivilrechtlichen Mitteln - Der Ladendiebstahl als Beispiel, in: Juristische Schulung 1974, S. 693-698

ders.: Kriminalitätsbekämpfung durch vorbeugende Sicherung - Ausweg aus der Sackgasse ?, in: Kriminalistik 1976, S. 433-435

ders.: Ursachen und Folgen der Kriminalitätsfurcht, in: Juristische Blätter 1978, S.173-183

ders.: Viktimologie und Strafrecht. Zugleich eine Besprechung von Thomas Hillenkamp, Vorsatztat und Opferverhalten, Göttingen 1981 (Göttinger rechtswissenschaftliche Studien Band 115), in: Monatsschrift für Kriminologie und Strafrechtsreform 67 (1984), S. 105-124

ders.: Straftatopfer und Strafrecht, insbesondere Nötigung und Wucher, in: Haesler, Walter T. (Hrsg.), Viktimologie, Grusch 1986, S. 161-175, zit.: Arzt, 1986

ders./Weber, Ulrich: Strafrecht. Besonderer Teil: ein Lehrheft in 5 Heften. LH 3: Vermögensdelikte (Kernbereich), 2. Auflage Bielefeld 1986, zit.: Arzt/Weber, 1986 *dies.*: Strafrecht. Besonderer Teil: ein Lehrheft in 5 Heften. LH 1: Delikte gegen die Person, 3. Auflage Bielefeld 1988, zit.: Arzt/Weber, 1988

Avison, Nelville H.: Victims of Homicide, in: Drapkin, Israel/Viano, Emilio (Hrsg.), Victimology, A New Focus, Volume 4, Toronto, London 1973, S. 55-68

Ball, Richard: The Victimological cycle, in: Victimology, an international journal, Bd. 1 (1976) S. 379-395

Ballerstedt, Kurt: Zur Haftung für culpa in contrahendo bei Geschäftsabschluß durch Vertreter, in: Archiv für civilistische Praxis 151 (1950/1951), S. 501-531

Bauer, Georg: Der Strafzumessungsvorgang als stufenweise Konkretisierung des gesetzlichen Strafrahmens, Diss. Mannheim 1984

Baumann, Jürgen: Über die notwendigen Veränderungen im Bereich des Vermögensschutzes, in: Juristenzeitung 1972, S. 1-6

ders.: Schuld und Verantwortung, in: Juristenzeitung 1962, S. 41-48

ders./Weber, Ulrich: Strafrecht, Allgemeiner Teil, 9. Auflage Bielefeld 1985

ders./Brauneck, Anne-Eva/*Hanack,* Walter u.a.: Alternativ-Entwurf eines Strafgesetzbuches, Allgemeiner Teil, 2. Auflage Tübingen 1962, zit.: Baumann/ Brauneck, 1962

dies./Grünwald, Gerald: Alternativ-Entwurf eines Strafgesetzbuches, Besonderer Teil, Sexualdelikte, Straftaten gegen die Ehe, Familie, Straftaten gegen den religiösen Frieden und die Totenruhe, Tübingen 1968, zit.: Baumann/ Brauneck, 1968

Baurmann, Michael: Zweckrationalität und Strafrecht. Argumente für ein tatbezogenes Maßnahmerecht, Opladen 1987

Bein, Dan: The Impact of the Victim's Behaviour on the Severity of the Offender's Sentence (With special reference to Israeli law), in: Drapkin, Israel/ Viano, Emilio (Hrsg.), Victimology. A New Focus, Volume 3, Toronto, London 1973, S. 49-65

Beling, Hans: Die Lehre vom Verbrechen, Tübingen 1906

Ben David, Sarah: Die Interaktion zwischen Täter und Opfer während der Vergewaltigung, in: Schneider, Hans-Joachim (Hrsg.), Das Verbrechensopfer in der Strafrechtspflege. Psychologische, kriminologische, strafrechtliche und strafverfahrensrechtliche Aspekte. Ausgewählte Referate des Dritten Internationalen Symposiums für Viktimologie in Münster/Westfalen, Berlin, New York 1982, S. 242-252

Beulke, Werner: Anmerkung zum Urteil des Landgerichts Mannheim vom 7.10.1976 - 2 Ns 98/76, in: Neue Juristische Wochenschrift 1977, S. 1073-1074

ders.: Anmerkung zum Urteil des OLG Stuttgart vom 21.11. 1977 - 3 Ss 624/77, in: Juristische Rundschau 1978, S. 390

Binding, Karl: Grundriß des deutschen Strafrechts, Allgemeiner Teil, 7. Auflage Leipzig 1907

Blei, Hans: Die Verletzung des persönlichen Lebens- und Geheimnisbereichs (15. Abschnitt: §§ 201ff. StGB) i.d.F. des EGStGB, in: Juristische Arbeitsblätter 1974, S. 601608

Blei, Hermann: Strafrecht. I. Allgemeiner Teil, 18. Auflage München 1983, zit.: Blei, He., 1983

ders.: Strafrecht. Allgemeiner Teil, 11. Auflage München 1992 (Prüfe dein Wissen Heft 9), zit.: Blei, He., 1992

Bottke, Wilfried: Anmerkung zum Urteil des BGH vom 22.10. 1986 - 3 StR 226/86, in: Juristische Rundschau 1987, S. 428-431

Brammsen, Joerg: (Besprechung) Ellmer, Manfred, Betrug und Opfermitverantwortung (Strafrechtliche Abhandlungen, N.F. Bd. 57). Berlin 1986, in: Monatsschrift für Kriminologie und Strafrechtsreform 1986, S. 375-378

Brauneck, Anne-Eva: Der strafrechtliche Schuldbegriff, in: Goltdammer's Archiv für Strafrecht 1959, S. 261-272

Breidenbach, Stephan: Anmerkung zum Urteil des OLG Stuttgart vom 18.10. 1989 - 6 U 64/88, in: Computer und Recht 1989, S. 600-602

Brockhaus (Hrsg.): Der Große Brockhaus, Band 12, 16. Auflage Wiesbaden 1957

Bruckmann, Ernst-Otto: Vorschlag zur Reform des Strafzumessungsrechts, in: Zeitschrift für Rechtspolitik 1973, S. 30-34

Bruns, Hans-Jürgen: Zum Revisionsgrund der - ohne sonstige Rechtsfehler - "ungerecht" bemessenen Strafe. Bedarf es zur vollen revisionsgerichtlichen Strafzumessungskontrolle der Einführung der "Urteilsrüge"?, in: Bockelmann, Paul/Kaufmann, Arthur/Klug, Ulrich (Hrsg.), Festschrift für Karl Engisch zum 70. Geburtstag, Frankfurt am Main 1969, S. 708-723

ders.: (Besprechung) "Stratenwerth, Günter: Tatschuld und Strafzumessung, Tübingen: J.C.B. Mohr (Paul Siebeck). 1971. 37 S. (Recht und Staat, H. 406/407) brosch. 7.40; Subskr.-Pr. 6.70", in: Juristenzeitung 1972, S. 414-415 *ders.*: Strafzumessungsrecht. Gesamtdarstellung, 2. Auflage Köln, Berlin, Bonn usw. 1974, zit.: Bruns, 1974

ders.: "Stellenwerttheorie" oder "Doppelspurige Strafhöhenbemessung"?, in: Jescheck, Hans-Heinrich/Lüttger, Hans (Hrsg.), Festschrift für Eduard Dreher zum 70. Geburtstag am 29. April 1977, Berlin, New York 1977, S. 251- 264, zit.: Bruns, 1977

ders.: "Gleichmäßige" oder "richtige" Strafzumessungspraxis aus generalpräventiven Gründen?, in: Juristische Rundschau 1979, S. 353-357

ders.: Das Recht der Strafzumessung, 2. Auflage Köln, Berlin, Bonn usw. 1985, zit.: Bruns, 1984

ders.: Über die "Bewertungsrichtung" negativ formulierter Strafzumessungstatsachen. Vor einem neuen "Plenarbeschluß" des Großen Senats zum Strafzumessungsrecht, in: Juristische Rundschau 1987, S. 89-94

ders.: Neues Strafzumessungsrecht? "Reflexionen" über eine geforderte Umgestaltung, Köln, Berlin, München 1988, zit.: Bruns, 1988

ders.: Die Bedeutung des Durchschnitts-, des Regel- und des Normalfalls im Strafzumessungsrecht, in: Juristenzeitung 1988, S. 1053-1058

Burgstaller, Manfred: Grundprobleme des Strafzumessungsrechts in Österreich, in: Zeitschrift für die gesamte Strafrechtswissenschaft 94 (1982), S. 27-160

Burkhardt, Björn: Das Zweckmoment im Schuldbegriff, in: Goltdammer's Archiv für Strafrecht 1976, S. 321-341

Calewaert, Willy: La Victimologie et l'Escroquerie, in: Revue de Droit Pénal et de Criminologie Volume 39 (1958/1959), S. 602-616

Canaris, Claus-Wilhelm: Die Vertrauenshaftung im deutschen Privatrecht, München 1971 (Münchener Universitätsschriften Band 16)

Cornil, Paul: Contribution de la <<Victimologie>> aux Sciences Criminologiques, in: Revue de Droit Pénal et de Criminologie 1959, S. 587-601

Craushaar, Götz von: Der Einfluß des Vertrauens auf die Privatrechtsbildung, München 1969

Creifelds, Carl: Rechtswörterbuch, 12. Auflage München 1994

Dach, Ralph: Zur Einwilligung bei Fahrlässigkeitsdelikten, Diss. iur. Mannheim 1979

Dahlinger, Erich: Erscheinungsformen und Strafzumessung beim einfachen Diebstahl, Diss. iur. Freiburg i. Br. 1950

Daniels, Doris: Die Opfer des Betruges, Diss. iur. Freiburg i. Br. 1950

Darmis, Johannis: Die realen Strafzumessungsgründe des § 46 Abs. 2 StGB in ihrem Verhältnis zu den Grundsätzen der Strafzumessung nach § 46 Abs. 1 StGB, Diss. Heidelberg 1984

Darmstaedter, Friedrich: Recht und Jurist, in: Süddeutsche Juristen-Zeitung 1948, Spalte 430-436

Dellaert, René: Première Confrontation de la Psychologie Criminelle et de la "Victimologie", in: Revue de Droit Pénal et de Criminologie, Volume 39 (1958/59), S. 628- 634

Deutsch, Erwin: Empfiehlt es sich, in bestimmten Bereichen der kleinen Eigentums- und Vermögenskriminalität, insbesondere des Ladendiebstahls, die strafrechtlichen Sanktionen durch andere, zum Beispiel zivilrechtliche Sanktionen abzulösen, gegebenenfalls durch welche?, in: Ständige Deputation des Deutschen Juristentages (Hrsg.), Deutscher Juristentag. Verhandlungen des Einundfünfzigsten Deutschen Juristentages, Stuttgart 1976, Band 1 (Gutachten) Teil D und E

Deutsche Akademie der Wissenschaften zu Berlin (Hrsg.): Jakob und Wilhelm Grimm, Deutsches Wörterbuch, Zwölfter Band. I. Abteilung, V-Verzwunzen, Leipzig 1956, zit.: Grimm, Sp.

Deutscher Bundestag: Verhandlungen des Deutschen Bundestages, 6. Wahlperiode, Anlagen zu den stenographischen Berichten, Band 163, Drucksache VI, VI/3471 bis VI 3540, Bonn 1972 , zit.: BT-Drucksache VI/lfd. Nr.

ders.: Verhandlungen des Deutschen Bundestages, 7. Wahlperiode, Anlagen zu den stenographischen Berichten, Band 175, Drucksachen 7/521 bis 7/600, Bonn 1973, zit.: BT-Drucksache 7/lfd. Nr.

ders.: Verhandlungen des Deutschen Bundestages, 7. Wahlperiode, Anlagen zu den stenographischen Berichten, Band 182, Drucksachen 7/1231 bis 7/1280, Bonn 1973, zit.: BT-Drucksache 7/lfd. Nr.

ders.: Verhandlungen des Deutschen Bundestages, 7. Wahlperiode, Anlagen zu den stenographischen Berichten, Band 194, Drucksachen 7/2431 bis 7/2530, Bonn 1974, zit.: BT-Drucksache 7/lfd. Nr.

ders.: Verhandlungen des Deutschen Bundestages, 10. Wahlperiode, Drucksachen, Band 294, Drucksachen 10/251 bis 10/320, Bonn 1983, zit.: BT-Drucksache 10/lfd. Nr.

ders: Verhandlungen des Deutschen Bundestages, 10. Wahlperiode 1986, Drucksachen, Band 331, Drucksachen 10/5031 bis 10/5140, Bonn 1986, zit.: BT-Drucksache 10/lfd. Nr.

Diesel, Eugen: Die Macht des Vertrauens, München 1947

Drapkin, Israel (Hrsg.): First International Symposium on Victimology, Jerusalem 1976

Drapkin, Israel/*Viano,* Emilio (Hrsg.): Victimolgy. A New Focus, 5 Bände, Toronto, London 1973, zit.: Drapkin/Viano, 1973

dies.(Hrsg.): Victimology. 5 Bände, 2. Auflage Lexington, Massachusetts, Toronto 1975, zit.: Drapkin/Viano, 1975

Drecoll, K.: Das kriminologische Erscheinungsbild und die Strafzumessung beim Diebstahl, Diss. iur. Freiburg i. Br. 1951

Dreher, Eduard: Über die gerechte Strafe. Eine theoretische Untersuchung für die deutsche strafrechtliche Praxis, Heidelberg 1947 (Schriften der Süddeutschen Juristen-Zeitung. Heft 5)

ders.: Die erschwerenden Umstände im Strafrecht, in: Zeitschrift für die gesamte Strafrechtswissenschaft 77 (1965), S. 220-239

ders.: Zur Spielraumtheorie als der Grundlage der Strafzumessungslehre des Bundesgerichtshofes, in: Juristenzeitung 1967, S. 41-46

ders.: Gedanken zur Strafzumessung. Eine Besprechung von Hans-Jürgen Bruns: Strafzumessungsrecht, in: Juristenzeitung 1968, S. 209-214

Dreher, Eduard/*Tröndle,* Herbert: Strafgesetzbuch mit Nebengesetzen, 47. Auflage München 1995, zit.: Dreher-Tröndle

Drosdowski, Günther: Stilwörterbuch der deutschen Sprache, 7. Auflage Mannheim, Wien, Zürich 1988

Ebert, Udo: Verbrechensbekämpfung durch Opferbestrafung?, in: Juristenzeitung 1983, S. 633-643

ders.: Strafrecht, Allgemeiner Teil, 2. Auflage Heidelberg 1993, zit.: Ebert, 1993

ders./Kühl, Kristian: Das Unrecht der vorsätzlichen Tat, in: Juristische Ausbildung 1981, S. 225-236

Ehinger, Hans-Peter: Kriterien zur Erfassung und Bewertung ausschlußrelevanten Opferverhaltens im Bereich des § 2 I des Gesetzes über die Entschädigung für Opfer von Gewalttaten (OEG), Konstanz 1986 (Konstanzer Dissertationen)

Ehrhardt, Hermann: Ungeklärte Fragen der Strafzumessungslehre, Diss. iur. Erlangen-Nürnberg 1965

Ehrlich, Camillo: Betrüger und ihre Opfer, Hamburg 1967

Eichler, Herrmann: Die Rechtslehre vom Vertrauen, Tübingen 1950

Eisenberg, Ulrich: Kriminologie, 3. Auflage Köln, Berlin, Bonn usw. 1990 *ders.*: Zum Opferbereich in der Kriminologie, in: Goltdammer's Archiv für Strafrecht 1971, S. 168-179

Ellenberger, Henri: Relations psychologiques entre le criminel et le victime, in: Revue internationale de criminologie et de Police Technique 1954, S. 103-121

Ellmer, Manfred: Betrugsdogmatik und Opfermitverantwortung, Berlin 1986 (Strafrechtliche Abhandlungen N.F., Bd. 57)

Engisch, Karl: Zur Idee der Tatschuld. Kritische Betrachtungen zu: Paul Bokkelmann, Studien zum Täterstrafrecht, 2. Teil, in: Zeitschrift für die gesamte Strafrechtswissenschaft 61 (1942), S. 166-177

ders.: Bietet die Entwicklung der dogmatischen Strafrechtswissenschaft seit 1930 Veranlassung, in der Reform des Allgemeinen Teils des Strafrechts neue Wege zu gehen?, in: Zeitschrift für die gesamte Strafrechtswissenschaft 66 (1954), S. 339-389

ders.: Die Lehre von der Willensfreiheit in der strafrechtlichen Doktrin der Gegenwart, 2. Auflage Berlin 1965, zit.: Engisch, 1965

Erhard, Christopher: Strafzumessung bei Vorbestraften unter dem Gesichtspunkt der Strafzumessungsschuld. Zugleich ein Beitrag zur Struktur der in § 46 StGB verwendeten Systemkategorie "Schuld", Berlin 1992

Evangelische Akademie Bad Boll (Hrsg.): Täter, Opfer und Gesellschaft, Bad Boll 1985

Exner, Franz: Studien über die Strafzumessungspraxis der deutschen Gerichte, Leipzig 1931 (Kriminalistische Abhandlungen Heft 16)

Fattah, Ezzat Abdel: Vers une typologie criminologique des victims, in: Revue internationale de police criminelle 1967, S. 162-169

ders.: La victime est-elle coupable? Le rôle de la victime dans la meurtre en vue de vol, Montréal 1971, zit.: Fattah, 1971

ders.: Die Opferwerdung - Risiko, Erfahrung und Nachwirkungen, in: Kirchhoff, Gerd/Sessar, Klaus (Hrsg.), Das Verbrechensopfer. Ein Reader zur Viktimologie, Bochum 1979, S. 179-197, zit.: Fattah, 1979

Feuerbach, Paul Johann Anselm Ritter von: Lehrbuch des gemeinen in Deutschland gültigen Peinlichen Rechts, 14. Auflage Gießen 1847, zit.: Feuerbach, 1847

ders.: Aktenmäßige Bearbeitung merkwürdiger Verbrechen, 3. Auflage Frankfurt am Main 1849, zit.: Feuerbach, 1849

Fiedler, Ralf-Peter: Zur Strafbarkeit der einverständlichen Fremdgefährdung - unter besonderer Berücksichtigung des viktimologischen Prinzips, Frankfurt am Main, Bern, New York usw. 1989 (Europäische Hochschulschriften)

Fikentscher, Wolfgang: Schuldrecht, 8. Auflage Berlin, New York 1992

Foth, Eberhard: Strafschärfung/Strafmilderung - eine noch unerledigte Frage der Strafzumessung, in: Juristische Rundschau 1985 S. 397-399

Frank, Reinhard von: Das Strafgesetzbuch für das Deutsche Reich nebst dem Einführungsgesetz, 16. Auflage Tübingen 1925, zit.: Frank, 1925

ders.: Das Strafgesetzbuch für das Deutsche Reich nebst dem Einführungsgesetz, 18. Auflage Tübingen 1931, zit.: Frank, 1931

Frehsee, Detlev: Schadenswiedergutmachung als Instrument strafrechtlicher Sozialkontrolle. Ein kriminalpolitischer Beitrag zur Suche nach alternativen Sanktionsformen, Berlin 1987 (Kriminologische und sanktionsrechtliche Forschungen. Bd. 1)

Friedreich, (o. Vorname): Betrachtungen über das Verbrechen des Betrugs vom legislativen Standpuncte aus, in: Demme's Annalen (Annalen der deutschen und ausländischen Criminal-Rechtspflege), 16. Band (1841), S. 305-341

Frisch, Wolfgang: Revisionsrechtliche Probleme der Strafzumessung. Eine Untersuchung über die Struktur und Revisibilität des richterlichen Ermessens bei der Strafzumessung, Köln, Berlin, Bonn usw. 1971 (Erlanger juristische Abhandlungen. Bd. 8), zit.: Frisch, 1971

ders.: Funktion und Inhalt des "Irrtums" im Betrugstatbestand, in: Kaufmann, Arthur/Bemmann, Günter/Krauss, Detlef u.a. (Hrsg.), Festschrift für Paul Bockelmann zum 70. Geburtstag am 7. Dezember 1978, München 1979, S. 647-667, zit.: Frisch, 1979

ders.: Gegenwärtiger Stand und Zukunftsperspektiven der Strafzumessungsdogmatik. Das Recht der Strafzumessung im Lichte der Darstellungen von Hans-Jürgen Bruns und Franz Pallin. Teil I, in: Zeitschrift für die gesamte Strafrechtswissenschaft 99 (1987), S. 349-388

ders.: Gegenwärtiger Stand und Zukunftsperspektiven der Strafzumessungsdogmatik. Das Recht der Strafzumessung im Lichte der Darstellungen von Hans-Jürgen Bruns und Franz Pallin. Teil II, in: Zeitschrift für die gesamte Strafrechtswissenschaft 99 (1987), Teil II S. 751-805

ders.: Über die "Bewertungsrichtung" von Strafzumessungstatsachen. Ein Beitrag zur Problematik komparativer Aussagen im Strafrecht, in: Goltdammer's Archiv für Strafrecht 1989, S. 338-375

Galaway, Burt/*Hudson,* Joe (Hrsg.): Perspectives on Crime Victims, St. Louis, Toronto, London 1981

Gallas, Wilhelm: Der dogmatische Teil des Alternativ-Entwurfs, in: Zeitschrift für die gesamte Strafrechtswissenschaft 80 (1968), S. 1-33

ders.: Zur Struktur des strafrechtlichen Unrechtsbgriffs, in: Kaufmann, Arthur/ Bemmann, Günter/Krauss, Detlef u.a. (Hrsg.), Festschrift für Paul Bockelmann zum 70. Geburtstag am 7. Dezember 1978, München 1979, S. 155-179, zit.: Gallas, 1979

Gasser, Rudolf: Victimologie. Kritische Betrachtungen zu einem neuen kriminologischen Begriff, Jur. Diss. Zürich 1965

Geilen, Gerd: Heimtücke und kein Ende. Zur Agonie eines Mordmerkmals, in: Stree, Walter/Lenckner, Theodor/Cramer, Peter u.a. (Hrsg.): Gedächtnisschrift für Horst Schröder, München 1978, S. 235-261

Geppert, Klaus: Rechtfertigende "Einwilligung" des verletzten Mittäters bei Fahrlässigkeitsstraftaten im Straßenverkehr?, in: Zeitschrift für die gesamte Strafrechtswissenschaft 83 (1971), S. 974-1001

German, Oskar Adolf: Das Verbrechen im neuen Strafrecht, Zürich 1942, zit.: Germann, 1942

ders.: Interpretation gemäß den angedrohten Strafen, in: German, Oskar Adolf/ Graven, J. (Hrsg.): Methodische Grundfragen. Band 1, Basel 1946 (Schweizerische Criminalistische Studien), S. 78-103, zit.: Germann, 1946

Giehring, Heinz: Prozeßbetrug im Versäumnis- und Mahnverfahren - zugleich ein Beitrag zur Auslegung des Irrtumsbegriffs in § 263 StGB, in: Goltdammer's Archiv für Strafrecht 73, S.126

Girshausen, Ernst-Guenter: Erscheinungsformen und Strafzumessung beim einfachen Diebstahl, Diss. iur. Freiburg i. Br. 1951

Gobert, James J.: Victim precipitation, in: Excerpta criminologica (Abstracts on criminology and penology) 18 (1978), S. 286

ders.: Victim Precipitation, in: Columbia Law Review 1977 (Volume 77), S. 512-553

Goltdammer, Theodor: Die Materialien zum Strafgesetzbuche für die Preußischen Staaten, aus den amtlichen Quellen nach den Paragraphen des Gesetzes zusammengestellt und in einem Kommentar erläutert. Theil II (Besonderer Theil), Berlin 1852

Göppinger, Hans: Kriminologie, 4. Auflage München 1980

Gössel, Karl-Heinz: Die Strafzumessung im System des Strafrechts, in: Jescheck, Hans-Heinrich/Vogler, Theo (Hrsg.): Festschrift für Herbert Tröndle zum 70. Geburtstag am 24. August 1989, Berlin, New York 1989, S. 357-367

Grasnick, Walter: Rationalität und Irrationalität der Strafzumessung, in: Institut für Konfliktforschung (Hrsg.), Pönometrie. Rationalität oder Irrationalität der Strafzumessung, Köln 1977, S. 1-28, zit.: Grasnick, 1977

ders.: Strafzumessung als Argumentation. Der "richtige" Weg zur "richtigen" Strafe, in: Juristische Arbeitsblätter 1990, S. 81-88

Graßberger, Roland: Die Strafzumessung, Wien 1932 (Kriminologische Abhandlungen. Heft 7)

Griffel, Anton: Prävention und Schuldstrafe. Zum Problem der Schuldstrafe, in: Zeitschrift für die gesamte Strafrechtswissenschaft 98 (1986), S. 28-43

Günther, Hans-Ludwig: Systematische Grundlagen der Strafzumessung - eine Bestandsaufnahme, in: Juristenzeitung 1989, S. 1025-1030

ders.: Grade des Unrechts und Strafzumessung, in: Kerner, Hans-Jürgen/Kaiser, Günther (Hrsg.): Kriminalität, Persönlichkeit, Lebensgeschichte und Verhalten. Festschrift für Hans Göppinger zum 70. Geburtstag, Berlin, Heidelberg, New York usw. 1990, S. 453-462, zit.: Günther, 1990

Haag, Detlev: Betrügerische Hochstapelei und Schwindel. Tat, Täter und Opfer, Diss. iur. Freiburg im Breisgau 1977, zit.: Haag, D.

Haag, Karl: Rationale Strafzumessung, Köln, Berlin, Bonn usw. 1970

Haesler, Walter T. (Hrsg.): Viktimologie, Grusch 1986

Happe, Ferdinand: Die Betrugs- und Diebstahlskriminalität im Amtsgerichtsbezirk Paderborn in den Jahren 1949-1955, Diss. iur. Bonn 1960

Hartmann, Nikolai: Ethik, 4. Auflage Berlin 1962

Hassemer, Raimund: Schutzbedürftigkeit des Opfers und Strafrechtsdogmatik. Zugleich ein Beitrag zur Auslegung des Irrtumsmerkmals in § 263 StGB, Berlin 1981 (Schriften zum Strafrecht Band 40), zit.: Hassemer, R., 1981

ders.: Einige empirische Ergebnisse zum Unterschied zwischen der Herstellung und der Darstellung richterlicher Sanktionsentscheidungen, in: Monatsschrift für Kriminologie und Strafrechtsreform 1983, S. 26 - 39

Hassemer, Winfried: Die Formalisierung der Strafzumessungsentscheidung, in: Zeitschrift für die gesamte Strafrechtswissenschaft 90 (1978), S. 64-99

ders.: Rücksichten auf das Verbrechensopfer, in: Kohlmann, Günther (Hrsg.), Festschrift für Ulrich Klug zum 70. Geburtstag. Band I Rechtsphilosphie, Rechtstheorie, Köln 1983, S. 217-234, zit.: Hassemer, W., 1983 *ders.*: Einführung in die Grundlagen des Strafrechts, 2. Auflage München 1990, zit.: Hassemer, W., 1990

Hauser, Gabi: Die Verknüpfungsproblematik in der Strafzumessung, Freiburg (Schweiz) 1985 (Arbeiten aus dem Juristischen Seminar der Universität Freiburg, Schweiz, Band 69)

Hegel, Georg Wilhelm Friedrich: Grundlinien der Philosophie des Rechts, 4. Auflage Hamburg 1955

Heinitz, Ernst: Strafzumessung und Persönlichkeit, in: Zeitschrift für die gesamte Strafrechtswissenschaft 63 (1951), S. 57-82

Heinz, Wolfgang: Entwicklung, Stand und Struktur der Strafzumessungspraxis. Eine Übersicht über die nach allgemeinem Strafrecht verhängten Hauptstrafen von 1882-1979, in: Monatsschrift für Kriminologie und Strafrechtsreform 64 (1981), S. 141-173

Hellwig, Albert: Betrügerische Ausnutzung spiritistischer Leichtgläubigkeit, in: Archiv für Kriminologie 86 (1930), S. 220-227

Henke, Horst-Eberhard: Mitverursachung und Mitverschulden - Wer den Schaden herausfordert, muß den Schädiger schonen, in: Juristische Schulung 1988, S. 753-761

Henkel, Heinrich: Die "richtige" Strafe. Gedanken zur richterlichen Strafzumessung. Tübingen 1969 (Recht und Staat in Geschichte und Gegenwart. Eine Sammlung von Vorträgen und Schriften aus dem Gebiet der gesamten Strafrechtswissenschaften. Heft 381/382)

Hentig, Hans von: Remarks on the interaction of perpetrator and victim, in: Journal of criminal law, criminology and police science, Band 31 (1940), S. 303-309

ders.: The Criminal and his Victim. Studies in the Sociobiology of Crime, New Haven 1948, zit.: von Hentig, 1948

ders.: Zur Psycholgie der Einzeldelikte. Band III Der Betrug, Tübingen 1957, zit.: von Hentig, 1957

ders.: Das Verbrechen. Band 2, Berlin, Göttingen, Heidelberg 1962, zit.: von Hentig, 1962

Herzberg, Rolf Dietrich: Funktion und Bedeutung des Merkmals "Irrtum" in § 263 StGB, in: Goltdammer's Archiv für Strafrecht 1977, S. 289-298

Hettinger, Michael: Das Doppelverwertungsverbot bei strafrahmenbildenden Umständen, Berlin 1982

Hillenkamp, Thomas: Vorsatztat und Opferverhalten, Göttingen 1981 (Göttinger rechtswissenschaftliche Studien Band 115), zit.: Hillenkamp, 1981 *ders.*: (Besprechung) Manfred Maeck: Opfer und Strafzumessung. Ein Beitrag zur Systematik und Dogmatik der richterlichen Strafzumessung, Kriminologie, Bd. 19, Ferdinand-Erle-Verlag Stuttgart 1983, in: Monatsschrift für Kriminologie und Strafrechtsreform 67 (1984), S. 141- 143

ders.: Anmerkung zum Beschluß des Bundesgerichtshofes vom 2.4.1985 - 2 StR 150/85 (LG Aachen), in: Strafverteidiger 1986, S. 150-154

ders.: Zur Einführung: Viktimologie, in: Juristische Schulung 1987, S. 940-943

Hinrichs, Bahne: Chronische Verbrechensopfer. Eine deutsch-amerikanische Vergleichsuntersuchung zu Theorie und Praxis psychoanalytischer Viktimologie, Stuttgart, New York 1987

Hirsch, Hans Joachim: Soziale Adäquanz und Unrechtslehre, in: Zeitschrift für die gesamte Strafrechtswissenschaft 74 (1962), S. 78-135

ders.: Der Streit um Handlungs- und Unrechtslehre, insbesondere im Spiegel der Zeitschrift für die gesamte Strafrechtswissenschaft, in: Zeitschrift für die gesamte Strafrechtswissenschaft 93 (1981), S. 831-863

ders.: Der Streit um Handlungs- und Unrechtslehre, insbesondere im Spiegel der Zeitschrift für die gesamte Strafrechtswissenschaft (Teil II), in: Zeitschrift für die gesamte Strafrechtswissenschaft 94 (1982), S. 239-278

Holyst, B.: The victim's role in homicide, in: Excerpta criminologica (Abstracts on criminolgy and penology) 5 (1964), S. 325-326

Horn, Eckhard: Tatschuld-Interlokut, in: Zeitschrift für die gesamte Strafrechtswissenschaft 85 (1973), S. 7-26

ders.: Wider die "doppelspurige" Strafhöhenbemessung, in: Grünwald, Gerald/ Miehe, Olaf/Rudolphi, Hans-Joachim u.a., Festschrift für Friedrich Schaffstein zum 70. Geburtstag am 28. Juli 1975, Göttingen 1975, S. 241-254, zit.: Horn, 1975

Horstkotte, Hartmuth: Die Vorschriften des Ersten Gesetzes zur Reform des Strafrechts über die Strafbemessung (§§ 13-16,60 StGB), in: Juristenzeitung 1970, S. 122-128

Hueck, Alfred/*Nipperdey*, Thomas/*Dietz*, Karlheinz (Hrsg.): Nachschlagewerk des Bundesarbeitsgerichts - Arbeitsrechtliche Praxis-, München, Berlin 1994, zit.: AP

Isensee, Josef: Subsidiaritätsprinzip und Verfassungsrecht. Eine Studie über das Regulativ des Verhältnisses von Staat und Gesellschaft, Berlin 1968 (Schriften zum öffentlichen Recht Bd. 80)

Jakobs, Günther: Schuld und Prävention, Tübingen 1976, zit.: Jakobs, 1976

ders.: Strafrecht. Allgemeiner Teil: die Grundlagen und die Zurechnungslehre. Lehrbuch, 2. Auflage Berlin, New York 1991, zit.: Jakobs, 1991

Jayewardene, Cleobis H. S./*Jayewardene,* Hilde: Das Opfer und das Strafrecht, in: Schneider, Hans Joachim (Hrsg.), Das Verbrechensopfer in der Strafrechtspflege. Psychologische, kriminologische, strafrechtliche und strafverfahrensrechtliche Aspekte. Ausgewählte Referate des Dritten Internationalen Symposiums für Viktimologie in Münster/Westfalen, Berlin, New York 1982, S. 401-406

Jescheck, Hans-Heinrich: Lehrbuch des Strafrechts. Allgemeiner Teil, 3. Auflage Berlin 1978

ders./Ruß, Wolfgang/*Willms*, Günther (Hrsg.): Strafgesetzbuch. Leipziger Kommentar, Zweiter Band §§ 32 bis 60, 10. Auflage Berlin, New York 1985, Fünfter Band §§ 185 bis 262, 10. Auflage Berlin, New York 1988, Sechster Band §§ 263 bis 302a, 10. Auflage Berlin, New York 1988 zit.: Bearbeiter, in: LK

Jung, Heike: Das Vierte Internationale Symposium für Viktimologie, in: Monatsschrift für Kriminologie und Strafrechtsreform 67 (1984), S. 125-134

ders.: Viktimologie, in: Kaiser, Günther/Kerner, Hans-Jürgen/Sack, Fritz u.a. (Hrsg.), Kleines Kriminologisches Wörterbuch, 3. Auflage Heidelberg 1993, S. 582-588, zit.: Jung, 1993

ders./Kunz, Karl-Ludwig: Das Absehen von Strafe nach § 174 IV StGB, in: Neue Zeitschrift für Strafrecht 1982, S. 409-413

Kaiser, Günther: Kriminologie, 8. Auflage Heidelberg 1989

Kaiser, Lothar: Opferverantwortung und Täter(Sonder)Pflichten im Bereich der Vermögensdelikte: Untersuchung über den Einfluß der Täter-Opfer-Interaktion auf die Einschränkung der Strafbarkeit im Bereich der Vermögensdelikte unter besonderer Berücksichtigung der Massenkriminalität, Münster 1991, zit.: Kaiser, L.

Kant, Immanuel: Die Metaphysik der Sitten, 3. Auflage Leipzig 1945

Karstendiek, Helmut: Erscheinungsformen und Strafzumessung beim Betrug, Diss. iur. Freiburg i. Br. 1947

Kaufmann, Arthur: Das Schuldprinzip. Eine strafrechtlich-rechtsphilosophische Untersuchung Heidelberg 1961, zit.: Kaufmann, A., 1961

ders.: Unzeitgemäße Betrachtungen zum Schuldgrundsatz im Strafrecht, in: Juristische Ausbildung 1986, S. 225-233

Kaufmann, Bernhard: Amerikanische Soldaten und ihre Angehörigen als Opfer strafbarer Handlungen in Deutschland, Hamburg 1964

Keller, Rainer: Rechtliche Grenzen der Provokation von Straftaten, Berlin 1989 (Schriften zum Strafrecht Heft 84)

Kern, Eduard: Grade der Rechtswidrigkeit, in: Zeitschrift für die gesamte Strafrechtswissenschaft 64 (1952), S. 255-291

Kiefl, Walter/*Lamnek,* Siegfried: Soziologie des Opfers. Theorie, Methoden und Empirie der Viktimologie, München 1986

Kirchhoff, Ferdinand Gerd/*Sessar,* Klaus (Hrsg.): Das Verbrechensopfer. Ein Reader zur Viktimologie, Bochum 1979

Kirschbaum, Klaus: Der Vertrauensschutz im deutschen Straßenverkehrsrecht, Berlin 1980 (Strafrechtliche Abhandlungen, Neue Folge Band 37)

Kleinfeller, Georg: Münchener Festgabe für Karl von Birkmeyer zum 27. Juni 1917. Vierter Beitrag. Die Anreizung des Täters durch den Angegriffenen, in: Goltdammer's Archiv für Strafrecht 64 (1917), S. 193-253

Köbler, Gerhard: Juristisches Wörterbuch, 6. Auflage München 1994

Koffka, Else: Welche Strafzumessungsregeln ergeben sich aus dem geltenden Recht?, in: Juristische Rundschau 1955, S. 322-325

Köhler, Michael: Über den Zusammenhang von der Strafrechtsbegründung und Strafzumessung, Heidelberg 1983 (Heidelberger Forum; Bd. 18)

König, W.: Der Versicherungsbetrug, Diss. iur. Zürich 1968

Köstlin, Christian Reinhold: Über die Grenzen zwischen dem strafbaren und dem bloß civilrechtlich zu verfolgenden Betruge, in: Zeitschrift für Civilrecht und Prozeß NF 14. Band (1857), S. 294-440

Krack, Ralf: List als Straftatbestandsmerkmal. Zugleich ein Beitrag zu Täuschung und Irrtum beim Betrug, Frankfurt am Main, Berlin, Bern usw. 1994 (Schriften zum Strafrecht und Strafprozeßrecht; Band 12)

Krey, Volker: Strafrecht. Besonderer Teil: Studienbuch in systematisch induktiver Darstellung. Band 2 Vermögensdelikte, 9. Auflage Stuttgart, Berlin, Köln 1993

Krümpelmann, Justus: Die Bagatelldelikte. Untersuchungen zum Verbrechen als Steigerungsbegriff, Berlin 1966, zit.: Krümpelmann, 1966

ders.: Dogmatische und empirische Probleme des sozialen Schuldbegriffs, in: Goltdammer's Archiv für Strafrecht 1983, S. 337-360

Küper, Wilfried: Die Grundlagen der Kompensation und die Voraussetzungen der Straffreierklärung nach § 199 StGB, in: Juristenzeitung 1968, S. 651-661

ders.: Zur irrigen Annahme von Strafmilderungsgründen, in: Goltdammer's Archiv für Strafrecht 1968, S. 321-335

Kurth, Frowin: Das Mitverschulden des Opfers beim Betrug, Frankfurt 1984 (Frankfurter Kriminologische Studien 10)

Lackner, Karl: Über neue Entwicklungen in der Strafzumessungslehre und ihre Bedeutung für die richterliche Praxis, Heidelberg, Karlsruhe 1978 (Juristische Studiengesellschaft Karlsruhe. Heft 136), zit.: Lackner, 1978

ders. (Hrsg.): Strafgesetzbuch mit Erläuterungen, 21. Auflage München 1995, zit.: Lackner, 1995

Lamborn, Le Roy: The culpability of the victim, in: Galaway, Burt/Hudson, Joe (Hrsg.), Perspectives on Crime victims, St. Louis, Toronto, London 1971, S. 160-164

Lang-Hinrichsen, Dietrich: Bemerkungen zum Begriff der "Tat" im Strafrecht, unter besonderer Berücksichtigung der Strafzumessung, des Rücktritts und der tätigen Reue beim Versuch und bei der Teilnahme (Normativer Tatbegriff), in: Bockelmann, Paul/Kaufmann, Arthur/Klug, Ulrich (Hrsg.): Festschrift für Karl Engisch zum 70. Geburtstag, Frankfurt a.M. 1969, S. 352-379

Larenz, Karl: Bemerkungen zur Haftung für "culpa in contrahendo", in: Flume, Werner/Raisch, Peter/Steindorff, Ernst (Hrsg.), Beiträge zum Zivil- und Wirtschaftsrecht. Festschrift für Karl Ballerstedt zum 70. Geburtstag am 24. Dezember 1975, Berlin 1975, S. 397-419, zit.: Larenz, 1975

ders.: Richtiges Recht. Grundzüge einer Rechtsethik, München 1979, zit.: Larenz, 1979

ders.: Allgemeiner Teil des deutschen Bürgerlichen Rechts, 7. Auflage München 1988, zit.: Larenz, 1988

Lenz, Edgar: Der Betrogene. Eine kriminologische Untersuchung, Diss. iur. Mainz 1960

Less, Erwin: Die Unterschlagung in kriminologischer Betrachtung, Breslau-Neukirch 1936

Lindenmaier, Fritz/*Möhring*, Philipp (Hrsg.): Nachschlagewerk des Bundesgerichtshofs, Stand Juli 1995, München 1995, zit.: BGH LM

Linstow, Bernhard von: Berechenbares Strafmaß. Eine neue Methode der Strafzumessung entwickelt am Beispiel wichtiger Verkehrsdelikte, Berlin 1973

Liszt, Franz von: Der Zweckgedanke im Strafrecht, in: Zeitschrift für die gesamte Strafrechtswissenschaft 3 (1883), S. 1-47

ders.: Lehrbuch des deutschen Strafrechts, 23. Auflage Berlin 1921, zit.: von Liszt, 1921

Lorenz, Wolfram: Strafzumessung beim Bankraub, in: Geißner, Gerhard/Lorenz, Wolfram/May, Volker u.a., Bankraub in der Bundesrepublik Deutschland (Kriminologie. Abhandlungen über abwegiges Sozialverhalten), Band II, Stuttgart 1972, S. 1-99

Luhmann, Niklas: Vertrauen, 3. Auflage Stuttgart 1989

Macdonald, John Maphall: Armed Robbery, Offenders and Their Victims, Springfield, Illinois 1975

Macek, Manfred: Die Bedeutung des Opfers für die Strafzumessung, Diss. iur. München 1982

Maihofer, Werner: Menschenbild und Strafrechtsreform. - Das philosophische Problem der Strafe, Berlin 1964 (Sonderdruck aus Universitätsbeiträge 1964)

Maiwald, Manfred: Die Bedeutung des Erfolgsunwerts im Unrecht - Der Einfluß der Verletztenposition auf eine dogmatische Kategorie, in: Schöch, Heinz (Hrsg.): Wiedergutmachung und Strafrecht. Symposium aus Anlaß des 80. Geburtstages von Friedrich Schaffstein, München 1987 (Neue Kriminologische Studien Bd. 4), S. 64-73

Mannheim, Herrmann: Vergleichende Kriminologie. 2 Bände, Stuttgart 1974

Martin, Ludwig: Die Rechtsprechung des BGH in Verkehrsstrafsachen, in: Deutsches Autorecht 1960, S. 57-70

Maurach, Reinhart/*Gössel,* Karl-Heinz/*Zipf,* Heinz: Strafrecht. Allgemeiner Teil. Teilband 2, 6. Auflage Heidelberg 1984

ders./Zipf, Heinz: Strafrecht. Allgemeiner Teil. Teilband 1, 8. Auflage Heidelberg 1992

Meine, Hans-Gerd: Die Strafzumessung bei der Steuerhinterziehung, Heidelberg 1990, zit.: Meine, 1990

ders.: Der Schuldrahmen in der Praxis der Strafzumessung, in: Neue Zeitschrift für Strafrecht 1994, S. 159-164

Mendelsohn, Beniamin: Une nouvelle branche de la science bio-psycho-sociale. La Victimologie, in: Revue internationale de criminologie et de police technique 1956, S. 95-109

ders.: La Victimologie. Science Actuelle, in: Revue de Droit pénal et de Criminologie 1959, S. 619-627

ders.: The Origin of the Doctrine of Victimology, in: Drapkin, Israel/Viano, Emilio (Hrsg.), Victimology, Lexington, Massachusetts, Toronto usw. 1974, S. 3-11, zit.: Mendelsohn, 1974

Mergen, Armand: Kriminologie, 2. Auflage München 1978

Merkel, Adolf: Kriminalistische Abhandlungen. II Die Lehre vom strafbaren Betrug, Leipzig 1867

Mezger, Edmund: Die Reform des Strafrechts, Literaturbericht, in: Zeitschrift für die gesamte Strafrechtswissenschaft 47 (1927), S. 471-493

ders.: Zurechnungsfähigkeit, in: Hegler, August (Hrsg.), Festgabe für Reinhard von Frank zum 70. Geburtstag 16. August 1930 (Beiträge zur Strafrechtswissenschaft) Band I, S. 519-538

ders.: Strafrecht. Ein Lehrbuch, 3. Auflage München 1949, zit.: Mezger, 1949

ders.: Strafzweck und Strafzumessungsregeln, in: Materialien zur Strafrechtsreform. Band 1 Gutachten der Strafrechtslehrer, Bonn 1954, 1-8, zit.: Mezger, 1954

Middendorf, Wolf: The Offender-Victim Relationship in Trafic Offenses, in: Drapkin, Israel/Viano, Emilio, Victimology, A New Focus, Volume 5, Toronto, London 1973, S. 187-193, zit.: Middendorf, 1973

ders.: Die Opfer des Betrugs, in: Haesler, Walter T. (Hrsg.), Viktimologie, Grusch 1986, S. 101-114

Miyazawa, Koichi: Zum gegenwärtigen Stand der victimologischen Forschung in Japan, in: Göppinger, Hans/Witter, Hermann (Hrsg.), Kriminologische Gegenwartsfragen Heft 9. Vorträge bei der XV. Tagung der Gesellschaft für die gesamte Kriminologie vom 2.- 5.Oktober 1969 in Saarbrücken, Stuttgart 1970, S. 1-16

Mohrbotter, Kurt: Grenzen des Vermögensschutzes beim Betrug, in: Goltdammer's Archiv für Strafrecht 1975, S. 41-52

Montenbruck, Axel: Strafrahmen und Strafzumessung, Berlin 1983, zit.: Montenbruck, 1983

ders.: Abwägung und Umwertung: zur Bemessung der Strafe für eine Tat und für mehrere Taten, Berlin 1989 (Schriften zum Strafrecht; Heft 83), zit.: Montenbruck, 1989

Müller, Roland: Die Einschränkung des Vertrauensgrundsatzes bei typischen Verkehrswidrigkeiten, Diss. iur. Mainz 1987

Müller-Dietz, Heinz: Grenzen des Schuldgedankens im Strafrecht, Karlsruhe 1967

Nagel, Wilhelm H.: The Notion of Victmology in Criminology, in: Exerpta Criminologica (Abstracts on Criminolgy and Penology 3 (1963), S. 245-247

ders.: The Notion of Victimology, in: Drapkin, Israel/Viano, Israel, Victimology, 2. Auflage Toronto, London, Lexington 1975, S. 13-16; Reprint from

Excerpta Criminologica (Abstracts on Criminology and Penology) 1963, 3 (3), S. 245-247

ders.: Strukturelle Viktimisation, in: Kirchhoff, Gerd Ferdinand/Sessar, Klaus (Hrsg.) Das Verbrechensopfer. Ein Reader zur Viktimologie, Bochum 1979, S. 61-83, zit.: Nagel, 1979

Nagler, Johannes: Die Strafzumessung nach dem Amtlichen Entwurf eines Allgemeinen Deutschen Strafgesetzbuches, in: Der Gerichtssaal 94 (1927), S. 83-111

Naucke, Wolfgang: Zur Lehre vom strafbaren Betrug. Ein Beitrag zum Verhältnis von Strafrechtsdogmatik und Kriminologie, Berlin 1964, zit.: Naucke, 1964

ders.: Der Kausalzusammenhang zwischen Täuschung und Irrtum beim Betrug. Zum Verhältnis zwischen Kriminalpolitik und Strafrechtsdogmatik, in: Baumann, Jürgen/Tiedemann, Klaus (Hrsg.), Einheit und Vielfalt des Strafrechts. Festschrift für Karl Peters zum 70. Geburtstag, München 1974, S. 109-120, zit.: Naucke, 1974

Neumann, Ulfried: Die Stellung des Opfers im Strafrecht, in: Hassemer, Winfried (Hrsg.), Strafrechtspolitik: Bedingungen der Strafrechtsreform, Frankfurt am Main, Bern, New York 1987 (Frankfurter Kriminalwissenschaftliche Studien; Band 18), S. 225-253

Nitschke, Alfred: Angst und Vertrauen, in: Die Sammlung (Zeitschrift für Kultur und Erziehung) 7(1952), S. 175-180

Noll, Peter: Übergesetzliche Rechtfertigungsgründe, im besonderen die Einwilligung des Verletzten, Basel 1955, zit.: Noll, 1955

ders.: Übergesetzliche Milderungsgründe aus vermindertem Unrecht, in: Zeitschrift für die gesamte Strafrechtswissenschaft 68 (1956), S. 181-197

ders.: Schuld und Prävention unter dem Gesichtspunkt der Rationalisierung des Strafrechts, in: Geerds, Friedrich/Naucke, Wolfgang (Hrsg.): Beiträge zur gesamten Strafrechtswissenschaft. Festschrift für Hellmuth Mayer zum 70. Geburtstag am 1. Mai 1965, Berlin 1966, S. 219233, zit.: Noll, 1965

Nowakowski, Friedrich: Das Ausmaß der Schuld, in: Schweizerische Zeitschrift für Strafrecht 65 (1950), S.301-331

ders.: Probleme der Strafzumessung, in: Vereinigung der österreichischen Richter (Verleger), Strafrechtliche Probleme der Gegenwart, Ottenstein 1974 (Strafrechtliches Seminar 1974, Band II, S. 167-194, zit.: Nowakowski, 1974

Oswald, Margit: Was wird gemessen bei der Strafzumessung?, in: Goltdammer's Archiv für Strafrecht 1988, S. 147-163

Otto, Harro: Kausaldiagnose und Erfolgszurechnung im Strafrecht, in: Schroeder, Friedrich-Christian/Zipf, Heinz (Hrsg.), Festschrift für Reinhart Maurach zum 70. Geburtstag, Karlsruhe 1972, S. 91-105, zit.: Otto, 1972

ders.: Personales Unrecht, Schuld und Strafe, in: Zeitschrift für die gesamte Strafrechtswissenschaft 87 (1975), S. 539-597

ders.: Strafwürdigkeit und Strafbedürftigkeit als eigenständige Deliktskategorien? Überlegungen zum Deliktsaufbau, in: Stree, Walter/Lenckner, Theodor/ Cramer, Peter u.a. (Hrsg.): Gedächtnisschrift für Horst Schröder, München 1978, S. 52-71, zit.: Otto, 1978

ders.: Die Tatbestände gegen Wirschaftskriminalität im Strafgesetzbuch - kriminalpolitische und damit verbundene rechtsdogmatische Probleme von Wirtschaftsdelikten, in: Juristische Ausbildung 1989, S. 24-35

Paasch, Fritz R. : Grundprobleme der Viktimologie, Diss. iur. Münster 1965

Palandt, Otto: Bürgerliches Gesetzbuch, 54. Auflage München 1995, zit.: Bearbeiter, in: Palandt

Pallin, Franz: Die Strafzumessung in rechtlicher Sicht, Wien 1982

Peters, Karl: Strafzumessung, in: Sieverts, Rudolf/Schneider, Hans Joachim (Hrsg.): Handwörterbuch der Kriminologie, 2. Auflage, Band 4 Ergänzungsband, Berlin, New York 1979, S. 32-142

Pfeiffer, Christian: Glasnost in der Strafjustiz. Empirische Forschung auf der Suche nach Strafzumessungsgerechtigkeit, in: Deutsche Richterzeitung 1990, S. 441-445

Pfeiffer, Gerd: Karlsruher Kommentar zur Strafprozeßordnung und zum Gerichtsverfassungsgesetz mit Einführungsgesetz, 3. Auflage München 1993, zit.: Bearbeiter, in: KK

Puppe, Ingeborg: Idealkonkurrenz und Einzelverbrechen. Logische Studien zum Verhältnis von Tatbestand und Handlung, Berlin 1979

Radbruch, Gustav: Der Mensch im Recht. Heidelberger Antrittsvorlesung, Tübingen 1927 (Recht und Staat in Geschichte und Gegenwart)

Ranft, Otfried: Grundprobleme aus dem Bereich der Vermögensdelikte, in: Juristische Arbeitsblätter 1984, S. 723-732

ders.: Grundprobleme des Betrugstatbestandes, in: Juristische Ausbildung 1992, S. 66-68

Rebmann, Kurt/*Säcker,* Franz Jürgen: Münchener Kommentar zum Bürgerlichen Gesetzbuch. Band 2: Schuldrecht. Allgemeiner Teil (§§ 242-432), 2. Auflage München 1985, zit.: Bearbeiter, in: Mü-Ko

Rebmann, Kurt (Hrsg.)/*Dahs*, Hans/*Miebach*, Klaus: Neue Entscheidungssammlung für Strafrecht. Systematisch geordnete Auswahl aller wichtigen Entscheidungen zum Strafrecht einschließlich Verfahrensrecht, Nebenrecht und Strafvollzug, München 1987-1995, zit.:NStE

Rieß, Peter (Hrsg.): Löwe-Rosenberg. Die Strafprozeßordnung und das Gerichtsverfassungsgesetz. Erster Band: Einleitung, §§ 1 bis 111n, 24. Auflage Berlin 1988, zit.: Bearbeiter, in: Löwe-Rosenberg

Recken, H. M. Josef: Das Delikt des Betruges im Landgerichtsbezirk Krefeld in den Jahren 1945-1951. Eine kriminologische Untersuchung, Diss. iur. Bonn 1957

Rehbinder, Manfred: Rechtssoziologie, 2. Auflage Berlin, New York 1989

Rengier, Rudolf: Das Mordmerkmal der Heimtücke nach BVerfGE 45, 187 (I), in: Monatsschrift für deutsches Recht 1979, S. 969-974

ders.: Das Mordmerkmal der Heimtücke nach BVerfGE 45, 187 (II), in: Monatsschrift für deutsches Recht 1980, S. 1-6

ders.: Lernen durch tägliche Zeitungslektüre, in: Juristische Schulung 1983, S. 402-407

Revel, Ute: Anwendungsprobleme der Schuldschwereklausel des § 57a StGB, Köln, Berlin, Bonn usw. 1989 (Osnabrücker rechtswissenschaftliche Abhandlungen Bd. 16)

Rheineck, Burkhard: Zueignungsdelikte und Eigentümerinteresse, Berlin 1979 (Strafrechtliche Abhandlungen. Neue Folge. Bd. 33)

Röhmel, Klaus: Anmerkung zu Schröder in JR 1977, S. 357-359 Die Veranlassung zur Prostitution mit Gewalt oder List (§181 Nr. 1 StGB), in: Juristische Arbeitsblätter 1977, S. 584-585

Roxin, Claus: Kriminalpolitische Überlegungen zum Schuldprinzip, in: Monatsschrift für Kriminologie und Strafrechtsreform 56 (1973), S. 316-325

ders.: Zum Schutzzweck der Norm bei fahrlässigen Delikten, in: Lackner, Karl/ Leferenz, Heinz/Schmidt, Eberhard u.a. (Hrsg.), Festschrift für Wilhelm Gallas zum 70.Geburtstag am 22. Juli 1973, Berlin 1973, zit.: Roxin, 1973

ders.: "Schuld" und "Verantwortlichkeit" als strafrechtliche Systemkategorien, in: Roxin, Claus (Hrsg.), Festschrift für Heinrich Henkel zum 70. Geburtstag, Berlin, New York 1974, S. 171-197, zit.: Roxin, 1974

ders.: Strafzumessung im Lichte der Strafzwecke, in: Walder, Hans/Trechsel, Stefan (Hrsg.), Lebendiges Strafrecht. Festgabe zum 65. Geburtstag von Hans Schultz, Bern 1977, in: Schweizerische Zeitschrift für Strafrecht 94 (1977), S. 463-481 *ders.*: Prävention und Strafzumessung, in: Frisch, Wolfgang/Schmid, Werner (Hrsg.), Festschrift für Hans-Jürgen Bruns zum 70. Geburtstag, Köln, Berlin, Bonn usw. 1978, S. 183-204, zit.: Roxin, 1978

ders.: Zur jüngsten Diskussion über Schuld, Prävention und Verantwortlichkeit im Strafrecht, in: Kaufmann, Arthur/Bemman, Günther/Krauss, Detlef u.a. (Hrsg.): Festschrift für Paul Bockelmann zum 70. Geburtstag am 7. Dezember 1978, München 1979, S. 279-309, zit.: Roxin, 1979

ders.: Wandlungen der Strafrechtswissenschaft, in: Juristische Arbeitsblätter 1980, S.221-227

ders.: Zur Problematik des Schuldstrafrechts, in: Zeitschrift für die gesamte Strafrechtswissenschaft 96 (1984), S. 641-660

ders.: Anmerkung zum Urteil des BGH vom 14.2.1984 1 StR 808/83 (LG Ulm), in: Neue Zeitschrift für Strafrecht 1984, S. 411-412

ders.: Was bleibt von der Schuld im Strafrecht übrig?, in: Schweizerische Zeitschrift für Strafrecht 1987 (104), S. 356-376

ders.: Strafrecht. Allgemeiner Teil. Band 1. Grundlagen. Der Aufbau der Verbrechenslehre, 2. Auflage München 1994, zit.: Roxin, 1994

Rudolphi, Hans-Joachim: Vorhersehbarkeit und Schutzzweck der Norm in der strafrechtlichen Fahrlässigkeitslehre, in: Juristische Schulung 1969, S. 549-557

ders.: Die verschiedenen Aspekte des Rechtsgutsbegriffs, in: Juristische Fakultät der Georg-August-Universität Göttingen (Hrsg.), Festschrift für Richard M. Honig zum 80. Geburtstag, Göttingen 1970 (Bd. 70 Göttinger Rechtswissenschaftliche Studien), S.151-167, zit.: Rudolphi, 1970

ders.: Inhalt und Funktion des Handlungsunwertes im Rahmen der personalen Unrechtslehre, in: Schroeder, Friedrich Christian/Zipf, Heinz (Hrsg.): Festschrift für Reinhart Maurach zum 70. Geburtstag, Karlsruhe 1972, S. 51-73, zit.: Rudolphi, 1972

ders./Horn, Eckhard/*Samson*, Erich: Systematischer Kommentar zum Strafgesetzbuch, Band I Allgemeiner Teil (§§ 1-79b), 6. Auflage Neuwied, Kriftel, Berlin 1994, zit.: Bearbeiter, in: SK

Rumpf, Max: Wirtschaftsrechtliche Vertrauensverhältnisse, in: Archiv für civilistische Praxis 119 (1920), S. 1-156

Ryan, William: Blaming the Victim, New York 1971

Sauer, Wilhelm: Kriminalsoziologie, Berlin, Leipzig 1933, zit.: Sauer, 1933

ders.: System des Strafrechts. Besonderer Teil, Köln 1954, zit.: Sauer, 1954

Sauter, E.: Erscheinungsformen und Strafzumessung beim Betrug, Diss. iur. Freiburg i. Br.1950

Schäfer, Gerhard: Praxis der Strafzumessung, 2. Auflage München 1995

Schäfer, Herbert: "Anstiftung" und Distanz im Täter-Opfer-Verhältnis, in: Monatsschrift für Kriminologie und Strafrechtsreform 50 (1967), S. 162-175

Schafer, Stephen: The Victim and His Criminal. A Study in Functional Responsibility, Random House New York 1968, zit.: Schafer, 1968

ders.: The Beginning's of "Victimology", in: Drapkin, Israel/Viano, Emilio (Hrsg.), Victimology, 2. Auflage Lexington, Massachussetts, Toronto usw. 1975, S.17-30, zit.: Schafer, 1975

ders.: Introduction to criminology, Reston, Virginia 1976, zit.: Schafer, 1976

Schaffstein, Friedrich: Spielraum-Theorie, Schuldbegriff und Strafzumessung nach den Strafrechtsreformgesetzen, in: Lackner, Karl/Leferenz, Heinz/ Schmidt, Eberhard u.a. (Hrsg.), Festschrift für Wilhelm Gallas zum 70. Geburtstag am 22. Juli 1973, Berlin 1973, S. 99-116, zit.: Schaffstein, 1973

ders.: (Besprechung)Diethart Zielinski, Handlungs- und Erfolgsunwert im Unrechtsbegriff. Untersuchungen zur Struktur von Unrechtsbegründung und Unrechtsausschluß (Strafrechtliche Abhandlung N.F., Bd. 14). Verlag Duncker und Humboldt, Berlin 1973. 338 S., in: Goltdammer's Archiv für Strafrecht 1975, S. 342-343

Schlothauer, Reinhold: (Besprechung) Thomas Hillenkamp, Vorsatztat und Opferverhalten, Göttingen 1981, Verlag Otto Schwartz & Co, in: Strafverteidiger 1985, S. 393- 395

Schmidhäuser, Eberhard: Gesinnungsmerkmale im Strafrecht,Tübingen 1958

Schmidt, Lothar: Die Strafzumessung in rechtsvergleichender Darstellung. Zugleich ein Beitrag zur Strafrechtsreform, Berlin 1961 (Schriften zum Strafrecht. Bd. 1)

Schneickert, Hans: Leichtsinn und Leichtgläubigkeit des Publikums und Kriminalität, in: Archiv für Kriminal-Anthropologie und Kriminalistik 18 (1905), S. 193-211

Schneider, Hans Joachim: Viktimologie. Wissenschaft vom Verbrechensopfer, Tübingen 1975, zit.: Schneider, 1975

ders.: Kriminologie (Sammlung Göschen), Berlin, New York, 2. Auflage 1977, zit.: Schneider, 1977

ders.: Das Verbrechensopfer im Sozialprozeß. Fortschritte der Viktimologie-Forschung, in: Juristenzeitung 1977, S. 620-632

ders.: Viktimologie - Die Wissenschaft vom Verbrechensopfer, in: Deutsche Richterzeitung 1978, S. 141-146

ders.: Der Täter und sein Opfer - Partner im Verbrechen, München 1979, zit.: Schneider, 1979

ders. (Hrsg.): Das Verbrechensopfer in der Strafrechtspflege. Psychologische, kriminologische, strafrechtliche und strafverfahrensrechtliche Aspekte. Ausgewählte Referate des Dritten Internationalen Symposiums für Viktimologie in Münster/Westfalen, Berlin, New York 1982, zit.: Schneider, 1982a

ders.: Der gegenwärtige Stand der Viktimologie in der Welt, in: Schneider, Hans Joachim (Hrsg.), Das Verbrechensopfer in der Strafrechtspflege. Psychologische, kriminologische, strafrechtliche und strafverfahrensrechtliche Aspekte. Ausgewählte Referate des Dritten Internationalen Symposiums für Viktimologie in Münster/Westfalen, Berlin, New York 1982, S. 9-44, zit.: Schneider, 1982b

ders.: The Victim in the International Perspective, Berlin, New York 1982, zit.: Schneider, 1982c

ders.: Kriminologie, Berlin, New York 1987, zit.: Schneider, 1987

ders./Sievert, Rudolf (Hrsg.): Handwörterbuch der Kriminologie, 2. Auflage Berlin, New York 1979

Schnelle, Karl: Die Funktion generalpräventiver Gesichtspunkte bei der Strafzumessung, Diss. iur. Göttingen 1977

Schöch, Heinz (Hrsg.): Strafzumessungspraxis und Verkehrsdelinquenz. Kriminologische Aspekte der Strafzumessung am Beispiel einer empirischen Untersuchung zu Trunkenheit im Verkehr, Stuttgart 1973, zit.: Schöch, 1973

ders.: Grundlage und Wirkungen der Strafe. Zum Realitätsgehalt des § 46 Abs. 1 StGB, in: Grünwald, Gerald/Miehe, Olaf/Rudolphi, Hans-Joachim u.a., Festschrift für Friedrich Schaffstein zum 70. Geburtstag am 28. Juli 1975, Göttingen 1975, S. 255-273, zit.: Schöch, 1975

ders: Wiedergutmachung und Strafrecht. Symposium aus Anlaß des 80. Geburtstages von Friedrich Schaffstein, München 1987 (Neue Kriminologische Studien Band 4), zit.: Schöch, 1987

Schöneborn, Christian: Die regulative Funktion des Schuldprinzips bei der Strafzumessung, in: Goltdammer's Archiv für Strafrecht 1975, S. 272-283

Schönke, Adolf: Strafgesetzbuch: Kommentar. Begründet von Adolf Schönke, fortgeführt von Horst Schröder, 24. Auflage München 1991, zit.: Bearbeiter, in: Sch-Sch

Schottländer, Rudolf: Theorie des Vertrauens, Berlin 1957

Schreiber, Hans-Ludwig: Strafzumessungsrecht, in: Neue Zeitschrift für Strafrecht 1981, S. 338-340

Schüler-Springorum, Horst: Über Victimologie, in: Juristische Fakultät der Georg-August-Universität Göttingen (Hrsg.), Festschrift für Richard Honig zum 80. Geburtstag, Göttingen 1970 (Bd. 70 Göttinger Rechtswissenschaftliche Studien), S. 201-215

Schultz, Hans: Kriminologische und strafrechtliche Bemerkungen zur Beziehung zwischen Täter und Opfer, in: Schweizerische Zeitschrift für Strafrecht 71 (1956) S. 171-192

ders.: (Besprechung) Thomas Hillenkamp: Vorsatztat und Opferverhalten. Göttinger rechtswissenschaftliche Studien. Band 115. Göttingen 1981. Besprechung zu Hillenkamp, Vorsatztat und Opferverhalten, in: Schweizerische Zeitschrift für Strafrecht 100 (1983), S. 112-114

Schultz, Le Roy G.: The Victim-Offender-Relation-Ship, in: Crime and Delinquency 14,2 (1968), S. 135-141, zit.: Schultz, Le Roy G.

Schumann, Heribert: Strafrechtliches Handlungsunrecht und das Prinzip der Selbstverantwortung des Anderen, Tübingen 1986 (Tübinger rechtswissenschaftliche Abhandlungen; Bd.63)

Schünemann, Bernd (Hrsg.): Moderne Tendenzen in der Dogmatik der Fahrlässigkeits- und Gefährdungsdlikte, in: Juristische Arbeitsblätter 1975, S. 435-444, 511-516, 647656; 715-724; 787-798

ders.: "Summa ius = Summa iniuria in der Strafzumessung", in: Institut für Konfliktforschung (Hrsg.), Poenometrie. Rationalität oder Irrationalität der Strafzumessung, Köln 1977, S. 73-78, zit.: Schünemann, 1977

ders.: Der strafrechtliche Schutz von Privatgeheimnissen, in: Zeitschrift für die gesamte Strafrechtswissenschaft 90 (1978), S. 11-63

ders.: Methodologische Prolegomena zur Rechtsfindung im Besonderen Teil des Strafrechts, in: Kaufmann, Arthur/Bemman, Günther/Kraus, Detlef u.a. (Hrsg.), Festschrift für Paul Bockelmann zum 70. Geburtstag am 7. Dezember 1978, München 1979, S. 119-132, zit.: Schünemann, 1979

ders.: Einige vorläufige Bemerkungen zur Bedeutung des viktimologischen Ansatzes in der Strafrechtsdogmatik, in: Schneider, Hans Joachim (Hrsg.), Das Verbrechensopfer in der Strafrechtspflege. Psychologische, kriminologische, strafrechtliche und strafverfahrensrechtliche Aspekte. Ausgewählte Referate des Dritten Internationalen Symposiums für Viktimologie in Münster/Westfalen, Berlin, New York 1982, S. 407- 421, zit.: Schünemann, 1982

ders.: Grundfragen des modernen Strafrechtssystems, Berlin, New York 1984, zit.: Schünemann, 1984a *ders.*: Die Funktion des Schuldprinzips im Präventionsstrafrecht, in: Schünemann, Bernd (Hrsg.), Grundfragen des modernen Strafrechtssystems, Berlin 1984, S.153-195. zit.: Schünemann, 1984b

ders.: Die Zukunft der Viktimodogmatik: die viktimologische Maxime als umfassendes regulatives Prinzip zur Tatbestandseingrenzung im Strafrecht, in: Zeidler, Wolfgang/Maunz, Theodor/Rollecke, Gerd (Hrsg.), Festschrift für Hans Joachim Faller, München 1984, S. 357-372, zit.: Schünemann, 1984c

ders.: Zur Stellung des Opfers im System der Strafrechtspflege, in: Neue Zeitschrift für Strafrecht 1986, S. 193-200, 439-443

Schünemann, Hans-Wilhelm: Viktimologie in der Referendarausbildung. Ein Beitrag zur Integration der Sozialwissenschaften in die Juristenausbildung, in: Deutsche Richterzeitung 1972, S. 384-386

Schwarz, Paul: Erscheinungsformen und Strafzumessung beim schweren Diebstahl, Diss. iur.Freiburg i. Br. 1954

Schwind, Hans-Dieter: Kriminologie in der Praxis, Heidelberg 1986, zit.: Schwind, 1986

ders.: Kriminologie, 5. Auflage Heidelberg 1993, zit.: Schwind, 1993

Screvens, Raymond: Journées Criminologiques Hollando-Belges, Bruxelles 19-21 décembre 1958, in: Revue de Droit pénal et de Criminologie 1959, S. 669-672

Seelig, Ernst.: Lehrbuch der Kriminologie, 2. Auflage Nürnberg, Düsseldorf 1951

Seelmann, Kurt: Grundfälle zu den Straftaten gegen das Vermögen als Ganzes, in: Juristische Schulung 1982, S. 268-272

Seib, Herbert: Gleichmäßigkeit des Strafens, ein Prüfstein der Gerechtigkeit, in: Blutalkohol 1971, S. 18-25

Serwe, L.H.: Täter-Opfer-Beziehungen bei einigen Sittlichkeitsdelikten, in: Kriminalistik 1970, S. 73-75

Sessar, Klaus: Über die verschiedenen Aussichten, Opfer einer gewaltsamen Tötung zu werden, in: Kirchhoff, Gerd/ Sessar, Klaus (Hrsg.), Das Verbrechensopfer. Ein Reader zur Viktimologie, Bochum 1979, S.301-320, zit.: Sessar, 1979

ders.: Über das Opfer, in: Vogler, Theo/Herrmann, Joachim (Hrsg.), Festschrift für Hans-Heinrich Jescheck zum 70. Geburtstag, Berlin 1985, S.1137-1157, zit.: Sessar, 1985

Sigg, Alfred: Begriff, Wesen und Gewese des Beziehungsdeliktes, Diss. iur. Zürich 1967

Silverman, Robert A.: Victim precipitation: An examination of the Concept, in: Drapkin, Israel/Viano, Emilio (Hrsg.), Victimology, A New Focus, Volume I, Toronto, London 1973, S. 99-109

Sonnen, Bernd-Rüdeger: Strafrechtliche Grenzen des Handelns mit Optionen auf Warentermin-Kontrakte, in: Zeitschrift für Wirtschaft - Steuer - Strafrecht 1982, S. 123-129

Spendel, Günter: Zur Lehre vom Strafmaß, Frankfurt a.M. 1954 (Frankfurter wissenschaftliche Beiträge. Rechts- und wirtschaftswissenschaftliche Reihe Band 10), zit.: Spendel, 1954

ders.: Die Begründung des richterlichen Strafmaßes, in: Neue Juristische Wochenschrift 1964, S. 1758-1765

ders.: Zur Entwicklung der Strafzumessungslehre, in: Zeitschrift für die gesamte Strafrechtswissenschaft 83 (1971), S. 203-242

Stahl, L.: Die höchstrichterliche Rechtsprechung und die Praxis der Gerichte der Landgerichtsbezirke Freiburg und Konstanz zur Strafzumessung in der Kritik der Verurteilten, Diss.iur. Freiburg i. Br. 1953

Stephan, Egon: Opfertypologien und der Vorschlag einer sozialpsychologisch fundierten Alternative. Zu einer Taxonomie viktimogener Situationen, in: Kirchhoff, Gerd/ Sessar, Klaus (Hrsg.), Das Verbrechensopfer. Ein Reader zur Viktimologie, Bochum 1979, S. 219-241

Stoecklin, Lukas Martin: Untersuchungen über das Gewicht der einzelnen Strafzumessungsgründe. Eine Analyse der Basler Gerichtspraxis (1961-1963) zu Art. 191 StGB, Basel, Stuttgart 1971

Stratenwerth, Günter: Verantwortung und Gehorsam. Zur strafrechtlichen Wertung hoheitlich gebotenen Handelns, Tübingen 1958, zit.: Stratenwerth, 1958

ders.: Handlungs- und Erfolgsunwert im Strafrecht, in: Schweizerische Zeitschrift für Strafrechtswissenschaft 79 (1963), S. 233-256

ders.: Tatschuld und Strafzumessung, Tübingen 1972, zit.: Stratenwerth, 1972

ders.: Die Zukunft des strafrechtlichen Schuldprinzips, Karlsruhe 1977, zit.: Stratenwerth, 1977

ders.: Strafrecht. Allgemeiner Teil I. Die Straftat, 3. Auflage München 1980, zit.: Stratenwerth, 1980

Stree, Walter: Deliktsfolgen und Grundgesetz, Tübingen 1960

Streng, Franz: Schuld, Vergeltung, Generalprävention - Eine tiefenpsychologische Rekonstruktion strafrechtlicher Zentralbegriffe, in: Zeitschrift für die gesamte Strafrechtswissenschaft 92 (1980), S. 637-681 *ders.*: Strafzumessung und relative Gerechtigkeit. Eine Untersuchung zu rechtlichen, psychologischen und soziologischen Aspekten ungleicher Strafzumessung, Heidelberg 1984 (R. v. Deckers rechts- und sozialwissenschaftliche Abhandlungen. Bd. 23), zit.: Streng, 1984

ders.: Die Strafzumessungsbegründung und ihre Orientierungspunkte - Ein Beitrag zur Idee und Praxis vergleichender Strafzumessung, in: Neue Zeitschrift für Strafrecht 1989, S. 393-400

Theune, W.: Grundsätze und Einzelfragen der Strafzumessung; aus der Rechtsprechung des Bundesgerichtshofs (Teil I), in: Strafverteidiger 1985, S. 162-168, Teil II, S. 205-210

ders.: Zum Strafzumessungs- und Maßregelrecht, in: Neue Zeitschrift für Strafrecht 1987, S. 162-167; 492-499; 1988, S. 171-174; 304-308; 1989 S. 173-175; 215-217

Tiech, Horst (Hrsg.): Deutsches Rechtslexikon. Band 3 R-Z,2. Auflage München 1992

Tiemeyer, Jürgen: Zur Möglichkeit eines erfahrungswissenschaftlich gesicherten Schuldbegriffs, in: Zeitschrift für die gesamte Strafrechtswissenschaft 100 (1988), S. 527-566

Tischler, Werner Georg: Freiheit und soziale Bindung im Wirtschaftsrecht "Betrug und Opferverantwortung", in: Juristische Ausbildung 1988, S. 122-125

Walter, Michael: Läßt sich der Handlungsunwert an der aufgewendeten "kriminellen Energie" ermessen? - Zur Notwendigkeit und Brauchbarkeit eines eingefleischten Begriffs, in: Goltdammer's Archiv für Strafrecht 1985, S. 197-213

ders.: Die Bestimmung der Tatschuld und Bemessung der Strafe nach der vom Täter entwickelten "kriminellen Energie", in: Hirsch, Hans Joachim/Kaiser, Günther/Marquardt, Helmut (Hrsg.): Gedächtnisschrift für Hilde Kaufmann, Berlin 1986, S. 493-511, zit.: Walter, 1986

Walther, Susanne: Eigenverantwortlichkeit und strafrechtliche Zurechnung, Diss. iur. Freiburg 1991 (Beiträge und Materialien aus dem Max-Planck-Institut für ausländisches und inländisches Strafrecht Freiburg, Band S 23, hrsg. von Albin Eser)

Welzel, Hans: Studien zum System des Strafrechts, in: Zeitschrift für die gesamte Strafrechtswissenschaft 58 (1939), S. 491-566

ders.: Deutsches Strafrecht, Berlin 1969, zit.: Welzel, 1969

Werdt, Armand von: Die Strafzumessung unter besonderer Berücksichtigung der luzernischen Gerichtspraxis bei Diebstahl, Diss. iur. Freiburg im Breisgau 1956

Werfel, Franz: Nicht der Mörder, der Ermordete ist schuldig, München 1920

Wessels, Johannes: Strafrecht. Allgemeiner Teil: die Straftat und ihr Aufbau, 23. Auflage Heidelberg 1993, zit.: Wessels, 1993

ders.: Strafrecht. Besonderer Teil/1. Straftaten gegen Persönlichkeits- und Gemeinschaftswerte, 18. Auflage Heidelberg 1994, zit.: Wessels, 1994a

ders.: Strafrecht. Besonderer Teil/2. Straftaten gegen die Vermögenswerte, 17. Auflage Heidelberg 1994, zit.: Wessels, 1994b

Wolfgang, Marvin E.: Patterns in Criminal Homicide, Philadelphia 1958

ders./Singer, Simon I.: Opferkategorien, in: Kirchhoff, Gerd Ferdinand/Sessar, Klaus (Hrsg.), Das Verbrechensopfer. Ein Reader zur Viktimologie, Bochum 1979, S. 39-60

Wolter, Jürgen: Objektive und personale Zurechnung von Verhalten, Gefahr und Verletzung bei einem funktionalen Straftatsystem, Berlin, 1981

Zaczyk, Rainer: Strafrechtliches Unrecht und Selbstverantwortung des Verletzten, Heidelberg 1993 (Heidelberger Forum; 84)

Zipf, Heinz: Die Strafmaßrevision, München 1969, zit.: Zipf, 1969

ders.: Einwilligung und Risikoübernahme im Strafrecht. Darmstadt 1970, zit.: Zipf, 1970

ders.: Die Bedeutung der Viktimologie für die Strafrechtspflege, in: Monatsschrift für Kriminologie und Strafrechtsreform 53 (1970), S. 1-12

ders.: Rechtskonformes und sozialadäquates Verhalten im Strafrecht, in: Zeitschrift für die gesamte Strafrechtswissenschaft 82 (1970), S. 633-654

ders.: Die Strafzumessung, 7. Auflage Heidelberg, Karlsruhe 1977, zit.: Zipf, 1977

ders.: Kriminalpolitik, 2. Auflage Heidelberg, Karlsruhe 1980, zit.: Zipf, 1980

Abkürzungsverzeichnis

a.	auch
a.a.O.	am angegebenen Ort
Abs.	Absatz
AcP	Archiv für civilistische Praxis
Alt.	Alternative
AP	Arbeitsrechtliche Praxis (Nachschlagewerk des Bundesarbeitsgerichts)
Bay. ObLG	Bayerisches Oberstes Landesgericht
BGB	Bürgerliches Gesetzbuch
BGHSt	Entscheidung des Bundesgerichtshofes in Strafsachen
BverfGE	Entscheidungen des Bundesverfassungsgerichts
BverwGE	Entscheidungen des Bundesverwaltungsgerichts
BZRG	Gesetz über das Zentralregister und das Erziehungsregister (Bundeszentralregistergesetz)
CR	Computer und Recht
DAR	Deutsches Autorecht
Diss.	Dissertation
d.h.	das heißt
DriZ	Deutsche Richterzeitung
evt.	eventuell
f., ff.	folgende, fortfolgende
FN	Fußnote
GA	Goltdammer's Archiv für Strafrecht
gem.	gemäß
GG	Grundgesetz
GrS	Großer Senat beim Bundesgerichtshof in Strafsachen
GS	Der Gerichtssaal
h.M.	herrschende Meinung
ieS	im engeren Sinne
iwS	im weiteren Sinne
JA	Juristische Arbeitsblätter
JGG	Jugendgerichtsgesetz
JR	Juristische Rundschau
Jura	Juristische Ausbildung
JuS	Juristische Schulung
JW	Juristische Wochenschrift
JZ	Juristenzeitung
lfd. Nr.	laufende Nummer
LG	Landgericht

m.a.W.	mit anderen Worten
MDR	Monatsschrift für Deutsches Recht
MschrKrim	Monatsschrift für Kriminologie und Strafrechtsreform
Mü-Ko	Rebmann, Kurt/Säcker, Franz-Jürgen: Münchener Kommentar zum Bürgerlichen Gesetzbuch. Band 2: Schuldrecht. Allgemeiner Teil (§§242-432), 2.Auflage München 1985, zit.: Bearbeiter, in: Mü-Ko
NJW	Neue Juristische Wochenschrift
NStE	Neue Entscheidungssammlung für Strafrecht
NStZ	Neue Zeitschrift für Strafrecht
NZV	Neue Zeitschrift für Verkehrsrecht
OEG	Gesetz über die Entschädigung für Opfer von Gewalttaten
öStGB	österreichisches Strafgesetzbuch
OLG	Oberlandesgericht
PrStGB	Strafgesetzbuch für die Preußischen Staaten
Rdnr.	Randnummer
RGSt	Entscheidungen des Reichsgerichts in Strafsachen
RVO	Reichsversicherungsordnung
S.	Seite
SchwStrGB	Schweizerisches Strafgesetzbuch
SchwZStR	Schweizerische Zeitschrift für Strafrecht
SJZ	Süddeutsche Juristen-Zeitung
Sp.	Spalte
StGB	Strafgesetzbuch
StPO	Strafprozeßordnung
str.	strittig
StV	Strafverteidiger
u.a.	und andere
u.zw.	und zwar
VRS	Verkehrsrechtssammlung
VwVfG	Verwaltungsverfahrensgesetz
wistra	Zeitschrift für Wirtschaft-Steuer-Strafrecht
z.B.	zum Beispiel
ZRP	Zeitschrift für Rechtspolitk
ZStW	Zeitschrift für die gesamte Strafrechtswissenschaft

Erster Teil:
Einleitung

A. Einführung in die Fragestellung

Die vorliegende Untersuchung zum Thema „Strafzumessung und Opfervertrauen" greift Fragestellungen auf, die Strafrecht und Kriminologie gleichermaßen seit langer Zeit beschäftigen. Sie behandelt das Problem, welche Rolle das Opferverhalten bei der Bemessung der Strafe einnimmt. Einigkeit besteht in Rechtsprechung und Literatur darüber, daß das Opfer der Straftat bei der Strafzumessung Berücksichtigung finden muß. Dies zeigt sich auch in zahlreichen Urteilen, in denen Eigenschaften des Opfers, z.B. seine wirtschaftlichen Verhältnisse, soziale Stellung, Beruf, Schutzwürdigkeit, Beziehungen zum Täter - beispielsweise Abhängigkeits-, Obhuts-, Vertrauens-, Verwandtschaftsverhältnis - oder das Verhalten des Opfers vor, bei und nach der Tat (Provokation, Verführung, unzureichender oder fehlender Widerstand) als Strafzumessungstatsache Bedeutung eingeräumt wird[1]. Immer häufiger wird auch im Verkehrsstrafrecht von einem "Mitverschulden" des Opfers gesprochen.

Es fehlt jedoch vielfach an klaren Leitlinien, unter welchen Voraussetzungen sich ein im Einzelfall als strafzumessungsrelevant anerkannter Umstand strafschärfend oder -mildernd auswirkt. Dies beruht zum einen darauf, daß das Recht der Strafzumessung in der strafrechtlichen Dogmatik ohnehin am wenigsten erarbeitet, zum anderen darauf, daß das Opferverhalten darüber hinaus besonders unterschiedlicher, oft emotionaler Wertung ausgesetzt ist.

Aus diesem Grund hat sich die vorliegende Arbeit zum Ziel gesetzt, einen Beitrag zur Theorie der Strafzumessung zu leisten, indem sie versucht, die Wirkung des Opferverhaltens auf die Strafzumessungsschuld näher zu beleuchten und systematisch zu erfassen. Aufgrund der Vielzahl strafzumessungsrelevanter Opferverhaltensweisen und Täter-Opfer-Beziehungen würde es jedoch den Rahmen der Arbeit sprengen, wenn der Versuch unternommen würde, eine Analyse aller unter diesem Gesichtspunkt in Betracht kommenden Strafzumessungsumstände vorzunehmen. Deshalb erfolgt eine Beschränkung auf das Opfervertrauen und seine Auswirkungen auf die Strafzumessungsschuld des Täters. Gerade dem Opfervertrauen kommt zentrale Bedeutung bei der Beurteilung von Tat, Täter und Opfer zu: wird Vertrauen enttäuscht, so schmerzt dies besonders,

---

1 Nachweise bei Stahl, a.a.O., S. 75ff.; vgl. a. Bruns, 1974, S. 430; Hellwig, Archiv für Kriminologie 86 (1930), S. 222ff. m.w.N.; Hirsch, in: LK § 46 Rdnr. 46 ff.; Lackner, 1995, § 46 Rdnr. 49; Stree, in: Sch-Sch § 46 Rdnr. 19.

der Vertrauensbruch wird deshalb besonders scharf kritisiert. Andererseits gilt Vertrauensseligkeit als unangebracht, wird „gesundes Mißtrauen“ angemahnt.

Die nachfolgenden, der Presse entnommenen Fälle sollen einen Einblick geben, wie dieser Umstand seitens der Strafverfolgungsbehörden, der Gerichte bzw. der Verteidigung aufgegriffen und bei der Strafzumessung - jeweils mit unterschiedlichen Konsequenzen - berücksichtigt wurde:

Beispiel 1: Allgemeine Zeitung, Mainz, vom 18.01.1989:
"Trainer legte Sportsfreunde bös herein"

"Ein 47-jähriger Anlageberater, zugleich Fußballtrainer in einem Verein, köderte mit einem Bauherren-Modell Clubkameraden, die Darlehensverträge für rund 1,8 Millionen Mark unterschrieben. Bis das Bauherrenmodell pleite ging, hatte der Mann gutgläubige 16 Menschen gefunden, die ihm ihr Geld anvertrauten, weil er 14 Prozent Zinsen auf der 'Schweizer Nationalbank' versprach - für die 'Festgelder'. Wo das Geld tatsächlich hingelangte, war nicht mehr festzustellen, jedenfalls sah die Bank das Geld nie.

Hier wurde straferschwerend berücksichtigt, daß der Täter 'als großzügiger Sponsor im Sportverein' auf schäbige Art und Weise gutgläubige Clubkameraden ausgenutzt hatte, weil ihm selbst das Wasser bis zum Hals stand. Besonders verwerflich fand es die Kammer, daß der Angeklagte aufgrund seiner Stellung im Verein das Vertrauen der Sportsfreunde grob ausgenutzt und sie übel für eigene Zwecke geprellt habe."

Beispiel 2: Allgemeine Zeitung, Mainz, vom 27.06.1989:
"Katze im Sack gekauft"

"Bereits bei früheren Fällen hatte ein Gericht festgestellt: 'Verblüffend, wie leicht sich die Leute betrügerisch ihr Geld abschwatzen ließen'. Der Angeklagte pickte sich, auf die Wohnungsnot im Rhein-Main-Gebiet abzielend, Wohnungssuchende aus Anzeigenblättchen heraus und bot ihnen telefonisch Wohnungen zu superbilligen Mieten an. Seriös und gewandt auftretend, traf er die 'Kunden' in Cafés und Lokalen und hatte auch gleich den ausgefüllten Mietvertrag bei sich. Stets unter Zeitdruck, weil er gerade in die Ferien nach Spanien fahren wollte, zahlten die Opfer Mietvorauszahlungen und Kautionen bis zu 1800 Mark. Gesehen hatte nicht einer der Betrogenen die 'Wohnung', die zuletzt nur noch aus einer 'Adresse' bestand.

Die Staatsanwaltschaft wies straferschwerend darauf hin, daß der Angeklagte sich unverfroren in das Vertrauen seiner Opfer einschlich und ihnen das Geld aus der Tasche zog, indem er ihre Notlage ausnutzte.

Im Gegensatz dazu wollte der Verteidiger es strafmildernd bewerten, daß 'alle Leute einfach die Katze im Sack kauften, wenn sie den Preis hörten'."

Beispiel 3: Allgemeine Zeitung, Mainz, vom 21.08.1989:
"Zu sorglos eine Einladung angenommen"

"Nicht ohne Folgen blieb der Leichtsinn einer 44 Jahre alten Wiesbadenerin, die sich am Samstag gegen 23 Uhr von einem etwa 55 Jahre alten Autofahrer in der Kurstadt zu einem Weinfest einladen ließ und offenbar recht sorglos in sein Auto einstieg. ... Dort steuerte der Unbekannte seinen Wagen ins Mombacher Unterfeld.

Auf einem Feldweg versuchte er, sich der Frau mit Gewalt zu nähern. Es kam zu einem Handgemenge, in dessen Verlauf die Frau die Oberhand behielt. Da stieß der Täter die Frau einfach aus dem Wagen, nachdem er ihr zuvor noch ihre dunkelblaue Handtasche mit Personalausweis und der Geldbörse entrissen hatte. Inhalt: 200 DM."

Beispiel 4: Urteil des Landgerichts Mainz vom 19.01.1993
\- 304 Js 11545/86 - 5 Kls

"In der Zeit zwischen Anfang April 1982 und Anfang Januar 1987 reichte der Angeklagte, ein Arzt, Behandlungsausweise von Versicherten der RVO- und Ersatzkassen zur Abrechnung bei der Kassenärztlichen Vereinigung Rheinhessen ein, auf denen er in Tausenden von Einzelfällen eine Vielzahl von Leistungsnummern eintrug, obwohl die entsprechenden Leistungsnummern entweder überhaupt nicht oder in nicht abrechnungsfähiger Weise von dem Praxispersonal des Angeklagten erbracht worden waren. Die Falscheintragungen waren überwiegend von den Arzthelferinnen vorgenommen worden, und zwar aufgrund einer konkreten Anweisung des Angeklagten, die lange vor Beginn des ersten Quartals 1982 erging. In einzelnen Fällen nahm der Angeklagte die Falscheintragungen im Laufe eines jeden Quartals selbst vor.

Diese Falscheintragungen hatte der Angeklagte veranlaßt bzw. vorgenommen, um sich ärztliche Honorare zu verschaffen, die ihm, wie er wußte, bei korrekter Abrechnung nicht zugestanden hätten und die nie zur Auszahlung gekommen wären, wenn den Bediensteten der KV Rheinhessen oder Mitarbeitern der Kassen die Unrichtigkeit der Eintragungen bekannt gewesen wäre.

Für die Quartale I/82 bis IV/86 erhielt der Angeklagte folgende ihm nicht zustehende Mindestbeträge, deren Gesamtsumme sich auf 350.000,- DM beläuft.

...

Die Strafzumessung im engeren Sinne beruht im wesentlichen auf folgenden Erwägungen: ... Verschiedentlich ist in Urteilen anderer Gerichte zu lesen, strafmildernd müßte sich die 'mangelhafte Kontrolle' durch die KV oder die Kassen auswirken. Die Kammer ist anderer Auffassung. Weder die KV noch die Kassen haben polizeiliche oder gar staatsanwaltschaftliche Befugnisse (was auch niemand ernsthaft will). Zu einer detaillierten Überprüfung abgerechneter

Leistungen in großem Umfange sind sie überhaupt nicht in der Lage. ... Die hin und wieder erwogene Abrechnung über die Versicherten hätte im konkreten Falle auch wenig genützt. Kaum ein Patient dürfte in der Lage sein zu beurteilen, welche ärztliche Tätigkeit als Beratung abrechnungsfähig ist oder nicht. Das gesamte Abrechnungsverhalten steht und fällt mit dem Vertrauen in die Ehrlichkeit und Korrektheit der Ärzte. Diesem Vertrauensvorschuß muß ein entsprechendes Verantwortungsbewußtsein des Arztes gegenüberstehen. Der Angeklagte, der als langjähriger ehrenamtlicher Richter beim Landessozialgericht Rheinland-Pfalz auch alle Möglichkeiten und Schwächen der Wirtschaftlichkeitsprüfung kannte, hat das in ihn gesetzte Vertrauen grob mißbraucht Falschabrechnungen sind geeignet, in der Öffentlichkeit den Eindruck zu erwecken, den Ärzten gehe es in erster Linie ums Geld und erst in zweiter Linie um das Wohl der Patienten. ..."

Beispiel 5: BGH Urteil vom 17. September 1980 - 2 StR 355/80[2]

"Die Strafkammer hat die drei Angeklagten je wegen - fortgesetzt und gemeinschaftlich begangenen - Diebstahls, den Angeklagten M. ferner wegen eines weiteren Diebstahls in einem besonders schweren Fall zu Freiheitsstrafen verurteilt, deren Vollstreckung sie zur Bewährung ausgesetzt hat.

Nach den Feststellungen waren die drei Angeklagten als Beamte der Deutschen Bundesbank innerhalb der Hauptkasse in verschiedenen Funktionen mit der Aussonderung und Vernichtung von Banknoten befaßt, die nicht mehr umlauffähig waren. Von Herbst 1974 bis Herbst 1975 brachten sie in arbeitsteiligem Zusammenwirken bereits gelochte und damit entwertete, zur Verbrennung bestimmte Banknoten an sich und tauschten sie gegen ungelochte Banknoten um, die sie unbemerkt aus dem Bereich der Bundesbank verbrachten. Auf diese Weise entwendeten sie 2 200 000 DM, die sie in gleichen Beträgen unter sich aufteilten. Auf ähnliche Weise brachte der Angeklagte M. allein im Herbst 1978 weitere 180 000 DM in stark beschädigten Banknoten an sich.

Der Strafausspruch gegen alle drei Angeklagten muß auf die Revision der Staatsanwaltschaft aufgehoben werden. ..."

Bei der neu vorzunehmenden Strafzumessung, so der BGH, müsse sich der Tatrichter wiederum mit der Frage auseinandersetzen, ob besonders schwere Fälle des Diebstahls vorliegen, auch wenn keines der Regelbeispiele des § 243 StGB erfüllt ist:

"... Die Annahme eines besonders schweren Falles kann hier naheliegen, weil einmal Sachen von besonders hohem Wert gestohlen worden sind und weil zum anderen die Täter Amtsträger waren, denen die gestohlenen Sachen in ihrer Eigenschaft als Amtsträger zugänglich waren.

---

2 BGHSt 29, S. 319ff.

Daß die Beamteneigenschaft nur dann zur Anwendung des § 243 StGB führen könne, wenn dem Beamten ein besonderes Maß von Vertrauen entgegengebracht und von ihm mißbraucht wurde, kann in dieser einschränkenden Form nicht anerkannt werden. Im übrigen ergeben die Feststellungen, daß den Angeklagten beim Umgang mit Banknoten in großen Mengen ... ein erhebliches Vertrauen entgegengebracht wurde; dahin deutet auch der Umstand, ..., daß jedem Sicherheitssystem durch die auf Wirksamkeit angelegten Arbeitsabläufe und die Beachtung der Menschenwürde der einzelnen Mitarbeiter Grenzen gesetzt sind, die zur Folge haben, daß jedes dieser Systeme unterlaufen werden kann.

..., zwar wird es bei der Wertung, ob ein besonders schwerer Fall des Diebstahls vorliegt, auch darauf ankommen, in welchem Maße das Opfer getroffen wird, doch wird gerade im vorliegenden Falle nicht nur auf einen wirtschaftlich meßbaren Schaden, sondern vor allem darauf abzustellen sein, daß das Vertrauen der Allgemeinheit in die Integrität der Deutschen Bundesbank als Hüterin der Währung durch eine derartige 'Selbstbedienung' ihrer Beamten nachhaltig beeinträchtigt werden muß.

...Schließlich müßte es Bedenken begegnen, einen besonders schweren Fall deshalb zu verneinen, weil die Angeklagten innerhalb eines lückenhaften Sicherungssystems täglich mit großen Geldmengen umzugehen hätten und damit in eine Situation geraten seien, die bei längerer Dauer auch sonst tadelfreie Personen zum 'Schritt in die Kriminalität' bringen könnte. Diese Auffassung hätte zur Folge, daß die zahlreichen Personen, die in Vertrauensstellungen mit großen Geldmengen umzugehen haben, nie einen besonders schweren Fall des Diebstahls verwirklichen könnten, weil sie nach Abbau der moralischen Hemmungen die 'Chance' hatten, ihre Lebenssituation nachhaltig zu verbessern. ..."

Beispiel 6: BGH Urteil v. 12. November 1987 - 4 StR 550/87[3]

"Das Landgericht hatte den Angeklagten, einen Rechtsanwalt, wegen Beihilfe zum versuchten Betrug in Tateinheit mit Urkundenfälschung zu einer Freiheitsstrafe von zwei Jahren verurteilt, deren Vollstreckung es zur Bewährung ausgesetzt hatte.

Im Rahmen der Strafzumessung hat die Strafkammer festgestellt, daß 'er dem Stand der Rechtsanwälte schweren Schaden zugefügt' und 'das Vertrauen der Öffentlichkeit in die Integrität dieser Organe der Rechtspflege beeinträchtigt hat'.

Angesichts des Umstandes, daß der Angeklagte seine Stellung als Rechtsanwalt zur Begehung einer Straftat mißbraucht hat, war zu prüfen, ob die Vollstreckung der gegen den Angeklagten verhängten Freiheitsstrafe unter dem Ge-

---

3 BGH NStZ 1988, S. 126f.

sichtspunkt der 'Verteidigung der Rechtsordnung' notwendig ist, um einem Vertrauensverlust in die Funktion der Rechtspflege entgegenzuwirken.

Die Revision der Staatsanwaltschaft führte daher zur Aufhebung der Anordnung, die gegen den Angeklagten verhängte Freiheitsstrafe zur Bewährung auszusetzen."

B. Darstellung der Bedeutung des Opfers für die Beurteilung der Straftat

Obwohl das Opferverhalten oft maßgeblichen Einfluß auf die Art der konkreten Verbrechensbegehung hat, erfolgte erst sehr spät eine wissenschaftliche Auseinandersetzung mit dem Opfer und seiner Rolle bei der Verbrechensentstehung[4].

Das Opfer wurde zunächst nur insoweit in die Überlegungen einbezogen, als es durch die Straftat eine Verletzung oder einen sonstigen Schaden erlitten hatte, für den es entschädigt werden mußte. Im übrigen stand bis zum Ende des 19. Jahrhunderts allein die Straftat im Mittelpunkt des kriminologischen Interesses[5], weil das Verbrechen als ein Ereignis angesehen wurde, von dem das Opfer völlig unvorbereitet und ohne selbst etwas dazu beigetragen zu haben, betroffen wurde.

Erst im Laufe der Geschichte entwickelte sich der Einfluß der staatlichen Gewalt auf die Festsetzung der Höhe des Wergeldes oder der Buße, die an das Opfer zu leisten waren sowie das Friedensgeld, das an den Staat bezahlt werden mußte, nachdem zuvor die ihrer Art und Höhe nach nicht festgelegte Strafe vom Opfer bzw. dessen Sippe bestimmt wurde[6]. Zu dieser Zeit standen sich bei jedem Verbrechen notwendigerweise ein schuldiger Täter und ein unschuldiges Opfer gegenüber: der böse Kain tötet den guten Abel[7].

Eine vollständige Umwälzung erfuhr diese Sichtweise durch die sog. positivistische Schule, deren Vertreter sich vom "kriminellen Akt" abwandten und auf

---

[4] Vgl. President's Commission 1967, S. 38: "Eine der am meisten vernachlässigten Personen bei der Erforschung des Verbrechens ist das Opfer ...", zit. nach: Schneider, 1977, S. 135.; ähnlich Amelunxen, Kriminalistik 1969, S. 178; Hillenkamp, JuS 1987, S. 940; vgl. a. Kube, Kriminalistik 1980, S. 152; Neumann, a.a.O., S. 225; Schneider, JZ 1977, S. 620f.; ders., 1975, S. 141; Zipf, MSchrKrim 53 (1970), S. 1ff.

[5] Vgl. Schafer, 1968, S. 7; Fattah, 1971, S. 4, 212; Schneider, 1975, S. 142.

[6] Schafer, 1968, S. 7.

[7] Vgl. Antilla, a.a.O., S. 8; ähnlich Silvermann, a.a.O., S. 99 sowie Kaufmann, B., a.a.O., S. 15.

die Täterpersönlichkeit konzentrierten[8]: das Verbrechen wurde verstanden als Symptom einer Persönlichkeitsstörung des Täters, die entweder - nach der Kriminalbiologie - vererbt war oder - nach der Psychoanalyse - auf eine Schädigung im Sozialisationsprozeß des Kindes zurückgeführt werden mußte.

Anselm von Feuerbach war im 19. Jahrhundert einer der ersten Strafrechtswissenschaftler, der die Rolle des Opfers bei der Straftat näher untersuchte und feststellte, daß das Opfer Ursprung und Ursache eines Verbrechens sein kann. Im Rahmen seiner "Aktenmäßigen Darstellung merkwürdiger Verbrechen"[9] zum Fall eines Vatermordes stellte er fest: "Er selbst war der sträfliche Verursacher alles dessen, was an ihm begangen wurde, und in sittlicher Beziehung hat er selbst die schwere Schuld des an ihm verübten Mordes mit zu verantworten. Was an ihm geschehen ist, erscheint nur wie eine Handlung der vergeltenden Gerechtigkeit"[10].

Aus dieser für den Einzelfall getroffenen Erkenntnis wurden jedoch keine weiteren Konsequenzen gezogen bzw. ihr wurde im Rahmen der strafrechtlichen Wissenschaft keine Bedeutung beigemessen.

Auch in der Folgezeit fand das Opfer nur langsam Einzug in die kriminologische Betrachtung, erstmals auf den internationalen Kongressen von Paris (1899) und Brüssel (1900).

Erst gegen Ende des Zweiten Weltkrieges entwickelte sich eine viktimologische Forschung, die sich mit dem Opfer und den Täter-Opfer-Beziehungen beschäftigte.

Den entscheidenden Beitrag hierzu lieferte Hans von Hentig in seinem 1941 erschienen Aufsatz "Bemerkungen über die Interaktion zwischen Täter und Opfer"[11]. Er wies darauf hin, daß das Verbrechensopfer kein passives Objekt ist, sondern zum aktiven Subjekt im Kriminalisierungsprozeß gehöre. Bei der Beurteilung der Straftat gehe es daher nicht mehr allein um die Menschenrechte des Täters, sondern ganz wesentlich auch um die des Verbrechensopfers. Die Erkenntnis, daß das Opfer vielfach eine entscheidende Rolle bei der Straftat spielt und zwischen Täter und Opfer oft enge persönliche Beziehungen bis hin zu einer Art Symbiose bestehen, baute er in seinem Buch "The Criminal and His Victim" weiter aus[12].

Es folgten Untersuchungen von Benjamin Mendelsohn[13] und Willem H. Nagel[14], deren Arbeiten das Studium der Persönlichkeit des Opfers in seiner Ge-

8 Vgl. hierzu Zipf, MSchrKrim 53 (1970), S. 970; vgl. z.B. Lombroso, Garofalo und Feri.

9 Feuerbach, 1849.

10 Ders., 1849, S. 170.

11 v. Hentig, Journal of criminal law, criminology and police science 31 (1940), S. 303-309.

12 v. Hentig, 1948.

13 Mendelsohn, Revue Internationale de Criminologie et de Police technique 1956, S. 95-109.

samtheit, d.h. der Analyse der Opferpersönlichkeit unter biologischen, psychologischen und sozialen Gesichtspunkten, zum Gegenstand hatten. Insbesondere Mendelsohn hob als besonderen Gesichtspunkt die Täter-Opfer-Beziehung hervor, die einen Schlüssel für die Entstehung des Verbrechens, aber auch für die Klärung der Schuldfrage geben könne.

Diese Fragestellung wurde durch Henri Ellenberger, Franz Exner und Ernst Seelig weiterentwickelt, die in ihren Aufsätzen und Lehrbüchern das Opfer als Komponente der Tatsituation und spezifische Verbrechensursache herausstellten[15].

Das gewachsene Interesse am Verbrechensopfer auch für die Praxis zeigte sich auf der Arbeitstagung des Bundeskriminalamtes im Jahre 1956, die viktimologische Probleme behandelte.

Neben weiteren wissenschaftlichen Untersuchungen, die sich mit einer Opfermitwirkung oder "funktionalen Verantwortlichkeit"[16] des Opfers beschäftigten, verhalfen internationale Symposien der Viktimologie zum Durchbruch und versuchten, das Aufgabengebiet der Viktimologie zu umschreiben: das erklärte Ziel der Viktimologie sollte nicht nur sein, Verbrechen zu verhindern, sondern auch, einen Beitrag zur Verbesserung der Urteilsfindung und des Strafverfahrens zu liefern.

Arbeitsgebiete der Viktimologie sind daher insbesondere auch Opfertypologien, Täter-Opfer-Beziehungen, die Rolle des Opfers im Strafverfahren, Auswirkungen des Opferverhaltens auf die Strafzumessung und die Untersuchung des Verhaltens der Opfer spezieller Delikte, insbesondere bei Betrug und Sexualdelikten[17].

Als wesentliches Ergebnis der viktimologischen Forschung kann die Erkenntnis von einem "Dreiklang von Tat, Täter und Opfer"[18] festgehalten werden, der mit diesem Stadium erreicht worden ist.

Eine sich aus der wissenschaftlichen Beschäftigung mit dem Opfer ergebende weitere Fragestellung war die nach dem Stellenwert der Viktimologie im Verhältnis zur Kriminologie. So wurde teilweise die Anerkennung der Lehre vom Opfer als selbständige Parallelwissenschaft neben der Kriminologie mit der

---

14 Nagel, 1975, S. 14ff.; ders., 1979, S. 62; Schwind, 1986, S. 246.

15 Vgl. Ellenberger, Revue internationale de criminologie et de Police Technique 1954, S. 103ff.; Exner, Franz, Studien über die Strafzumessung der deutschen Gerichte, Leipzig 1931; Seelig, a.a.O., S. 157ff., 318f.

16 Schafer, 1968, S. 8ff.

17 Vgl. Schafer, 1975, S. 18ff., 28; Rengier, JuS 1983, S. 406f.; Sessar, 1979, S. 305f.; Wolfgang/Singer, a.a.O., S. 39.

18 Amelunxen, 1968, S. 49ff.; vgl. a. Schneider, 1979, S.8, 16f.

Begründung gefordert[19], die Viktimologie sei die Kehrseite der Kriminologie, die sich mit dem Studium des Opfers befasse.

Andere wollten die Viktimologie als einen integrierenden Bestandteil der Kriminologie, d.h. einen Zweig der Kriminologie, verstanden wissen, deren Forschung sich nicht mehr auf die Person des Täters beschränken sollte[20].

Überwiegend wird die Viktimologie als Teilgebiet der Kriminologie eingeordnet[21], insbesondere unter Hinweis darauf, daß die Kriminologie nicht nur als Lehre vom Verbrecher, sondern vom Verbrechen aufgefaßt werden müsse mit der Folge, daß die Viktimologie keine gänzlich eigenständige Disziplin, sondern nur ein Teilgebiet innerhalb des kriminologischen Forschungsfeldes ist[22].

Da diese Fragestellung jedoch letztlich keine praktischen Auswirkungen hat, braucht sie hier nicht weiter verfolgt zu werden. Entscheidend sind allein die Ziele der Viktimologie, die darin liegen, die verschiedenen Opferdispositionen zu untersuchen, die Rolle des Opfers bei der Verbrechensentstehung, vor allem die Beziehung zwischen Täter und Opfer bei bestimmten Einzeldelikten, die Neutralisierungstechniken, die Täter opferbezogen zur eigenen Rechtfertigung ihrer Straftat verwenden, das Anzeigeverhalten des Opfers, die Beziehungen zwischen Opferfurcht und Opferwerdung, Möglichkeiten der Verminderung des Viktimisierungsrisikos sowie der Schadenswiedergutmachung, Opferhilfs- und Behandlungsprogramme sowie die Berücksichtigung des Opferverhaltens im Rahmen des Verbrechens, insbesondere bei der Strafzumessung[23] zu beleuchten.

Aufmerksamkeit wird vor allem der Einwilligung des Opfers, der Provokation, dem Beitrag zu Sexualdelikten, Opferrisiken und der Gemeinschaft als Opfer geschenkt, weil ein wie auch immer gearteter Tatbeitrag des Opfers, ins-

---

19 Gasser, a.a.O., S. 18; Mendelsohn, Revue internationale de Criminologie 1956, S. 100ff.; ders., 1974, S. 11; Reckless,a.a.O., S. 92.

20 Cornil, Revue de Droit Pénal et de Criminologie 1959, S. 588, 593ff.; Screvens, Revue de Droit Pénal et de Criminologie 1959, S. 670-672.

21 Amelunxen, 1968, S. 34; Ellenberger, Revue internationale de criminologie et de Police Technique 1954, S. 121; v. Hentig, 1948, S. 8ff.; ders., 1962, S. 364ff.; Hillenkamp, JuS 1987, S. 940; Jung, MSchrKrim 67 (1984), S. 125; dies., 1993, S. 582; Mannheim, a.a.O., S. 80f.; Paasch, a.a.O., S. 31; Rengier, JuS 1983, S. 406; Schultz, SchwZStR 71 (1956), S. 179; Sessar, 1985, S. 1146ff.

22 Amelunxen, 1968, S. 34; Mergen, a.a.O., S. 137.

23 Vgl. Drapkin/Viano, 1975, Band 1, S. XI; Schwind, 1993, § 17 Rdnr. 10; vgl. a. Arzt, MSchrKrim 67 (1984), S. 106ff,; Ball, Victimology, an international journal, Bd. 1 (1976), S. 379, 392ff.; Fattah, 1979, S. 188; Frehsee, a.a.O., S. 122; Gobert, Columbia Law Review 1978, S. 543; Hinrichs, a.a.O., S. 10; Jung, 1993, S. 587; Mendelsohn, Revue de Droit Pénal 1959, S. 625; Miyazawa, a.a.O., S. 2, 13f., Schneider, 1975, S. 16; ders., 1982b, S. 13ff.; ders., JZ 1977, S. 622f.; ders., DRiZ 1978, S. 142; Schünemann, DRiZ 1972, S. 384f.

besondere bei Gewalt-, Vermögens- und Sexualdelikten wesentlich die Entstehung und den Ablauf einer Tat gestalten[24].

Dabei darf die verstärkte Einbeziehung der Opferrolle auf die Beurteilung des kriminellen Verhaltens nicht zu einer einseitigen Verschiebung des Interesses vom Individuum Täter zum Individuum Opfer führen, indem die Schuld für die Tat beim Opfer gesucht wird und dieses einseitig belastet wird mit der Folge, daß es nun in zweifacher Hinsicht Opfer würde: einmal Opfer der Straftat, zum anderen Opfer der gesellschaftlichen Kritik[25].

Dies geschah im Extrem z.B. in der Novelle "Nicht der Mörder, der Ermordete ist schuldig" von Franz Werfel[26]; auch in ähnlichen Publikationen wie "Blaming the Victim"[27] oder "La victime est-elle coupable?"[28] zeigt sich die Tendenz, die Verantwortung vom Täter auf das Opfer zu verlagern.

Eine sachgerechte Untersuchung muß die Wechselbeziehung zwischen Täter und Opfer und ihre Auswirkung im Einzelfall herausarbeiten.

C. Gang der Untersuchung

An die Feststellung der Bedeutung des Opferverhaltens für die Straftat schließt sich die Frage nach dem dogmatischen Standpunkt des Opferverhaltens an. Erst wenn diese Grundlagen erarbeitet sind, kann geklärt werden, inwieweit eine systematische Erfassung des Opferverhaltens und speziell des Opfervertrauens sowie die Entwicklung allgemeiner Richtlinien möglich ist, aus deren gleichmäßiger Anwendung eine einheitliche Berücksichtigung bei der Bemessung der Strafe erfolgen kann.

In einem weiteren Schritt werden die Straftheorien dargestellt, und die Frage aufgeworfen, welche Konsequenzen sich aus ihnen für die Bestimmung der Bewertungsrichtung des Opferverhaltens im Rahmen der Strafzumessungsentscheidung ergeben.

Danach wird geprüft, ob sich aus den vorhandenen gesetzlichen Regelungen bzw. gewohnheitsrechtlich anerkannten Rechtsinstituten des Strafrechts und anderer Rechtsgebiete rechtliche Maßstäbe entwickeln lassen, die eine einheitliche Beurteilung des Opferverhaltens ermöglichen.

---

24 Vgl. z.B. Arzt, Kriminalistik 1976, S. 434f.; Eisenberg, 1990, S. 789ff., 996ff.; Hassemer, W., 1983, S. 218ff.; Holyst, Excerpta criminologica 5 (1964), S. 325; Zipf, MSchrKrim 53 (1970), S. 4ff.

25 Vgl. hierzu Hillenkamp, JuS 1978, S. 943; Sessar, 1985, S. 1137.

26 Werfel, Franz, Nicht der Mörder, der Ermordete ist schuldig, München 1920.

27 Ryan, William, Blaming the Victim, New York 1971.

28 Fattah, 1979, S. 188f.

Dem folgt eine Untersuchung über die Konsequenzen der insoweit erzielten Ergebnisse für das Opfervertrauen, die ihren Ausgangspunkt in der Klärung des Begriffs "Vertrauen" nimmt und abschließt mit einer Darlegung der für die Beurteilung dieser Strafzumessungstatsache relevanten Wertungsrichtlinien sowie deren Überprüfung insbesondere anhand der dargelegten Beispielsfälle sowie weiterer bei der inhaltlichen Bestimmung des Vertrauens entwickelten Fallgruppen.

Zweiter Teil:

Berücksichtigung des Opferverhaltens, insbesondere des Opfervertrauens bei der Strafzumessung und seine Auswirkungen auf die Strafzumessungsschuld

A. Dogmatischer Standpunkt des Opferverhaltens

Die möglichen Auswirkungen des Opferverhaltens sowie der Beziehungen zwischen Täter und Opfer auf die Straftat und ihre Folgen waren bereits verschiedentlich Gegenstand wissenschaftlicher, insbesondere viktimologischer Untersuchungen; vor allem im Rahmen des Irrtumsmerkmals beim Betrug gem. § 263 StGB wurde die Bedeutung des Opfers auf die Strafbarkeit näher beleuchtet. Im Mittelpunkt stand dabei die Frage, ob sich eine Mitverantwortung als Bestandteil der strafrechtlichen Zurechnung im weitesten Sinne dergestalt nachweisen läßt, daß Tatbestandsmäßigkeit, Rechtswidrigkeit, Schuld oder Strafbarkeit des Täters entfallen, wenn das Opfer seiner Verantwortung nicht mehr gerecht werde[29].

Bevor jedoch das Opferverhalten sowie die Beziehungen zwischen Täter und Opfer und ihre Auswirkungen auf die Tat untersucht werden sollen, muß zunächst eine Entscheidung getroffen werden, wo die Berücksichtigung des Opferverhaltens dogmatisch ihren Standort hat.

Dabei soll der Begriff Täter-Opfer-Beziehung in einem weiten Sinn verstanden werden und Eigenschaften sowie Verhaltensweisen des Opfers und seine Distanz zum Täter erfassen. Unter Opferverhalten soll die dynamische Rolle, d.h. die Anteilnahme des Geschädigten an der Tat verstanden werden[30].

---

29 Vgl. z.B. Baumann, JZ 1972, S. 6; Hassemer, R., 1981, S. 1ff.; v. Hentig, 1957, S. 197ff.; Kurth, a.a.O., S. 1ff., 99f.; Schüler-Springorum, a.a.O., S. 207ff.; Schultz, Le Roy G., a.a.O., S. 136ff.; Schünemann, NStZ 1986, S. 194; Wolter, a.a.O., S. 48.

30 Vgl. z.B. Schäfer, MSchrKrim 50 (1967), S. 183.

I. Ansätze zur Berücksichtigung des Opferverhaltens sowie der Täter-Opfer-Beziehung im Deliktsaufbau

1. Tatbestandsmäßigkeit

Zahlreiche Autoren sprechen sich für eine Berücksichtigung des Opferverhaltens im Tatbestand aus.

Während im Ergebnis Übereinstimmung darüber herrscht, daß bestimmte Opferverhaltensweisen zum Ausschluß des Tatbestandes führen können, ist die Frage, wie das Opferverhalten im einzelnen beschaffen sein soll, um den Ausschluß des Tatbestandes zu begründen und ob es sich insoweit um alle Tatbestände einheitlich erfassende Aussagen handelt, umstritten[31].

Kontrovers sind auch die Begründungen für die Verneinung des Tatbestandes: vereinzelt wird darauf abgestellt, das Opferverhalten könne die Zurechnung entfallen lassen, überwiegend wird der Tatbestandsausschluß aus einer teleologischen Auslegung des jeweiligen Tatbestandes hergeleitet, die die Schutzwürdigkeit des Opfers einschließlich der von ihm zu erbringenden Selbstschutzmaßnahmen unter Einbeziehung des Ultima-Ratio-Prinzips als Grundlage einer sog. interaktionistischen oder viktimologischen Perspektive berücksichtigt[32].

Im Rahmen des sog. viktimologischen Prinzips, das von seinen Vertretern als eine "die richterliche Konkretisierung des Straftatbestandes leitende Auslegungsmaxime"[33] verstanden wird, durch die verhindert werden soll, "daß die vom Gesetzeswortlaut gelassenenen weiten Auslegungsspielräume durch die notorisch extensive, die legislatorische Entscheidung letztlich verfälschende Auslegung vom geschützten Rechtsgut her einseitig zu Lasten des Täters ausgefüllt werden"[34], soll die Mitverantwortung des Opfers am Tatgeschehen erfaßt werden, so daß nur strafwürdige und strafbedürftige Handlungen dem jeweiligen Tatbestand unterfallen werden und nicht solche, in denen das Opfer sich selbst hätte schützen können[35].

---

31 Arzt, MSchrKrim 67 (1984), S. 108ff.; Arzt/Weber, 1986, S. 77f., 120ff.; Naucke, 1964, S. 163ff.; Rheineck, a.a.O., S. 93f.; Walther, a.a.O., S. 144ff.

32 Amelung, GA 1977, S. 17; Beulke, NJW 1977, S. 1073; ähnlich, jedoch ausschließlich auf die Schutzwürdig- und -bedürftigkeit des Opfers abstellend, Hassemer, R., 1981, S. 52ff., 127ff.; vgl. insoweit a. Arzt, MSchrKrim 67 (1984), S. 112ff.

33 Schünemann, 1982, S. 412.

34 Ders., 1982, S. 412f.; vgl. a. ders., 1979, S. 117ff., 131.

35 Arzt, MSchrKrim 67 (1984), S. 110f., 123; Schünemann, ZStW 90 (1978), S. 11ff., 32, 34, 54ff,; ders., 1979, S. 130ff.; ders., 1982, S. 359, 361; ders., NStZ 1986, S. 439ff.; ders., 1984c.

Weitergehend wird für das Nichterfülltsein des Tatbestandes in den Fällen plädiert, in denen das als Mitverschulden einzustufende Verhalten des Opfers dazu führt, daß es nicht mehr vom Schutzbereich der Norm gedeckt sei, so daß die Zurechnung des Erfolgs entfalle[36].

Darüber hinaus sollten alle Täuschungshandlungen, die nur infolge grober Fahrlässigkeit des Opfers bzw. bewußter oder gesteigerter bewußter Verantwortungslosigkeit[37] des Opfers zu einem Irrtum führen und deshalb nicht konkret gefährlich sind, im Wege teleologischer Reduktion für nicht tatbestandsmäßig erklärt werden.

Innerhalb der im einzelnen unterschiedlichen Begründungsansätze besteht Einigkeit insoweit, als in Fällen, in denen sich das Opfer in einfacher und zumutbarer Weise selbst hätte schützen können, im Hinblick auf das Ultima-Ratio-Prinzip strafrechtlicher Schutz nicht angemessen sein soll: strafrechtlicher Schutz solle nur bei besonders schwerwiegenden Verletzungen eingreifen, d.h. bei Handlungen, deren Sozialschädlichkeit so erheblich ist, daß die Reaktion mit Strafe nicht außer Verhältnis zur Bedeutung stehe und wenn weniger einschneidende Mittel zur Gewährleistung des Rechtsgüterschutzes nicht zur Verfügung stehen.

Dies ergebe sich zwangsläufig aus dem fragmentarischen Charakter des Strafrechts mit der Folge, daß nicht jede Verletzung eines Rechtsguts einen Straftatbestand erfüllt, sondern der Gesetzgeber nur betimmte Angriffe auf die von ihm anerkannten Rechtsgüter herausgegriffen hat, die wegen ihrer besonderen Sozialschädlichkeit als strafwürdig und strafbedürftig erscheinen.

Die Strafwürdigkeit orientiere sich nicht nur am Wert des geschützten Rechtsguts, sondern erfordere auch eine besondere Gefährlichkeit des Angriffs, die das gesteigerte Schutzbedürfnis der Gemeinschaft durchgreifen läßt. Allerdings müssen Art und Intensität der Angriffshandlung so beschaffen sein, daß nur das in der öffentlichen Strafe liegende schärfste Unwerturteil geeignet ist, die Tat als unerträglichen Angriff auf den Gemeinschaftsfrieden zu kennzeichnen.

Hinzukommen muß ein besonderer Grad von Verwerflichkeit der Tätergesinnung, die in der Mißachtung von sozialen Grundwerten des sozialen Zusammenlebens durch den Täter zum Ausdruck kommt.

Nur wenn diese drei Aspekte - Wert des geschützten Rechtsguts, Gefährlichkeit des Angriffs und Verwerflichkeit der Tätergesinnung - vorliegen, greift der Staat mit Hilfe des Strafrechts ein.

Gegen die ausschließliche Zuweisung opferbezogener Erkenntnisse in den Bereich der Strafzumessung wird eingewandt, bei der Strafzumessung handle es sich um eines der wissenschaftlich am wenigsten untersuchten und in der Praxis

---

36 Vgl. Kurth, a.a.O., S. 3, 6, 230ff.

37 Vgl. Ellmer, a.a.O., S. 271ff.; Kaiser, L., a.a.O., S. 61ff., 88ff.

stark vernachlässigten Gebietes und trotz aller Rationalisierungsversuche um eine "Domäne richterlicher Willkür", woran sich auch in naher Zukunft nichts ändern werde[38].

Darüber hinaus komme dem Opferverhalten dann nicht mehr dasselbe Gewicht zu, obwohl es in einigen Fällen in erheblichem Umfang zur Tat beigetragen habe.

2. Rechtswidrigkeit

Im Rahmen der Rechtswidrigkeit hat das Opferverhalten bereits eine ausdrückliche Berücksichtigung durch den Gesetzgeber dergestalt erfahren, daß bei Vorliegen eines im Gesetz näher umschriebenen Opferverhaltens ein Rechtfertigungsgrund gegeben ist mit der Folge, daß der Unrechtsvorwurf entfällt.

So wird beispielsweise die Rechtswidrigkeit verneint, wenn das dispositionsbefugte Opfer in die Tat einwilligt, einen gegenwärtigen rechtswidrigen Angriff gegenüber dem Täter oder einem Dritten begeht (§ 32 StGB), der Täter im rechtfertigenden Notstand (§34 StGB) handelt oder Selbsthilfe im Sinne des § 229 BGB übt.

Schünemann hat die Frage aufgeworfen, inwieweit sich in anderen Fällen eine Mitverantwortung des Opfers auf die Rechtswidrigkeit auswirken könne. Anhaltspunkte sollten die vom Gesetzgeber normierten Rechtfertigungsgründe bilden sowie das durch die Rechtsprechung entwickelte Institut der Einwilligung. Hier bleibe zu prüfen, ob das Opferverhalten in Extremfällen zur Herausarbeitung weiterer Rechtfertigungsgründe führen könne[39].

3. Strafzumessung

Die grundsätzliche Berücksichtigung des Opferverhaltens bzw. der Täter-Opfer-Beziehungen im Rahmen der Strafzumessung, obwohl sie in § 46 Abs. 2 StGB nicht ausdrücklich erwähnt sind, ist sowohl in Rechtsprechung als auch im Schrifttum unbestritten[40].

---

38 Schünemann, 1982, S. 409.

39 Ders., a.a.O., S. 413ff.

40 Vgl. z.B. Amelunxen, Kriminalistik 1969, S. 179ff.; Bruns, 1974, S. 64; Kaufmann, B., a.a.O., S. 15; Lorenz, a.a.O., S. 30ff.; Maeck, a.a.O., S.12 ff.; Schlothauer, StV 1985, S. 395; Schneickert, Archiv für Kriminal-Anthropologie und Kriminalistik 18 (1905), S. 194; Schüler-Springorum, a.a.O., S.214ff.; Schünemann, NStZ 1986, S. 441ff.; Schwind, 1986, S. 46ff.; BGH NStZ 1983, S. 119; StV 1986, S. 149f.; NJW 89, S. 1938; OLG Frankfurt StV 1988, S. 389; vgl. a. die Nachweise bei Stahl, a.a.O., S. 75ff.; Lackner,

Dies wird zum einen damit begründet, daß in vielen Fällen gerade das Opfer und seine Beziehung zum Täter der Tat das entscheidende Gepräge geben, zum anderen damit, daß der Umstand, daß diese Tatsache im Katalog der in § 46 Abs. 2 StGB enthaltenen Strafzumessungstatsachen nicht ausdrücklich genannt ist, keine Rückschlüsse auf die Relevanz als Strafzumessungstatsache zuläßt, weil schon der Wortlaut des Gesetzes - vgl. die Formulierung "namentlich" - zeige, daß es sich nicht um eine abschließende Aufzählung handle[41].

Außerdem führe eine Auswertung aller im Gesetz enthaltenen Straftatbestände, die durch eine Täter-Opfer-Beziehung gekennzeichnet seien[42], wie z.B. §§ 221 Abs. 2, 176 Abs. 2, 340-342, 216 StGB zu dem Ergebnis, daß sich die Berücksichtigung des Opferverhaltens sowohl strafmildernd als auch strafschärfend auswirken könne. Aus diesen gesetzlichen Beispielen lasse sich der Schluß ziehen, daß der Gesetzgeber bei der Gestaltung des Tatbestandes und des Strafrahmens auch - ob bewußt oder unbewußt - an das Verhältnis zwischen Täter und Opfer gedacht habe, so daß der Richter gleichfalls die Möglichkeit habe, dieses Verhältnis bei der Bestimmung des Strafmaßes zu berücksichtigen. Durch Auswertung der Täter-Opfer-Beziehung wäre es möglich, Kriterien für die Strafzumessung zu finden[43].

Hierauf aufbauend hat Schüler-Springorum ebenfalls die Berücksichtigung opferbezogener Verhaltensweisen im Bereich der Strafzumessung herausgearbeitet, weil sich dieses auf die Schuld des Täters auswirke und die Strafzumessung daher dogmatisch der Ort sei, das Verhalten des Opfers ceteris paribus zu berücksichtigen: sowohl der Viktimologie als auch der Strafzumessung gehe es um die Auswertung gegenläufiger Wertungen, nicht aber um eine Entweder-Oder-Entscheidung zugunsten eines unschuldigen Täters und eines schuldigen Opfers oder umgekehrt[44]. Hieran könne auch die Tatsache nichts ändern, daß das Gebiet der Strafzumessung noch nicht vollständig erforscht sei[45]. Im Rahmen der Strafzumessung müsse das Opferverhalten in Relation zu dem des Täters gesetzt werden, um im Einzelfall zu einer angemessenen Lösung zu gelangen, weil es nicht möglich sei, generelle Aussagen hinsichtlich der Auswirkungen des Opferverhaltens auf die Schuld des Täters zu treffen. Zu prüfen sei allerdings, ob sich das Opferverhalten zumindest im Rahmen des fahrlässigen Delikts im Falle

---

1995, § 46 Anm. 4a, aa; Stree, in: Sch-Sch, § 46 Rdnr. 19f.; Hirsch, in: LK § 46 Rdnr. 40ff.; v. Werdt, a.a.O., S. 59ff.; Zipf, 1977, S. 68; anklingend schon bei Sauer, 1933, S. 235.

41 Paasch, a.a.O., S. 115ff.; Hillenkamp, 1981, S. 311.

42 Schultz, SchwZStR 71 (1956), S. 172, 184ff.

43 Paasch, a.a.O., S. 2, 87f.

44 Schüler-Springorum, a.a.O., S. 209.

45 Ders., a.a.O., S. 210.

der Mitwirkung an der Straftat als eine Art Gegentatbestand zur Zurechnung des Täterverhaltens ausbauen lasse mit der Folge, daß im Extremfall ein bis zum Quasi-Vorsatz gesteigertes Opferverhalten die Schuld des fahrlässig handelnden Täters bis auf den Nullpunkt mindern könne[46].

Auf den Gedanken der geminderten Verantwortung abstellend werden auch von anderen Autoren Fallgruppen herausgearbeitet, in denen Verhaltensweisen des Opfers sich unter dem Gesichtspunkt strafmildernd auswirken, daß der Täter sich die Verantwortung mit anderen Personen teile und deswegen der ihm gegenüber erhobene Vorwurf geringer ausfalle[47].

Darüber hinaus wird zum Teil auf die Strafzumessungsvorschriften vergleichbarer Rechtsordnungen und hierzu ergangener viktimologischer Untersuchungen verwiesen[48]. So könne beispielsweise nach Art. 64 SchwStrGB die Strafe gemildert werden, wenn der Täter durch das Verhalten des Verletzten ernstlich in Versuchung geführt wurde. Dieser Grundgedanke müsse auf ähnlich gelagerte Fälle übertragen werden mit der Folge, daß Strafmilderung auch dann zu gewähren sei, wenn zwar keine ernstliche Versuchung durch das Opfer vorliegt, das Opfer dem Täter aber trotzdem lockend entgegenkam oder sonst aktiv am Geschehen teilgenommen habe.

Hierauf aufbauend betont auch Hillenkamp unter Hinweis auf gesetzliche bzw. gewohnheitsrechtliche Regelungen die Strafzumessungsrelevanz des Opferverhaltens[49]: sowohl das Erfolgs- als auch das Handlungsunrecht einer Tat, deren Begehung vom Opfer erleichtert werde, sei in der Regel geringer, als wenn der Täter eine vom Opfer wohlbehütete Sphäre verletze. Anhaltspunkte für mitwirkende Opferverhaltensweisen und ihre Bewertungsrichtung bilden danach die Rechtfertigungsgründe, denen Grenzwerteigenschaft zukomme mit der Folge, daß ein Opferverhalten, das hinter den in Rechtfertigungsgründen umschriebenen Verhaltensweisen zurückbleibt, sich dann im Rahmen der Strafzumessung aber mildernd auswirkt.

Die Bandbreite des Opferverhaltens mit (mildernder) Strafzumessungsrelevanz lasse sich daher über einwilligungsnahe, notwehrnahe und verwirkungsnahe Fälle bis hin zu beteiligungsnahen Fällen, die sich in täterschaftsnahe Mitverursachung, beihilfenahe Förderung, anstiftungsnahe Versuchung und das mitwirkende Nachtatverhalten untergliedern lasse, erfassen.

---

46 Ders., a.a.O., S. 210, 214ff.

47 Bein, a.a.O., S. 49f., 52ff.; Hillenkamp, 1981, S. 10ff., 211, 240ff.; Lorenz, a.a.O., S. 30ff.; Maeck, a.a.O., S. 49ff., 158ff.; Paasch, a.a.O., S. 2, 119ff.

48 Schultz, SchwZStR 71 (1956), S. 188ff.; ders., SchwZStR 100 (1983), S. 113f.; ähnlich Sigg, a.a.O., S. 222ff., 256.

49 Hillenkamp, 1981, S. 233ff.; vgl. a. Mezger, 1949, S. 273ff., 498ff.; anklingend bei Noll, a.a.O., S. 230ff.; ders., ZStW 68 (1956), S. 181ff.; Germann, 1942, S. 55, 59ff, 203; ders., 1946, S. 78ff., 93f.

Bei diesen Fallgestaltungen sei nicht das Opfer weniger schutzwürdig, sondern dem Täter müsse auch zugute gehalten werden, daß er mit geringerer krimineller Energie ans Werk gegangen sei[50].

Der Motivationsprozeß des Täters, dem ebenfalls Strafzumessungsrelevanz zukomme, sei unterschiedlich, je nachdem, ob der Verwirklichung des Unrechtserfolges erhebliche Bedenken entgegenstanden oder ob das Widerstreben gegen den Anreiz der Tatbegehung fast unzumutbar sei. So mache es beispielsweise im Unwerturteil einen Unterschied, ob der Täter im Falle des Heiratsschwindels zunächst versucht, das Opfer so zu umgarnen, daß die sonst übliche Vorsicht und Zurückhaltung gegenüber fremden Menschen fortfällt oder doch gemindert wird und er dieses zweckgerichtet aufgebaute Vertrauen und die damit einhergehende Zuneigung systematisch auszunutzen beginne, oder ob er die durch das Opfer selbst herbeigeführte günstige Gelegenheit zur Tatbegehung nutze[51].

Die ausschließliche Berücksichtigung viktimologischer Erkenntnisse auf der Tatbestandsebene mißachte die Entscheidung des Gesetzgebers, der die in den einzelnen Tatbeständen näher umschriebenen Rechtsgutverletzungen grundsätzlich für strafwürdig und -bedürftig erachtet habe.

II. Eigene Auffassung

1. Berücksichtigung im Tatbestand

Die Berücksichtigung des Opferverhaltens auf der Tatbestandsebene wird überwiegend im Rahmen des § 263 StGB diskutiert, ohne daß hierbei allgemeingültige Aussagen für andere Tatbestände getroffen werden.

Grund hierfür ist, daß in diesen Fällen das Opferverhalten tatgestaltend ist und ebenso wie bei den Fällen der Selbstgefährdung und der einverständlichen Fremdgefährdung und der Tatbestand durch das Zutun des Opfers erfüllt wird.

Daraus jedoch auf eine tatbestandsausschließende Wirkung bestimmter Opferverhaltensweisen schließen zu wollen, widerstreitet grundlegenden Prinzipien des Strafrechts: die Entscheidung, ob ein Täterverhalten grundsätzlich strafwürdig erscheint und deshalb unter Strafe gestellt werden soll, obliegt dem Gesetzgeber. Dies würde umgangen, wenn nunmehr Opferverhaltensweisen in Form "ungeschriebener Tatbestandsmerkmale" oder "Gegentatbestände" aufgestellt würden. Außerdem geht es nicht an, einen Verbrecher nur deshalb straflos zu lassen, weil der Geschädigte beispielsweise durch Unvorsichtigkeit seinen

---

50 Hillenkamp, 1981, S. 198ff., 239; vgl. a. Horn, in: SK § 46 Rdnr. 62; Zipf, 1969, S. 12.

51 Vgl. a. Schneider, 1975, S. 184ff.

Schaden mitverursacht hat. Denn ebensowenig sieht man von einer Bestrafung des Diebes ab, wenn der geschädigte Eigentümer die Tat auf leichtsinnige, unvorsichtige Weise gefördert hat oder wenn das Opfer sich - trotz körperlicher Überlegenheit - "nur aus Feigheit berauben ließ"[52].

Selbst ein noch so unvorsichtiges Verhalten des Opfers ändert nichts an der Tatsache, daß der Täter einen Angriff gegen die Rechtsordnung begangen hat und ihm daher ein strafrechtlicher Vorwurf gemacht werden kann. Darüber hinaus fehlen auch Kriterien zur Konkretisierung des hinter diesem Gedanken stehenden Selbstverantwortungsprinzips. Aus diesen Gründen kann dem Opferverhalten keine tatbestandsausschließende Wirkung zugesprochen werden[53].

Hinsichtlich des vielfach angenommenen Mitverschuldens des Opfers erscheint bereits fraglich, ob es im Strafrecht ein "Mitverschulden" oder eine "Schuld" des Opfers überhaupt gibt. Auf diese Frage geht die Mehrheit der Autoren jedoch nicht ein, sondern setzt dies ohne nähere Begründung voraus. Auf diese Fragestellung wird jedoch an anderer Stelle im einzelnen noch einzugehen sein.

2. Kausalität und Zurechnung

Ausgangspunkt für die strafrechtliche Kausalität ist die sog. Bedingungstheorie (Äquivalenztheorie). Danach ist Ursache eines Erfolges jede Bedingung, die nicht hinweggedacht werden kann, ohne daß der Erfolg entfiele, m.a.W. jede "condicio sine qua non". Da hierbei nicht auf hypothetische Geschehensabläufe abgestellt werden kann und die Beurteilung letztlich allein von der Frage abhängt, ob das Täterverhalten nicht hinweggedacht werden könne, ohne daß der Erfolg entfiele, kann sich das Opferverhalten - selbst wenn das Opfer bewußt in den Geschehensablauf eingreift - nicht so auswirken, daß ein Kausalzusammenhang zu verneinen ist, obwohl das Täterverhalten bis zum Erfolgseintritt fortgewirkt hat.

Allerdings erfährt die Bedingungstheorie unter dem Gesichtspunkt fehlender objektiver Zurechnung eine Einschränkung bei regelwidrigen Kausalverläufen, atypischen Schadensfolgen, in Fällen mangelnder Risikoverwirklichung sowie solchen Fällen, in denen der Erfolg auch bei pflichtgemäßem, sorgfaltsgerechtem Verhalten eingetreten wäre[54].

Daher erhebt sich die Frage, ob auch bestimmte Opferverhaltensweisen zur Verneinung der objektiven Zurechnung führen können, insbesondere unter dem

---

52 Friedreich, Demmes Annalen 1841, S.325ff.

53 Vgl. hierzu auch Hassemer, W., 1983, S. 233f.

54 Wessels, 1993, S. 54ff.

Gesichtspunkt des Schutzzwecks der verletzten Norm und dem Prinzip der Eigenverantwortlichkeit.

Ausgangspunkt könnte die Feststellung sein, daß der Schutzbereich der Norm, die den Rechtsgutinhaber vor Eingriffen Dritter bewahren soll, dort endet, wo der eigene Verantwortungsbereich des Betroffenen beginnt[55].

Für den Bereich der Körperverletzungs- und Tötungsdelikte wurde diese Erkenntnis durch die Rechtsprechung dahingehend konkretisiert, daß eigenverantwortlich gewollte und verwirklichte Selbstgefährdungen dann nicht dem Tatbestand eines Körperverletzungs- oder Tötungsdeliktes unterfallen, wenn das mit der Gefährdung bewußt eingegangene Risiko sich realisiert[56].

Wie bereits dargelegt, wird unter dem Gesichtspunkt der Eigenverantwortlichkeit des Opfers und des Schutzbereichs der Norm schwerpunktmäßig im Rahmen des Betruges die Frage erörtert, ob leichtsinnige oder unvorsichtige Verhaltensweisen des Opfers den Ausschluß der objektiven Zurechnung nach sich ziehen sollen.

Dagegen spricht jedoch, daß gerade für den Tatbestand des Betruges eine selbstschädigende Verhaltensweise des Opfers charakteristisch ist und diese daher grundsätzlich vom Schutzbereich der Norm erfaßt werden soll.

Der für den Bereich der Körperverletzungs- und Tötungsdelikte entwickelte Grundsatz der Eigenverantwortlichkeit kann daher nicht ohne weiters auf andere Tatbestände übertragen werden.

3. Rechtswidrigkeit

Rechtswidrig ist die Tat, wenn sie der Rechtsordnung widerspricht. Diese Bewertung wird durch ein objektives Unwerturteil vollzogen, dessen Gegenstand die gesamte Tat ist[57]. Grundsätzlich wird die Rechtswidrigkeit durch die Tatbestandsmäßigkeit indiziert. Ausnahmsweise entfällt sie dann, wenn der Täter sich auf einen Rechtfertigungsgrund berufen kann.

Im Rahmen der Rechtfertigungsgründe wurde der Einfluß des Opferverhaltens vom Gesetzgeber bereits ausdrücklich berücksichtigt, indem z.B. ein rechtswidriger Angriff seitens des Opfers oder dessen Einwilligung in die Rechtsgutverletzung die Rechtswidrigkeit des Täterverhaltens entfallen und die-

---

55 BGHSt 32, S. 262.

56 BGHSt 32, S. 263f.

57 Dreher-Tröndle, a.a.O., § 13 Rdnr. 24.

sen damit straflos ausgehen lassen, weil sowohl Handlungs- als auch Erfolgsunwert des tatbestandsmäßigen Unrechts entfallen[58].

Allerdings zeigt diese gesetzgeberische Wertung, daß nur in Ausnahmefällen nicht von einer rechtswidrigen Rechtsgutverletzung gesprochen werden kann, nämlich dann, wenn das Opfer seine Rechtsgüter dem Täter bewußt völlig preisgegeben hat, so daß die Handlung nicht mehr gegen das objektive Recht verstößt.

Darüber hinaus belegt § 226a StGB, daß dies nur dann der Fall sein kann, wenn das Opfer über das Rechtsgut verfügungsbefugt ist und sein Verhalten nicht gegen die guten Sitten verstößt.

Eine Ausdehnung des Anwendungsbereichs dieser Vorschriften kommt daher nicht in Betracht.

4. Schuld im Sinne der allgemeinen Verbrechenslehre

Tatbestandsmäßigkeit und Rechtswidrigkeit, die den Widerspruch des Verhaltens zur Rechtsordnung anzeigen, rechtfertigen noch nicht allein die Bestrafung des Täters.

Zur Verwirklichung des tatbestandsmäßigen Unrechts muß die Verantwortlichkeit des Täters hinzukommen, d.h. ihm muß das begangene Unrecht auch zur Last gelegt werden können. Ob bzw. wann dies der Fall ist, ist eine Frage der Schuld[59].

a) Begriff der Schuld

Der Begriff der Schuld im Sinne der allgemeinen Verbrechenslehre ist im Gesetz nicht definiert, so daß eine Auseinandersetzung mit Entwicklung und Begriffsbestimmung durch Rechtsprechung und Literatur erfolgen muß.

Als Anknüpfungspunkt für das Vorliegen der Schuld wird überwiegend das "Andershandelnkönnen" herangezogen: dem Täter wird seine mangelnde Rechtsgesinnung vorgeworfen, die sich darin zeigt, daß er sich für das Unrecht entscheidet, obwohl er dem Gesetz entsprechend hätte handeln können[60].

---

58 Vgl. hierzu z.B. Gallas, 1979, S. 166ff, 177ff,; Stratenwerth, SchwZStR 79 (1963), S. 233, 254ff.; anderer Auffassung (nur Handlungsunwert) jedoch Rudolphi, 1972, S. 52ff., 57ff.; Schaffstein, GA 1975, S. 242.

59 Brauneck, GA 1959, S. 261; Stratenwerth, 1980, Rdnr. 525.

60 BGHSt 2, S. 200.

Dabei folgt aus dem Schuldprinzip, daß die Schuld des Täters sich auf die konkrete Unrechtstat beziehen muß, d.h. vorgeworfen wird ihm nicht seine Lebensführung oder sein schlechter Charakter, sondern die Ungesetzlichkeit der Tat[61].

Gegen diese Auslegung des Schuldbegriffs wird auf die allgemeine Unbeweisbarkeit der menschlichen Willensfreiheit und die Tatsache verwiesen, daß es im Strafverfahren unmöglich ist, den Nachweis zu erbringen, daß der Täter im konkreten Fall frei war, anders zu handeln[62].

Der Gedanke der Freiheit und Verantwortlichkeit des erwachsenen und seelisch durchschnittlichen Menschen ist jedoch eine unbezweifelbare Realität unseres sozialen und moralischen Bewußtseins[63]. Darüber hinaus ist menschliches Zusammenleben in einer rechtlich geordneten Gemeinschaft nicht ohne Anerkennung des Prinzips der Freiheit und Verantwortlichkeit des einzelnen Menschen denkbar[64].

Allerdings muß dem Umstand Rechnung getragen werden, daß im Einzelfall die Frage, ob der individuelle Täter anders hätte handeln können, nicht beantwortbar ist, so daß zu entscheiden ist, ob der Maßstab für die Beurteilung des Schuldvorwurfs das Können des individuellen Täters ist oder das erfahrungsmäßig gegebene Können des Durchschnittsmenschen, m.a.W. der Schuldvorwurf beruht darauf, daß der Täter in der Situation, in der er sich befand, in dem Sinne anders hätte handeln können, als nach allgemeiner Erfahrung mit gleichliegenden Fällen ein anderer an seiner Stelle bei Anspannung der Willenskraft, die dem Täter möglicherweise gefehlt hat, unter den konkreten Umständen möglicherweise anders gehandelt hätte[65].

Nähme man den individuellen Täter zum Maßstab seiner Schuld, würde dies zu einem nicht nur kriminalpolitisch bedenklichen Ergebnis führen: je charakterloser ein Täter wäre, desto niedriger wäre seine Schuld. In Extremfällen würde demzufolge der Schuldvorwurf gerade gegenüber den gefährlichsten Tätern entfallen, weil der absolute Mangel an Verbundenheit mit allgemeinen Wertvorstellungen zu der Beurteilung führen muß, daß der Täter immerhin seinen eigenen Maßstäben gerecht geworden ist.

---

61 Ebenso: Baumann/Weber, a.a.O., S. 358f.; Baumann, JZ 1962, S. 42ff.; Blei, He., 1983, S. 173ff; Brauneck, GA 1959, S. 261, 272; Darmis, a.a.O., S.8; Hauser, a.a.O., S. 44; Jescheck, a.a.O., S. 363ff; Maihofer, a.a.O., S. 5f.; Maurach/Zipf, a.a.O., § 30 Rdnrn. 1ff.

62 Vgl. Burkhardt, GA 1976, S. 322, 324, 331ff.; Engisch, 1965, S. 3ff.; ders., ZStW 61 (1942), S. 170ff.; ders., ZStW 66 (1954), S. 343, 347ff.; Hassemer, W., 1990, S. 228ff.; vgl. a. Streng, ZStW 92 (1980), S. 659.

63 Jescheck, a.a.O., S. 370; vgl. a. Heinitz, a.a.O., S. 64; Maihofer, a.a.O., S. 6ff.

64 Vgl. a. Griffel, ZStW 98 (1986), S. 28f.; Kaufmann, Jura 1986, S 225f.; Otto, ZStW 87 (1975), S. 563ff.; Stratenwerth, 1980, Rdnrn. 526ff.

65 Jescheck, a.a.O., S. 385.

Im Rechtsleben ist es jedoch unerläßlich, von allen Rechtssubjekten ein Mindestmaß an Willensanstrengung zu verlangen, weil die Rechtsgemeinschaft anderenfalls auch ihre Akzeptanz durch Normen nicht durchsetzen kann.

Trotzdem wird bereits de lege lata eine Orientierung des Strafrechts an der Schuld als einem Andershandelnkönnen unter Hinweis auf §§ 35, 33 StGB bestritten[66]: das Gesetz sehe in diesen Fällen Straffreiheit trotz der Möglichkeit des Andershandelnkönnens vor. In den Fällen des schuldausschließenden Notstandes im Sinne des § 35 StGB erscheine ein Andershandelnkönnen durchaus möglich, wie die Ausnahmeregelung für die in Abs. 1 Satz 2 genannten Personen zeige. Ebenso beweise der Schuldausschluß in § 33 StGB, daß der Gesetzgeber grundsätzlich von einem "Andershandelnkönnen" auch bei Handeln im Affekt ausgegangen ist[67].

Außerdem habe nicht jede Behinderung des "Andershandelnkönnens" den Schuldausschluß zur Folge, wie § 20 StGB belege, wonach nur die dort aufgeführten Defekte, die aus der Fülle möglicher Behinderungen des "Andershandelnkönnens" herausgegriffen werden, zur Verneinung der Schuld führen.

Daher wird teilweise die Bestimmung der Schuld unter Rückgriff auf general- oder spezialpräventive Erwägungen gefordert. Begründet wird dies damit, die Strafbarkeitsvoraussetzung der Schuld sei um der Prävention willen aufgestellt, weil nur der schuldfähige Mensch präventiv ansprechbar sei und sich durch Strafandrohungen motivieren lasse[68].

Zu entsprechenden Ergebnissen kommt Roxin, nach dessen Auffassung es nicht entscheidend auf das "Andershandelnkönnen" ankommt, sondern darauf, ob der Gesetzgeber den einzelnen für sein Tun unter strafrechtlichen Gesichtspunkten zur Verantwortung ziehen will.

Am Begriff des Andershandelnkönnens wird zwar festgehalten, jedoch soll mit Feststellung oder Verneinung der Schuld in diesem Sinne die Verantwortlichkeit des Täters noch nicht zwingend gegeben oder ausgeschlossen sein: trotz der Möglichkeit des Andershandelnkönnens könne das Strafbedürfnis im Einzelfall aus spezial- oder generalpräventiven Gründen entfallen und damit die an sich vorhandene Schuld die Bestrafung des Täters nicht mehr rechtfertigen, wie z.B. §§ 33,35 StGB zeigen, denen Strafzweckerwägungen zugrunde lägen.

In bestimmten Grenzbereichen, vor allem des § 20 StGB, werde das Andershandelnkönnen des Täters bereits unter Rückgriff auf präventive Überlegungen bestimmt. Dies bedeute, daß der strafrechtliche Schuldbegriff sich nicht mehr vollständig mit dem der Schuld im Sinne des individuellen Andershandelnkönnens decke, sondern aus präventiven Gründen teils enger, teils weiter gefaßt

---

66 Jakobs, 1976, S. 21ff.; Stratenwerth, 1977, S. 20; ders., 1972 S. 28ff.; kritisch hierzu Tiemeyer, ZStW 100 (1988), S. 528ff.

67 Jakobs, 1976, S. 23f.; Roxin, 1974, S. 189.

68 Noll, 1966, S. 233.

sei[69]. Die §§ 33, 35, 17 und 20 StGB schlössen deshalb eine Bestrafung aus, weil es in diesen Situationen weder notwendig sei, einen Verantwortungsappell an die Gemeinschaft zu entsenden, noch erforderlich, den Täter einem an der Resozialisierung ausgerichteten Vollzug auszuliefern.

Ausschließlich unter Rückgriff auf generalpräventive Erwägungen bestimmt sich der Schuldbegriff nach Jakobs[70]. Seiner Auffassung zufolge ist Schuld lediglich ein Derivat der Generalprävention, so daß Schuld allein durch die Generalprävention verstanden als "Einübung der Rechtstreue" begründet und nach dieser Prävention auch bemessen wird. Generalprävention soll dabei im Sinne der Garantie derjenigen Erwartungen aufzufassen sein, deren Enttäuschungsfestigkeit die Ordnung zu ihrem Erhalt braucht[71]. Dies bedeutet, daß die Ermittlung von Schuld bei Anwendung des geltenden Strafrechts in der Begründung des Bedürfnisses besteht, zur Bestätigung der Verbindlichkeit der Ordnung gegenüber dem rechtstreuen Bürger in bestimmtem Maße zu strafen, weil Schuld durch Generalprävention in diesem Verständnis begründet und nach dieser Prävention bemessen wird[72].

Als weiteres Argument werden die Vorschriften des entschuldigenden Notstandes sowie des Notwehrexzesses angeführt.

Zu ähnlichen Ergebnissen gelangt Achenbach, demzufolge Strafgrund allein die Integrations(General)prävention ist, mittels derer auch das Schuldprinzip verwirklicht werde[73].

Daß man von "Schuld" sinnvoll nur dann sprechen kann, wenn der damit verbundene Vorwurf eine verhaltensleitende Funktion entfalten kann, heißt nicht, daß Schuld schon immer dann gegeben ist, wenn die Notwendigkeit und Möglichkeit präventiver Zweckerreichung besteht. Schuld ist entgegen der Annahme von Jakobs mehr als nur ein Derivat der Generalprävention.

Zwar ist die Möglichkeit präventiver Zweckerreichung eine notwendige, jedoch keine hinreichende Bedingung für die "Schuld", so daß sich das Schuldprinzip vom Strafzweck her nur unzulänglich deuten läßt[74].

Die Frage, ob der Mensch überhaupt frei handeln kann oder nicht[75], kann vorliegend offen bleiben, weil sie im Ergebnis nicht zu unterschiedlichen Kon-

---

69 Roxin, ZStW 96 (1984), S. 641ff.; ders., SchwZStR 1987, S. 357; ders., 1979, S. 283; ders., MSchrKrim 56 (1973), S. 316ff.; ders., 1994, § 3 Rdnrn. 46ff., 19 Rdnrn. 3, 16ff.; kritisch hierzu Krümpelmann, GA 1973, S. 337ff. sowie Tiemeyer, ZStW 100 (1988), S. 529ff.; 538ff.

70 Jakobs, 1976, S. 9, 32; ders., 1991, 17. Abschnitt, Rdnrn. 18ff.

71 Ders., 1976, S. 24.

72 Ders., 1976, S. 8f.

73 Achenbach, 1984, S. 135ff., 140ff.

74 Vgl. a. Burkhardt, GA 1976, S. 335.

sequenzen führen muß. Die strafrechtliche Schuld ist im Ergebnis von der Willensfreiheit unabhängig: das Recht muß bei den Anforderungen, die es an den Menschen in der sozialen Gemeinschaft stellt, bis zu einem bestimmten Grade typisieren und zugleich auch Maßstäbe setzen. Dementsprechend bestimmt sich von Rechts wegen das individuelle Können und damit die Schuld danach, was ein Mensch in der objektiven und subjektiven Situation des Täters üblicherweise kann oder was er in dieser Situation können soll. In diesem Sinne macht auch das Strafgesetzbuch die Schuld nicht vom Andershandelnkönnen des individuellen Täters im Einzelfall abhängig, sondern erklärt sie nur in besonderen Fällen für ausgeschlossen, in denen ein Andershandelnkönnen typischerweise dem einzelnen nicht möglich ist (§§ 17, 19, 20, 35 Abs. 1 Satz 1 StGB) und ihm auch nicht etwa aus gesteigerter Pflicht zugemutet wird (vgl. § 35 Abs. 1 Satz 1 StGB). Insoweit unterliegt der individuelle Schuldbegriff einer sozialen Prüfung[76].

Zusammenfassend kann gesagt werden, daß der Schuldvorwurf sich stets auf das konkrete, vom Täter verwirklichte Unrecht beziehen muß. Das Unrecht ist daher unerläßliche Voraussetzung eines jeden Schuldvorwurfs.

Im Rahmen der Schuld wird dem Täter vorgeworfen, daß er sich entsprechend den Anforderungen des Rechts hätte verhalten können, während ihm im Rahmen des Unrechts die Verletzung der Sollensordnung des Rechts vorgeworfen wird, unabhängig davon, ob er hierzu imstande war.

Entsprechend den Aufgaben der Schuld bedarf es mehrerer Erfordernisse, um die Schuld des Täters zu bejahen: er muß im Zeitpunkt der Tat fähig gewesen sein, die Rechtswidrigkeit seines Verhaltens einzusehen und sich den Rechtsnormen entsprechend zu verhalten, was durch die in §§ 20, 21 StGB genannten Zustände ausgeschlossen bzw. gemindert sein kann (sog. Schuldfähigkeit).

Darüber hinaus muß er in Verbotskenntnis gehandelt haben, d.h. er muß um das Unrecht gewußt haben oder zumindest die Möglichkeit gehabt haben, dies zu wissen.

Hinzu kommen muß die Zumutbarkeit rechtmäßigen Verhaltens, d.h. die Tat darf nicht in einer außergewöhnlichen Notlage begangen worden sein, die sie als entschuldbar erscheinen läßt.

Hieraus folgt, daß schuldhafte Tatbegehung im Sinne der allgemeinen Verbrechenslehre gleichzusetzen ist mit "Vorwurf des Unrechts bei Schuld"[77].

Der Schuldbegriff im Rahmen des allgemeinen Verbrechensaufbaus ist daher dreigliedrig aufgebaut: er umfaßt das Erfolgsunrecht[78], das die Rechtsgutverlet-

---

75 Vgl. insoweit einerseits die Anhänger des Determinismus, wonach der Mensch in seinem Wollen und Tun durch kausal wirkende Faktoren festgelegt ist, andererseits die indeterministische Lehre, wonach er in seinen Entschlüssen und Handlungen frei ist.

76 Ebert, 1993, S. 86.

77 Vgl. Erhard, a.a.O., S. 205ff.; Horn, in: SK § 46 Rdnr. 44.

zung als solche erfaßt[79], das Handlungsunrecht, mit dem bestimmte rechtsgutverletzende Handlungsweisen zu strafbarem Unrecht erklärt werden und damit die Art und Weise der Herbeiführung des Erfolges in das Unrechtsurteil einbezieht[80].

Hinzukommen muß die Schuld im engeren Sinne, wozu auch die Schuldfähigkeit gehört, die jedoch grundsätzlich nur negativ geprüft wird.

Dies bedeutet, daß das Unrecht mithin unerläßliche Voraussetzung eines jeden Schuldvorwurfs ist[81]. Es kann dem Täter nur ausnahmsweise dann nicht vorgeworfen werden, wenn er schuldunfähig ist, sich in einem unvermeidbaren Verbotsirrtum befindet oder ein Entschuldigungsgrund eingreift.

Darüber hinaus ist festzuhalten, daß die Schuld steigerungsfähig ist, wie die unterschiedlichen Strafrahmen zeigen.

b) Auswirkung des Opferverhaltens auf die Schuld

Auswirkungen des Opferverhaltens auf die Schuld wären nur dann möglich, wenn das Opferverhalten zur Folge hätte, daß dem Täter das von ihm begangene Unrecht nicht zur Last gelegt werden könnte.

Dann müßte eine Verhaltensweise des Opfers oder Täter-Opfer-Beziehung vorliegen, die es dem Täter unmöglich gemacht hat, anders zu handeln, d.h. sich für das Recht und gegen das Unrecht zu entscheiden.

Dies ist in der Regel aber nicht der Fall. Auch wenn das Opferverhalten tatgestaltend oder möglicherweise sogar provozierend wirkte, so fehlte dem Täter nicht das Bewußtsein, Unrecht zu tun, sondern es waren lediglich die Hemmschwellen herabgesetzt, die ihn anderenfalls von der Tatbegehung abgehalten hätten.

Zu prüfen ist allerdings, ob trotz vorhandener Unrechtseinsicht die Schuld verneint werden muß, weil dem Täter trotz Schuldfähigkeit und Unrechtsbewußtseins angesichts der zur Tat drängenden Motive normgemäßes Verhalten nicht zuzumuten ist.

Der Gesetzgeber hat Fälle des Schuldausschlusses unter dem Gesichtspunkt der Unzumutbarkeit normgemäßen Verhaltens ausdrücklich in § 35 Abs. 1 StGB, der den entschuldigenden Notstand regelt, und in § 33 StGB, der den Schuldausschluß bei Überschreitung der Grenzen der Notwehr aus Verwirrung, Furcht oder Schrecken zum Gegenstand hat, normiert.

---

78 Str., jedoch soll vorliegend h.M. gefolgt werden.

79 Ebert/Kühl, Jura 1985, S. 231.

80 Dies., a.a.O., S. 231.

81 Erhardt, a.a.O., S. 196.

Kennzeichen dieser Entschuldigungsgründe ist im Falle des § 35 Abs. 1 StGB, daß der Täter unter einem starken Motivationsdruck steht, der einer Lebens- oder vergleichbaren Gefahr für ihn selbst oder ihm nahestehende Personen gleichzusetzen ist, im Falle des § 33 StGB, daß sich der in einer Notwehrlage befindliche Täter in einer psychischen Ausnahmesituation befindet[82].

Wollte man über diese gesetzlich geregelten Ausnahmefälle hinaus weitere auf dem Gedanken der Unzumutbarkeit normgemäßen Verhaltens beruhende Entschuldigungsgründe entwickeln, müßten diese mit den gesetzlich geregelten Fällen vergleichbare Sachverhalte zum Gegenstand haben oder sich aus höherrangigen Rechtsnormen, insbesondere den Grundrechten, ableiten lassen.

Dabei hat der Gesetzgeber deutlich zum Ausdruck gebracht, daß ein Schuldausschluß nur in Extremsituationen unter der Voraussetzung eingreifen soll, daß durch das Opferverhalten eine Gefährdung der Rechtsgüter des Täters oder ihm nahestehender Personen verursacht wird. Selbst Fälle, in denen das Opfer eine Verletzung eigener, jedoch nicht in seiner Disposition stehender Rechtsgüter wünscht, führen daher nicht zur Verneinung der Schuld[83].

Bei Fallgestaltungen, die im Rahmen dieser Arbeit unter dem Gesichtspunkt des Opfervertrauens untersucht werden sollen, liegt jedoch keine vom Opfer ausgehende Gefahr für die Rechtsgüter des Täters vor, sondern möglich ist allenfalls, daß das Opfer sein Rechtsgut in eine gefahrträchtige Situation bringt.

Darüber hinaus begegnet ein aus dem Gedanken der Unzumutbarkeit rechtmäßigen Verhaltens abgeleiteter übergesetzlicher Entschuldigungsgrund auch grundsätzlichen Bedenken, weil er wegen des Fehlens eines gesetzlichen Unzumutbarkeitsmaßstabes nicht nur zu einer weitgehenden Rechtsunsicherheit führen würde, sondern auch der Gefahr ausgesetzt wäre, daß die von den Rechtsunterworfenen zur Normerfüllung zu erbringenden Anstrengungen nicht mehr von der Rechtsordnung selbst bestimmt würden, sondern sich allein nach einem Durchschnitt in der Bevölkerung richten würden[84]. Daher greift der Gedanke der Unzumutbarkeit nur in den eng begrenzten Fällen einer unlösbaren Pflichtenkollision oder eines Gewissenskonflikts in den §§ 33, 35 StGB sowie im Bereich der Unterlassungsdelikte ein, wenn dem Täter die Erfüllung seiner Handlungspflicht wegen der damit verbundenen Aufopferung eigener billigenswerter Interessen nicht möglich ist.

---

82 Vgl. hierzu Ebert, 1993, S. 96,98.

83 Vgl. die in § 216 StGB normierte Tötung auf Verlangen sowie die Ausführungen im Zweiten Teil II. B. 2. f).

84 Vgl. Rudolphi, in: SK vor § 19 Rdnr. 10.

5. Strafzumessung

a) Grundlagen der Strafzumessung

aa) Begriff der Schuld in § 46 Abs. 1 Satz 1 StGB

Gem. § 46 Abs. 1 Satz 1 StGB ist Grundlage für die Zumessung der Strafe die Schuld des Täters. Anhaltspunkte für das Ausmaß der Schuld ergeben sich aus den in § 46 Abs. 2 StGB genannten Kriterien.

Die Berücksichtigung opferbezogener Verhaltensweisen, bestimmter Opfereigenschaften oder Beziehungen zwischen Täter und Opfer ist zumindest nicht ausdrücklich vorgesehen. Allerdings zeigt die Formulierung in § 46 Abs. 2 Satz 2 StGB, wonach "namentlich" die dort aufgeführten Umstände in den Strafzumessungsvorgang einzubeziehen sind, daß es sich hierbei nicht um eine abschließende Aufzählung von Strafzumessungstatsachen handelt, sondern weitere hinzukommen können, sofern sie sich auf die Schuld des Täters auswirken können.

Ob dies bei bestimmten Opferverhaltensweisen der Fall ist, hängt vom Begriff der "Schuld" im Sinne des § 46 Abs. 1 Satz 1 StGB ab.

Der Begriff der Schuld, der gem. § 46 Abs. 1 Satz 1 StGB Grundlage für die Zumessung der Strafe ist, wird im Gesetz nicht erläutert, jedoch haben sich sowohl Rechtsprechung als auch Literatur bemüht, ihm Konturen zu verleihen.

Grundlegend hat sich Achenbach mit dem Schuldbegriff auseinandergesetzt[85]. Achenbach zufolge muß zwischen der Schuldidee als solcher, der Strafbegründungs- und der Strafzumessungschuld unterschieden werden[86,87].

---

85 Achenbach, 1974, S. 2ff.; zust. Hauser, a.a.O., S. 44f.; Revel, a.a.O., S. 39f.

86 Gegen diese Dreiteilung: Jakobs, 1991 17. Abschnitt Rdnr. 1, insbes. FN 1; Montenbruck, 1983, S. 17; dazu Achenbach, 1984, S. 136: "Wenn Jakobs neuerdings in seinem Lehrbuch die Ablehnung dieser Differenzierung mit der Befürchtung begründet, durch Abkoppelung von der Strafbegründungsschuld werde die Strafzumessungsschuld 'für alle möglichen Zumessungsmerkmale' geöffnet, "die durch diesen Einbau in einen Schuldbegriff scheinbar legitimiert werden", so scheint mir darin derselbe methodologische Anachronismus zu liegen, gegen den sich auch der Text wendet: Der Rekurs auf einen wie auch immer konstruierten Schuldbegriff kann überhaupt nichts legitimieren, entscheiden können stets nur Sachgesichtspunkte; zu diesen aber gehört m.E. die vorgegebene, bis weit in das Strafverfahren hinreichende Funktionsdifferenz von Tatzurechnung und Sanktionsbemessung und der Strukturunterschied der Anknüpfungstatbestände für diese kategorial verschiedenen Vorgänge."

87 Dagegen: Montenbruck, 1983, S. 17, unter Hinweis darauf, daß derjenige, der zwischen Strafbegründungsschuld und Strafzumessungsschuld trenne, seine grundsätzlichen Erwägungen zur Schuld noch zusätzlich von der Strafzumessung abschichte; ebenso Jakobs,

Die Schuldidee ist Ausdruck des Schuldprinzips, wonach es keine Strafe ohne Schuld geben darf, weil die Schuld allein Grenze der staatlichen Strafgewalt ist[88].

Die "Strafbegründungsschuld" ist entscheidend für die Begründung bzw. den Ausschluß der Strafe gegenüber dem jeweiligen Täter, d.h. "ob" eine Strafe verhängt werden darf.

Die Strafmaß- oder Strafbemessungsschuld wird definiert als Inbegriff der Momente, die für die Strafhöhe im konkreten Fall von Bedeutung sind[89].

Wie die Strafzumessungsschuld im einzelnen ausgestaltet ist, ist umstritten. Uneinigkeit herrscht vor allem darüber, ob der Begriff der Schuld im Rahmen der Strafzumessung identisch ist mit dem der Schuld im allgemeinen Verbrechensaufbau, wonach Schuld den Vorwurf beinhaltet, daß sich der Täter für das Unrecht entscheidet, obwohl er sich für das Recht hätte entscheiden können, oder ob er von ganz anderen Umständen, nämlich ausschließlich den in § 46 StGB genannten Strafzumessungstatsachen, abhängig ist.

Das Gesetz, das in § 46 Abs. 1 Satz 1 StGB die Schuld als Grundlage für die Bemessung der Strafe festlegt, trifft keine ausdrückliche Unterscheidung zu dem in §§ 19f., 35 usw. StGB genannten Schuldbegriff.

Allerdings zählt es in § 46 Abs. 2 Satz 2 StGB beispielhaft Umstände auf, die bei der Strafzumessung zu berücksichtigen sind. Hierzu gehören u.a. die Beweggründe und Ziele des Täters, die Gesinnung, die aus der Tat spricht und das Vorleben des Täters, mithin Umstände, die bei der Festlegung der Schuld im allgemeinen Verbrechensaufbau keine Rolle spielen.

Daher wird teilweise die Auffassung vertreten, die Ausfüllung der Strafzumessungsschuld habe ausschließlich oder zumindest auch nach anderen Kriterien zu erfolgen als die der Strafbegründungsschuld[90].

Begründet wird dies damit, beiden Stufen sei zwar der Bezug auf die Schuld als Voraussetzung der Strafe gemeinsam, jedoch verwendeten sie jeweils den Schuldbegriff für eine völlig andere Fragestellung, nämlich einerseits die Frage nach dem "Ob", andererseits die Frage nach dem "Wie" der Strafe. Beide Funk-

---

1991, 17. Abschnitt FN 1 zu Rdnr. 1, der kritisiert, dieser Sprachgebrauch habe den Nachteil, die Strafzumessungsschuld durch die Abkoppelung von der Strafbegründungsschuld für alle möglichen Zumessungsmerkmale zu öffnen, die durch den Eingriff in einen "Schuldbegriff" scheinbar legitimiert werden, dabei aber übersieht, daß allein die Differenzierung innerhalb des Schuldbegriffs noch nicht zu einer Legitimation bestimmter Zumessungsmerkmale führen kann, weil damit auch noch nicht gesagt ist, wie die einzelnen Begriffe zu definieren sind.

88 Achenbach, 1974, S. 3.

89 Ders., 1974, S. 4.

90 Vgl. Roxin, 1969, S. 304ff.; ebenso Achenbach, 1974, S. 4f., 14f.; Bruns, 1985, S. 145; Burgstaller, ZStW 94 (1982), S. 134; Hauser, a.a.O., S. 67; Schäfer, G., a.a.O., Rdnr. 228f.; Zipf, 1977, S. 28f.

tionsstufen betreffen keinen identischen Begriff der Schuld, der lediglich unter verschiedenen Aspekten betrachtet werde; vielmehr handle es sich um in ihrer Struktur und in ihren Merkmalen verschiedene Begriffe, deren Verschiedenheit durch die diffuse Bezeichnung "Schuld" nur verdeckt werde[91].

Beide Begriffe seien voneinander zu trennen, weil sie abweichende Voraussetzungen haben: Während bei der Strafbegründungsschuld nach der Schuldfähigkeit und der Möglichkeit der Verbotskenntnis gefragt werde, hänge die Strafzumessungsschuld vor allem von den in § 46 StGB genannten Faktoren ab, bei denen es sich teilweise gerade um solche handelt, die für die Schuld im Sinne der allgemeinen Verbrechenslehre keine Rolle spielen dürfen.

Trotzdem stünden Strafbegründungs- und Strafzumessungsschuld nicht völlig isoliert nebeneinander: die normative Ansprechbarkeit, die über die Strafbegründungsschuld entscheide, wirke sich gem. § 21 StGB auch auf die Strafzumessungsschuld aus[92].

Zwar sei die Strafrechtswissenschaft an die sachlichen Regelungen des Strafgesetzes und ihren inneren Zusammenhang gebunden, jedoch könne sie nicht gezwungen werden, der gesetzlichen Sprache da zu folgen, wo diese selbst den inhaltlichen Strukturen nicht angemessen erscheint. Sie würde damit ihrer Funktion nicht gerecht, diese Sachstrukturen aufzudecken und wissenschaftlich zu ordnen[93].

Daher seien auch die Handlungs- und die Erfolgskomponente der Strafzumessungsschuld nicht mit den Begriffen des Handlungs- bzw. Erfolgsunrechts bei der Verbrechenslehre identisch, weil diese von vornherein tatbestandsbezogen seien, während bei der Strafzumessung über den Straftatbestand hinausgegriffen werden müsse. Im Rahmen des Handlungsunrechts werde das vorwerfbare Verhalten des Täters im Hinblick auf die ihm zur Last liegende Straftatbestandserfüllung ausgewertet. Das Erfolgsunrecht umfasse das zurechenbare Ausmaß aller tatbestandsmäßigen Folgen, soweit er dafür einzustehen hat[94].

Im Rahmen der Strafzumessungsschuld werde dem Täter die eingetretene Rechtsstörung zur Last gelegt, soweit er dafür verantwortlich gemacht werden könne[95].

Weiterhin wird angeführt, daß dann, wenn die Quantifizierung von Schuld verlangt werde, das "Schuldmaß" nur bei "voller" Schuld (Unrechtsbewußtsein und Fähigkeit zu einsichtsentsprechender Motivation) so groß wie das Unrecht oder - bei verminderter Schuld (z.B. vermeidbarem Verbotsirrtum) - geringer sei

---

91 Achenbach, 1974, S. 5, 10ff.

92 Roxin, 1994, § 19 VI Rdnr. 46f.

93 Achenbach, 1974, S. 219.

94 Zipf, 1977, S. 28.

95 Ders., a.a.O, S. 28ff. sowie 1980, S. 59ff.

als das Unrechtsquantum. "Schuldangemessene" Strafe sei also meist - nämlich immer dann, wenn die Schuld vermindert ist- als "unrechtsangemessene" Strafe zu verstehen. So gesehen sei konstitutiv für die Strafe nur die Schwere des vom Täter verwirklichten Unrechts[96].

Andererseits wird die Auffassung vertreten, Strafzumessungs- und Strafbegründungsschuld seien deckungsgleich und müßten dies auch sein, weil es nicht angehe, daß das Gesetz den Begriff der Schuld nicht gleich behandle[97].

Demzufolge müßten die für die Schwere der Schuld maßgebenden Kriterien aus dem Begriff der Schuld gewonnen werden[98].

Zugrundegelegt wird der normative Schuldbegriff. Erst mit der Einführung der Zumutbarkeit in den Schuldbegriff sei es überhaupt möglich, die Untersuchung des Schuldausmaßes aus der Strafzumessungslehre systematisch richtig in die Schuldlehre selbst zu belegen. Daher müsse alles, was bei voller Ausprägung die Schuld ausschließe, sie bei schwächerer Entwicklung zumindest mindern[99].

Die normative Schuldauffassung bestimme die Schwere der Schuld nach dem Grad, in dem die Motivation hinter der Zumutbarkeit zurückbleibe. Die Willensbildung des Täters werde mit derjenigen verglichen, die von ihm verlangt und erwartet werde, und die Abweichung von dieser gesollten gewertet.

Eine vermittelnde Ansicht nehmen die Vertreter der sog. Lehre vom erweiterten Tatbestand ein[100].

Ausgangspunkt ist für sie die Feststellung, daß es sowohl Tatsachen gibt, die die einzelnen Merkmale des Tatbestandes realisieren und solche, die zwar außerhalb des gesetzlichen Tatbestandes liegen, jedoch strafrechtlich nicht ganz unbeachtlich sind und dem Tatbestand notwendigerweise als Anhängsel angegliedert werden müßten, weil sie vom Tatbestand mit beherrscht werden. Sie fallen sozusagen noch in die Interessensphäre des Tatbestandes hinein und bildeten mit ihm ein Ganzes. Neben den eigentlichen Tatbestand, den Tatbestandskern oder engeren Tatbestand, der das dominierende Element sei, trete eine Außenzone mit sekundären Elementen, die sich um den Kern herumlegten und mit ihm zusammen den weiteren Tatbestand bildeten. Der Tatbestandskern stelle gewissermaßen eine in sich kohärierende Masse dar, zu der die Handlungen der Außenzone als Adhärenzen, sozusagen als Zubehör der Ausführung, hinzutreten. Die Scheidung liege im Tatbestandsbereich.

---

96 Horn, in: SK § 46 Rdnr. 42.

97 Ders., in: SK § 46 Rdnr. 42f.; Nowakowski, SchwZStR 65 (1950), S. 319.

98 Nowakowski, a.a.O., S. 301.

99 Ders., a.a.O., S. 302.

100 Vgl. Beling, a.a.O., S. 245ff.; Spendel, 1954, S. 227ff.; ders., NJW 1964, S. 1759ff.; differenzierend Lang-Hinrichsen, a.a.O., S. 362ff.

Es komme stets darauf an, ob jene Handlungen in den engeren Tatbestand oder nur in dessen Außenbereich hineinfielen.

Zur Außenzone gehöre dasjenige Handeln, das nur zusammen mit einer schuldhaften Handlung tatbestandliche Färbung gewinne, daher ergänzungsfähig sei. Hierzu zählen z.B. auch Vorbereitungshandlungen als rechtlich relevante Tatsachen für die Strafzumessung sowie Nachhandlungen. Allerdings müßten es stets Handlungen sein, die mit der tatbestandlichen Handlung innerlich verbunden seien.

Allen nicht zum Tatbestandskern gehörenden Handlungen, Vorbereitungen, Nebenhandlungen oder nachfolgenden Handlungen sei gemeinsam, daß sie dem Typus nicht genügten und daher grundsätzlich straflos seien. Sie geben der Tat aber ihr individuelles Gepräge und seien für die Strafzumessung von Bedeutung[101].

Dagegen wird jedoch eingewandt, daß der Kreis der außertatbestandlichen Strafzumessungstatsachen zu eng gehalten sei, weil nur die Außenzone des Tatbestandes, nur die sekundären Elemente, die sich um seinen Kern herumlegen und mit ihm zusammen den weiteren Tatbestand bilden, berücksichtigt werden sollten.

Daher sei das außertatbestandsmäßige Verhalten nur insoweit zu berücksichtigen, als es Schlüsse auf den Unrechtsgehalt der tatbestandmäßigen Handlung zulasse oder Einblicke in die innere Einstellung des Täters zu seiner Tat gewähre[102].

Ausgangspunkt für das von Puppe entwickelte Drei-Phasen-Modell der Strafzumessung als Grundlage einer widerspruchsfreien Konzeption der Idealkonkurrenz ist die Feststellung, daß die gesetzlichen Strafrahmen durch die im Strafgesetzbuch selbst enthaltenen Regelungen ausgefüllt werden. Die Ausfüllung des gesetzlich bestimmten Rahmens habe sich daher an den schwerpunktmäßig im Besonderen Teil zum Ausdruck kommenden Wertentscheidungen des Gesetzgebers auszurichten und diese für den Einzelfall zu konkretisieren[103]. Die Bedeutung der Strafrahmen solle sich nicht nur in einer starren Grenzfixierung für die gem. § 46 StGB vorzunehmende Strafzumessung erschöpfen, sondern gleichzeitig eine diese auch inhaltlich beeinflussende relative Strafschichtung beinhalten.

Hieraus ergeben sich auch Konsequenzen für das Verhältnis von Strafbegründung und Strafzumessung, die sich als arbeitsteiliges Verfahren durch den Gesetzgeber und den Richter darstellen. Der Strafzumessungsvorgang gliedere sich demzufolge wie folgt:

---

101 Vgl. Spendel, 1954, S. 231f.

102 Bruns, 1974, S. 500, sog. Indiztheorie; vgl. a. BGH MDR 1954, S. 693; Kritik hieran Lang-Hinrichsen, a.a.O., S. 356.

103 Puppe, a.a.O., S. 56ff.

1. Phase: Feststellung der Anwendbarkeit eines Strafgesetzes auf einen Einzelfall.

2. Phase: Konkretisierung der Norm dieses Strafgesetzes hinsichtlich des Unrechts- und Schuldgehalts der betreffenden Tat als Verwirklichung des Strafgesetzes.

3. Phase: Anwendung der so konkretisierten Norm durch das vollständig bestimmte und nur für den einzelnen Fall gültige Strafurteil.

Entscheidende Phase sei die der Normkonkretisierung. Dieser liegt die Annahme zugrunde, daß der Tatbestand - sprachanalytisch gesehen - kein vollständiger Satz ist. Daher sei es "also eine Notwendigkeit einer tatbestandsorientierten Unrechts- und Schuldbemessung, den Tatbestand selbst als einen der Ergänzung fähigen und bedürftigen Ausdruck zu verstehen"[104]. Dies bedeute, daß der Tatbestand selbst zur Einfügung weiterer Strafzumessungstatsachen Leerstellen enthalten müsse und dadurch zu einer Satzfunktion werde. Somit erscheine der Tatbestand nicht als eine Norm, die Einzelfälle regle, sondern als eine Normfunktion[105].

Ausgehend von der Feststellung, daß Schuldvorwurf im Rahmen der Strafzumessung nicht Vorwurf der Schuld bedeutet, sondern Vorwurf des Unrechts bei Schuld und im Rahmen der Strafzumessung ermittelt werden soll, in welchem Ausmaß dem Täter das konkrete Maß der Schuld vorgeworfen werden kann, wird teilweise die Auffassung vertreten, Strafzumessungs- und Strafbegründungsschuld seien zwar nicht identisch, jedoch sei es möglich, die Struktur der Strafbegründungsschuld auf die Strafzumessungsschuld zu übertragen[106].

Die Strafzumessungsschuld stellt im weitesten Sinne eine Feinabstimmung, d.h. eine Präzisierung der Strafbegründungsschuld dar.

Demzufolge müssen Strafzumessungssachverhalt und Strafbegründungssachverhalt nicht notwendigerweise identisch sein. Es erfolge nur eine Übertragung der Struktur der Strafbegründungsschuld auf die Strafzumessungsschuld.

Die Strafzumessungsschuld setze sich aus Handlungs- und Erfolgsunrecht zusammen, die die vom Gesetzgeber normierten Sollensanforderungen charakterisieren, und der Schuld im engeren Sinne, innerhalb derer geprüft wird, ob der Täter den Sollensanforderungen gerecht werden konnte oder sein Dafürkönnen in erheblicher Weise erschwert war[107].

Dies zeigt, daß im Ergebnis der Hinweis, daß Schuld im Sinne der Verbrechenslehre nicht identisch, sondern anders ist als bei der Strafzumessung, uner-

---

104 Dies., a.a.O., S. 61.

105 Dies., a.a.O., S. 76.

106 Erhard, a.a.O., S. 157ff., 185; Horn, in: SK § 46 Rdnr. 42; in diesem Sinne kann auch Roxin, 1994, § 19 VI Rdnr. 46f. verstanden werden; anklingend bei Frisch, ZStW 99 (1987), S. 380.

107 Erhard, a.a.O., S. 185.

heblich ist. Denn die im Rahmen der Verbrechenslehre und die im Rahmen der Strafzumessung interessierenden Umstände sind eine Einheit; ihre Relevanz wird durch für beide Bereiche gleichermaßen gültige Leitprinzipien bestimmt.

Der einzige Unterschied bestehe darin, daß die mit Bezug auf diese Substrate maßgeblichen Fragestellungen differieren: in der Verbrechenslehre interessierten allein die Umstände, die mit Blick auf diese Leitprinzipien schon das "Ob" staatlichen Strafens betreffen, im Bereich der Strafzumessung gehe es um die Auswahl von Umständen, die sich vor dem Hintergrund dieser auf das Maß des Strafens auswirkten[108].

bb) Stellungnahme und Konsequenzen für das Opferverhalten

Zusammenfassend läßt sich sagen, daß insoweit Einigkeit besteht, als Schuld im Sinne der Strafzumessung die der Tat entsprechende, graduell steigerungsfähige Rechtsfriedensstörung darstellt - wobei Rechtsfrieden im Sinne einer Erschütterung der Erwartung der Unverbrüchlichkeit der im entsprechenden Sanktionstatbestand jeweils vorausgesetzten Verhaltensweise zu verstehen ist -, die dem Täter nach der Rechtsordnung immanenten Maßstäben angelastet und zu deren Behebung er legitimerweise herangezogen werden kann[109].

Strafzumessungsfaktoren sind daher alle diese Größe bestimmenden Faktoren, zu denen insbesondere die in § 46 Abs. 2 StGB beispielhaft genannten Strafzumessungstatsachen gehören.

Diese lassen sich in zwei Gruppen teilen, nämlich einerseits die zum Erfolgsunrecht gehörenden "verschuldeten Auswirkungen der Tat", andererseits die das Ausmaß des Fehlverhaltens des Täters im Hinblick auf die ihm zur Last gelegte schuldhafte Straftatbestandserfüllung bestimmenden Faktoren, die die Art und Weise der Ausführung, die persönlichen Verhältnisse des Täters, sofern sie tatbezogen sind und die Ziele des Täters, das Maß der Pflichtwidrigkeit, den bei der Tat aufgewendeten Willen sowie die Beweggründe des Täters erfassen[110].

Auch andere Umstände, die bedeutsam für die Frage sein können, "wie fähig" der Täter gewesen ist, das Unrecht der Tat zu erkennen und sich entsprechend zu motivieren, können in die Abwägung einbezogen werden.

Welche Umstände insoweit strafzumessungsrelevant sind, ergibt sich im einzelnen daraus, ob der jeweilige Umstand geeignet ist, entweder das Erfolgs-

108 Frisch, ZStW 99 (1987), S. 386.

109 Ders., a.a.O., S. 387.

110 Bruns, 1985, S. 145f.; Erhard, a.a.O., S. 158ff; Meine, NStZ 1994, S. 160; Schäfer, a.a.O., Rdnr. 232ff.

bzw. das Handlungsunrecht oder die Strafzumessungsschuld im engeren Sinne zu beeinflussen.

Ob dies beim Opferverhalten grundsätzlich der Fall ist, soll in einem nächsten Schritt untersucht werden.

b) Auswirkungen des Opferverhaltens auf die Strafzumessungsschuld

aa) Opferverhalten und Strafzumessungsunrecht

Das Strafzumessungsunrecht setzt sich, wie bereits dargelegt, aus Erfolgs- und Handlungsunrecht zusammen, so daß die Auswirkungen auf die jeweilige Komponente getrennt untersucht werden sollen.

bb) Opferverhalten und Erfolgsunrecht

Im Rahmen des Erfolgsunrechts wird dem Täter die tatbestandsmäßige Rechtsgutverletzung vorgeworfen. Die Auswirkungen der Tat und das Maß des Schadens sind hierbei Richtlinien für die Erfassung des Grades der Verletzung oder Gefährdung des jeweiligen Schutzobjektes.

Entscheidende Frage ist daher, ob das Erfolgsunrecht bei Vorliegen bestimmter Opferverhaltensweisen anders einzustufen ist als bei deren Nichtvorliegen.

Bei der Beurteilung von Art und Ausmaß des Erfolges ist zu berücksichtigen, daß der Schadensbegriff im Rahmen des Erfolgsunrechts weiter ist als im Rahmen der Strafbegründung, bei der die Rechtsgutverletzung häufig mit einem meßbaren Schaden identisch ist. Im Bereich der Strafzumessung erfaßt er sowohl psychische Beeinträchtigungen als auch mittelbare Folgeschäden bei Dritten.

Demzufolge kann sich (qualitativ) aus den besonderen Eigenschaften oder Befindlichkeiten des Opfers wie z.B. dessen Schutzbedürftigkeit, dessen wirtschaftlichen Verhältnissen, das konkrete Ausmaß des Schadens ergeben[111].

So kommt beispielsweise der Eigentumsverletzung beim Diebstahl oder der Vermögensverletzung beim Betrug im Hinblick auf die unterschiedlichen finanziellen Verhältnisse des Opfers auch eine unterschiedliche Bedeutung für die konkrete Bemessung des Ausmaßes des Schadens zu: das finanziell besser gestellte Opfer wird einen Diebstahl eher verschmerzen können als das schlechter

---

111 Pallin, a.a.O., S. 19; Schneider, 1975, S. 147.

gestellte, das sich möglicherweise eine Ersatzbeschaffung nicht leisten kann und bei dem der Verlust in die konkrete Lebenssituation tief eingreifen kann. Zumindest soweit solche Umstände dem Täter bekannt waren oder bekannt sein mußten, können sie ihm im Rahmen der Bewertung der außertatbestandsmäßigen Folgen angelastet werden.

Da das Gesetz aber nur die von dem Täter "verschuldeten Auswirkungen der Tat" als bedeutsam für die Strafzumessungsschuld gewertet wissen will, stellt sich die Frage, wie es sich auswirkt, wenn der schädliche Erfolg erst durch das Hinzukommen eines Verhaltens des Opfers bewirkt wird.

Teilweise wird eingewandt, unabhängig vom Verhalten des Opfers oder dem Vorliegen einer Täter-Opfer-Beziehung bleibe der eingetretene materielle Schaden unberührt, zumal der Bruch der Rechtsordnung derselbe bleibe, auch wenn der Geschädigte den Täter provoziert hat oder nicht die erforderliche Sorgfalt aufgewendet hat[112].

Dagegen spricht aber, daß das Gesetz ausdrücklich auf die "*verschuldeten* Auswirkungen der Tat" abstellt und nicht auf das konkrete Ausmaß der Verletzung oder des jeweiligen Schutzobjekts.

Daher kann das Verhalten des Opfers das Gewicht der dem Täter zurechenbaren Folgen vermindern, nämlich dann, wenn es den Schaden mehr oder weniger beeinflußt hat und deswegen die Rechtsgutverletzung nicht nur auf das Verhalten des Täters zurückgeht, denn insoweit stellt sich die Frage, inwieweit die Auswirkungen der Tat tatsächlich vom Täter verschuldet sind.

Vielfach wird unter diesem Gesichtspunkt von einem "mitwirkenden Verschulden" oder "Mitverschulden" des Opfers gesprochen.

Darunter wird eine Vielzahl von Verhaltensweisen des Opfers verstanden, die von Opfermitverantwortung über nachlässige Opfer, sich selbst in Gefahr begebende Opfer bis hin zu solchen Opfern reicht, die ihren Sorgfaltspflichten im Hinblick auf die eigenen Rechtsgüter nicht nachkommen. Wann im einzelnen ein Mitverschulden oder eine Mitverantwortung des Opfers vorliegt, wird überwiegend offen gelassen, ebenso wie die Frage, ob dogmatisch im Bereich der Strafzumessungsschuld, bei der es um die Bestimmung des gegenüber dem Täter zu erhebenden Vorwurfs geht, überhaupt von einem "Verschulden" des Opfers gesprochen werden kann[113].

---

112 Vgl. z.B. Karstendiek, a.a.O., S. 24ff., 41.

113 Vgl. a. Deutsch, a.a.O., E 73f.; Eisenberg, GA 1971, S. 176; Gobert, Columbia Law review 1977/4, S. 286; Henke, JuS 1988, S. 755; Hillenkamp, MSchrKrim 67 (1984), S. 142; Holyst, Excerpta Criminologica 5 (1964), S. 325; Jayewardene/Jayewardene, a.a.O., S. 402,; Kleinfeller, a.a.O., S. 13ff.; Maurach/Gössel/Zipf, a.a.O., § 63 Rdnr. 33f.; Neumann, a.a.O., S. 230ff.; anklingend bei Serwe, Kriminalistik 1970, S. 74; Stoecklin, a.a.O., S. 183ff. für das dem deutschen Recht insoweit vergleichbare österreichische Strafrecht.

Auch wenn diese Bezeichnung, worauf im folgenden noch einzugehen sein wird, zweifelhaft ist, so kann hier festgestellt werden, daß es Verhaltensweisen des Opfers gibt, die sich in der Rechtsgutverletzung auch niedergeschlagen haben. An anderer Stelle wird zu klären sein, wie diese Opferverhaltensweise beschaffen sein muß und welcher Einfluß - das Strafzumessungsunrecht des Täters herabsetzend oder steigernd - ihr zukommt.

Zusammenfassend kann gesagt werden, daß sowohl das Verhalten des Opfers als auch dessen spezielle Eigenschaften wie z.B. seine spezielle Schutzbedürftigkeit das Erfolgsunrecht mitbestimmen können: so kann das Verhalten des Opfers sich auf das Ausmaß des Erfolges auswirken, indem z.B. auch das Opfer eine Handlung vorgenommen hat, die zur Schädigung des eigenen Rechtsguts geführt hat.

cc) Opferverhalten und Handlungsunrecht

Das Handlungsunrecht soll den Grad der persönlichen Schuld des Täters erfassen[114], dem Täter wird die Art und Weise des Handlungsvollzugs vorgeworfen.

Die im Gesetz zur Erfassung des Grades des Handlungsunrechts für bedeutsam erachteten Strafzumessungstatsachen lassen sich unterteilen in objektive, subjektive und außerhalb der Tat liegende Faktoren.

Zu den objektiven Faktoren gehören die Art und Weise der Ausführung und das Maß der Pflichtwidrigkeit, zu den subjektiven oder psychischen Faktoren zählen neben den Beweggründen und Zielen des Täters sowie der Gesinnung, die aus der Tat spricht, auch der bei der Tat aufgewendete Wille.

Außerhalb der Tat liegende Strafzumessungstatsachen sind das Vorleben des Täters, seine persönlichen und wirtschaftlichen Verhältnisse sowie sein Verhalten nach der Tat, worunter insbesondere das im Gesetz genannte Bemühen, den Schaden wiedergutzumachen oder einen Ausgleich mit dem Verletzten zu erreichen, zählen.

(1) Opferverhalten und Art und Weise der Ausführung

Dieser Strafzumessungstatsache sind die äußeren Handlungsmodalitäten zuzurechnen, d.h. Modalitäten des Ortes, der Zeit, der Mittel, der Beteiligung, der Ausführung und Durchführung.

---

[114] Vgl. BGHSt 20, S. 266; StV 1983, S. 102; 1986, S. 15; 1987, S. 387; NStZ 1985, S. 545.

Hier geht es um die (generelle) Gefährlichkeit der Vorgehensweise für die strafrechtlich geschützten Rechtsgüter. Gemessen werden soll die Realisierung des bei der Tat aufgewendeten Willens[115]. Die Art der Tatausführung charakterisiert häufig das Maß der Rechtsgutverletzung, deren Strafzumessungsrelevanz durch die im Gesetz enthaltenen Regelbeispiele der §§ 243, 125a StGB belegt werden.

Die Beziehungen zwischen Täter und Opfer können sich hier vielfältig auswirken: fehlende Kontrollen können den Zugang des Täters zum verletzten Rechtsgut ebenso erleichtert haben wie die Vertrauensseligkeit des Opfers oder langjährige Geschäftsbeziehung, die zum Abbau bestimmter Kontrollen geführt haben.

Beim Diebstahl wirken sich z.B. neben der Intensität des Gewahrsamsbruches die Mittel aus, mit denen der Täter vorging, das Gewicht der Sicherungen, die überwunden werden mußten. So kann der Grund für einen leicht möglichen Gewahrsamsbruch in der Person des Opfers begründet sein: das Opfer kann seine Sachen sorglos herumliegen gelassen haben, es kann aber auch wegen des dem Täter entgegengebrachten Vertrauens auf bestimmte Schutzvorkehrungen verzichtet haben.

Dies zeigt, daß es Fälle gibt, in denen die Handlung infolge des Verhaltens des Verletzen ermöglicht bzw. erleichtert wurde mit der Folge, daß dieser Umstand auch bei der Beurteilung der Gefährlichkeit der Verhaltensweise des Täters zu berücksichtigen ist.

(2) Opferverhalten und Maß der Pflichtwidrigkeit

Das Maß der Pflichtwidrigkeit kommt in erster Linie bei Fahrlässigkeitstaten zum Tragen, ist aber auch bei Vorsatzdelikten, bei denen der Täter wie z.B. in § 266 StGB gegen besondere Rechtspflichten verstößt, von Bedeutung.

Die Pflichtwidrigkeit kann verschiedene Grundlagen haben: Sorgfaltspflichten können sich aus einer Rechtsnorm, aus Vertrag, aus dem Beruf des Täters oder aus dessen vorausgegangenem Verhalten herleiten. Sie können sich aber auch schon aus dem allgemeinen Grundsatz ergeben, daß man fremde Rechtsgüter nicht verletzen soll. Entscheidend ist immer die konkrete Situation. Das Maß der Pflichtwidrigkeit kann beeinflußt werden durch die berufliche oder soziale Stellung des Täters, insbesondere wenn gerade sie für das verletzte Rechtsgut erhöhte Pflichten begründet oder wenn zwischen Berufspflichten und Straftaten eine Beziehung besteht. Hier kann sich das Ausnutzen eines Vertrauens, das z.B.

---

115 Vgl. Schäfer, a.a.O., Rdnr. 256.

wegen einer bestimmten beruflichen oder sozialen Stellung gewährt wurde, auswirken.

(3) Opferverhalten und Beweggründe des Täters

Unter Beweggründe und Ziele des Täters fallen die psychischen Hintergründe (Motive) des Täters und die daraus erwachsende Ausrichtung auf deliktische und nichtdeliktische Handlungsfolgen.

Die Beweggründe und Ziele des Täters können sehr verschiedenartig sein, sie können als "menschlich verständlich", "verachtenswert"[116] eingestuft werden, das Handeln kann dem eigenen Schutz oder dem von Angehörigen dienen, es kann durch groben Eigennutz bestimmt oder durch das Verhalten des Opfers provoziert sein.

So kann es auch vorkommen, daß der Täter in seinen Motiven und Zielen (auch) fremdbestimmt ist: die Reizung oder Veranlassung (Erleichterung) zur Tat kann durch das Opfer verursacht sein, indem es den Täter provozierte oder zumindest verlockte oder aber sein Verhalten in sonstiger Weise einer Aufforderung zur Tat bzw. Versuchung gleichkam[117].

(4) Opferverhalten und aus der Tat sprechende Gesinnung des Täters

Diese Strafzumessungstatsache erfaßt ausdrücklich nicht die allgemeine Gesinnung des Täters, sondern nur seine aus der konkreten Tat sprechende Gesinnung[118]. Hierunter fallen solche Merkmale, wie sie das Gesetz verschiedentlich bereits in den Straftatbeständen nennt, z.B. roh, böswillig, gewissenlos, rücksichtslos[119].

Auch in diesem Rahmen kann die Täter-Opfer-Beziehung von Bedeutung sein, indem sich die betreffende negative Bewertung speziell aus dem Verhältnis zwischen Täter und Opfer ergibt.

---

[116] Vgl. hierzu auch die Formulierung "niedrige Beweggründe" in § 211 StGB.

[117] Ebert, JZ 1983, S. 634f., 637.

[118] BGH, Urteil vom 9.4.1980 - 2 StR 806/79.

[119] Vgl. a. BGHSt 5, S. 131; 238; MDR 1954, S. 151.

(5) Opferverhalten und bei der Tat aufgewendeter Wille

Für die Bemessung des Handlungsunrechts ebenfalls von Bedeutung ist die kriminelle Intensität, deren Stärke sich beispielsweise in sorgfältiger Planung zeigen kann.

Dieser Begriff geht von unterschiedlich hohen oder starken Hindernissen aus, die vom Täter willensmäßig überwunden werden müssen.

Dem liegt die Annahme zugrunde, daß es Ausgangslagen mit herabgesetzten Hemmschwellen und Ausgangslagen mit heraufgesetzten Hemmschwellen gibt. Daher wird in diesem Zusammenhang oft von der "kriminellen Energie"[120] des Täters gesprochen.

Beispiele für leichter zu überwindende Hemmschwellen sind Fälle, in denen der Täter einem Gruppenzwang folgte, in denen die Tatbegehung durch einen V-Mann gefördert wurde oder andere Fälle der bewußten oder unbewußten Tatförderung, vor allem durch das Opfer, indem es beispielsweise durch sorgloses und nachlässiges Verhalten die Tatbegehung erleichterte[121].

Fälle, in denen der Täter zur Begehung der Tat größere Hindernisse überwinden mußte, sind dadurch gekennzeichnet, daß der Täter größere Willenskraft aufwenden mußte, z.B. wenn ihn mit dem späteren Tatopfer eine enge Beziehung verbindet oder ihm bewußt ist, daß das Opfer sich von seiner Seite aufgrund seiner sozialen oder beruflichen Stellung keines Angriffs versieht[122].

(6) Opferverhalten und außerhalb der Tat liegende Faktoren

Die außerhalb der Tat liegenden Strafzumessungstatsachen wie Vorleben des Täters, seine persönlichen und wirtschaftlichen Verhältnisse sowie sein Verhalten nach der Tat können unter dem Gesichtspunkt des Opferverhaltens keine Veränderung erfahren.

c) Opferverhalten und Strafzumessungsschuld im engeren Sinne

Die Strafzumessungsschuld im engeren Sinne soll zum Ausdruck bringen, inwieweit der Täter anders hätte handeln können, d.h. Gradmesser für das "Da-

---

120 Kritisch zu dieser Formulierung Walter, GA 1985 S. 197ff.; ders., 1986, S. 497ff.

121 BGH NStZ 1983, S. 494; BGH StV 1983, S. 326f.; vgl. a. Recken, a.a.O., S. 87; Schwarz, a.a.O., S. 133ff.

122 Vgl. z.B. Recken, a.a.O., S. 85, 87; Sauter, a.a.O., S. 109.

für-Können" des Täters für die Herbeiführung des Unrechts. Es wird geprüft, inwieweit ihm das Unrecht zugerechnet werden kann bzw. inwieweit wegen Erschwernissen des Andershandelnkönnens das Unrecht nicht in vollem Umfang zurechenbar ist.

Da auch insoweit eine Übertragung der Struktur der Schuld im Sinne des allgemeinen Verbrechensaufbaus erfolgt, ist zunächst der Grad der sich an §§ 19, 20 StGB bemessenden Schuldfähigkeit entscheidend, m.a.W. inwieweit Beeinträchtigungen der Vermeidbarkeit vorlagen.

Auf die individuelle Fähigkeit des Täters, den Normverstoß zu vermeiden, kann das Opferverhalten sich allenfalls unter dem Gesichtspunkt der Hervorrufung eines Affektzustandes auswirken. In allen übrigen Fällen handelt es sich um ausschließlich in der Person des Täters liegende Beeinträchtigungen der Unrechts- und Einsichtsfähigkeit.

Größerer Einfluß kommt dem Opferverhalten jedoch im Rahmen des konkreten Ausmaßes der speziellen Schuldmerkmale zu, vgl. z.B. die niedrigen Beweggründe § 211 Abs. 2 1. Gruppe, die Böswilligkeit §§ 90a Abs. 1 Nr. 1, 130 Nr. 3a, 223b oder die Rücksichtslosigkeit in § 315c StGB, bei denen es u.a. darum geht, die Wertigkeit eines niedrigen Beweggrundes konkret zu bestimmen. Hier kann zu berücksichtigen sein, wenn der Täter aus enttäuschter Liebe zum Opfer handelt oder er zwar in voller Kenntnis des Unrechts aus bewußt feindlicher Gesinnung handelte, diese Situation aber auch auf vorausgegangenem Opferverhalten beruht.

Weitere Kriterien zur Bestimmung der Strafzumessungsschuld im engeren Sinne sind der Grad des Unrechtsbewußtseins, d.h. die sich an § 17 StGB orientierende Möglichkeit der Unrechtseinsicht sowie das Fehlen von Entschuldigungsgründen.

Das Vorliegen der Entschuldigungsgründe hängt vielfach - wie z.B. in § 35 StGB - vom Verhalten des Opfers ab mit der Folge, daß beim Vorliegen von Entschuldigungsgründen der Unrechts- und Schuldgehalt der Tat so stark herabgesetzt ist, daß die untere Grenze der Strafwürdigkeit nicht mehr erreicht wird und der Gesetzgeber in Anbetracht der außergewöhnlichen Motivationslage auf die Erhebung des Schuldvorwurfs verzichtet, z.B. weil dem Täter normgemäßes Verhalten durch das Verhalten des Opfers nahezu unmöglich gemacht wurde.

6. Ergebnis

Das Opferverhalten kann die Strafzumessungsschuld in vielfältiger Weise beeinflussen: es gibt Taten, in denen das Opfer gestaltend mitwirkt und beispielsweise den Täter auffordert, das eigene Rechtsgut zu verletzen und solche, die ohne ein bestimmtes Verhalten des Opfers nicht möglich sind.

Das Verhalten des Opfers läßt in vielen Fällen Rückschlüsse auf die zur Begehung der Straftat notwendige und tatsächlich eingesetzte kriminelle Energie zu, denn der bei der Tat aufgewendete Wille ist ein maßgeblicher, bei der Strafzumessung zu berücksichtigender Umstand. Demzufolge kann in Fällen, in denen das Opfer den Erfolg mitverursacht hat, das Opferverhalten nicht nur unter dem Aspekt Bedeutung erlangen, daß der Erfolg nicht mehr allein dem Täter zugerechnet werden kann, sondern auch unter dem Gesichtspunkt des veränderten Handlungsunrechts, weil die Handlung dann im Verhältnis zu einer Handlung, die auch ohne Hinzutreten des Verhaltens des Verletzten zum Erfolg geführt hätte, weniger gefährlich war.

Deshalb ist die Strafzumessung dogmatisch der Ort, an dem das Opferverhalten bzw. die Täter-Opfer-Beziehungen Berücksichtigung finden können, auch wenn sie als Strafzumessungstatsache in § 46 Abs. 2 StGB nicht ausdrücklich erwähnt sind.

Da § 46 Abs. 2 Satz 2 StGB sich auf eine beispielhafte Aufzählung der zumessungsrelevanten Umstände beschränkt und keine Auskunft darüber gibt, wie die einzelnen Faktoren zu bewerten sind - mildernd oder schärfend - bleibt dies der Abwägung im Einzelfall überlassen.

Ebenso verhält es sich mit dem Opferverhalten und den Täter-Opfer-Beziehungen: allein aus der Tatsache, daß sie strafzumessungsrelevant sind, lassen sich noch keine Rückschlüsse auf die Bewertungsrichtung ziehen. Je nach ihrer konkreten Ausgestaltung und ihrem Verhältnis zur strafbaren Handlung des Täters können sie sich sowohl mildernd als auch schärfend auswirken.

Gegen die ausschließliche Berücksichtigung des Opferverhaltens im Bereich der Strafzumessung werden im wesentlichen folgende Argumente aufgeführt: mit der Zuweisung viktimologischer Erkenntnisse in die Strafzumessung werde diesen nur eine untergeordnete Rolle eingeräumt, weil sie dann nicht mehr von gleicher Erheblichkeit wie das Täterverhalten seien. Damit laufe man Gefahr, das Opferverhalten letztlich nicht in seinem vollen Ausmaß für die Straftat zu erfassen.

Außerdem werde es dem am wenigsten erforschten und geklärten Bereich innerhalb des Strafrechts zugewiesen, bei dem es sich um die "Domäne richterlicher Willkür"[123] handle.

Diese Einwände können jedoch kritischer Betrachtung nicht standhalten: Im Falle der Verurteilung steht im Mittelpunkt der Aufmerksamkeit sowohl des Täters als auch der Allgemeinheit die Strafe. Beide interessiert nicht so sehr, wie die begangene Tat rechtlich einzustufen ist, sondern vielmehr die Höhe der Stra-

---

123 Schünemann, 1982, S. 409; ders., 1977, S. 77.

fe[124]. Das Vertrauen der Öffentlichkeit in die Gerechtigkeit hängt insbesondere von einer gleichmäßigen und berechenbaren Strafzumessungspraxis ab.

Zwar gehörte das Strafzumessungsrecht trotz dieser erheblichen Bedeutung für den Täter und das gesamte Strafrecht lange Zeit zu den am meisten vernachlässigten Gebieten, was mit zu seinem Ruf als "Domäne staatlicher Willkür"[125] beitrug. Seit den 30-er Jahren, hervorgerufen durch Franz Exner, der Untersuchungen über die Strafzumessungspraxis anstellte, wird diesem Gebiet jedoch mehr Bedeutung beigemessen. Zunächst erschöpften sich die wissenschaftlichen Abhandlungen in einer statistischen Erfassung der Zumessungsgründe, allerdings bemühten sich neben Strafrechtsdogmatikern auch Kriminologen, Soziologen, Psychologen und Psychiater um eine Klärung des Strafzumessungsvorgangs. In der Rechtsprechung gewann die Strafzumessung, wie insbesondere die regelmäßig erscheinenden Übersichten zur Rechtsprechung im Strafzumessungsrecht zeigen, ebenfalls an Bedeutung. Bestätigt wird dies durch die unter bestimmten Umständen mögliche Strafmaßrevision, deren Zahl gleichfalls zunimmt[126]. Trotzdem erweist es sich immer noch als sehr schwierig, zur Strafhöhe Konkretes zu sagen, weil es - auch denjenigen, die im Berufsalltag Strafzumessungsentscheidungen treffen oder daran beteiligt sind - größtenteils an systematisierenden Gesichtspunkten fehlt, die es erlauben, eine für den Täter voraussehbare und berechenbare Strafe festzusetzen. Konkrete Aussagen zu treffen, die für alle Delikte gleichermaßen Geltung beanspruchen können, ist wohl nicht möglich. Daher konnten die Hauptprobleme der Strafzumessung, zu denen insbesondere die Ungleichmäßigkeit der Strafzumessungspraxis, die unterschiedlichen Auswirkungen der Strafzwecke auf die Strafzumessung und -aussetzung gehören, nicht entscheidend geklärt werden[127]. Statistische Untersuchungen weisen die zum Teil erheblichen Unterschiede in der Praxis der Strafverhängung sogar zwischen verschiedenen Spruchkörpern desselben Gerichts nach.

---

124 Vgl. hierzu auch Lorenz, a.a.O., S. 2f.; Meine, 1990, S. V; Montenbruck, 1989, S. 13; Schmidt, a.a.O., S. 164f.

125 Schünemann, 1982, S. 409.

126 Vgl. z.B. BGH MDR 1967, S. 231; 1953, S. 148; StV 1987, S. 388; VRS 37, S. 423; Vgl. hierzu auch Bruns, JR 1987, S. 89, 94; ders., JR 1979, S. 353; Ehrhardt, a.a.O., S. 1ff.; Frisch, 1971, S. 22; Meine, 1990, S. V; Streng, 1984, S. 296ff.; Theune, NStZ 1987, S. 162-167, 492-499; 1988, S. 171-174, 304-308; 1989, 173-175, 215-217 fortgesetzt von Detter, NStZ 1989, S. 465-472; 1990, S. 173-177, 221-226, 483-486, 578-580; 1991, S. 177-180, 272-278, 475-479; 1992, S. 169-174, 477-480; 1993, S. 176-179, 473-477; 1994, S. 174-178, 474-477; 1995, S. 169-172.

127 Vgl. a. Bruckmann, ZRP 1973, S. 30f.; Grasnick, 1977, S. 1; Heinitz, a.a.O., S. 57f.; Lackner, 1978, S. 7f.; Nowakowski, 1974, S. 167f.; Oswald, GA 1988, S. 157; Pfeiffer, DRiZ 1990, S. 441, 443ff,; Schöch, 1973, S. 5; Streng, NStZ 1989, S. 394.

In den letzten Jahren hat das Strafzumessungsrecht angefangen, einen seiner Bedeutung entsprechenden Platz in Wissenschaft und Praxis zu erlangen. Zuzugeben ist, daß die erschöpfende Klärung zahlreicher Fragen wie z.B. die Unterscheidung und Festlegung des Regel- und Durchschnittsfalles innerhalb der Strafstaffelung des Strafrahmens, des Ermessens- und Beurteilungsspielraums des Tatrichters, die unterschiedliche Auslegung des Begriffs "Umstände" in § 46 Abs. 2 und 3 StGB, die Ungleichheit des Strafmaßes in ähnlich gelagerten Fällen, die Ausbildung eines "Besonderen Teils" der Strafzumessung sowie die Formulierung der Strafzumessungsentscheidung noch aussteht.

Außerdem gehört es zu den wohl schwierigsten Aufgaben des Richters, für jeden Einzelfall die der Schuld des Täters entsprechende Strafe zu ermitteln. Dies hat allerdings zur Konsequenz, daß die Strafe nie in einer genau bestimmten Größe bestehen kann, denn so wie jeder Mensch anders denkt und handelt, so werden auch Delikte aus einer Vielzahl von Motiven und unter verschiedensten Bedingungen verübt[128].

Dementsprechend wird überwiegend die Auffassung vertreten, innerhalb des gesetzlichen Strafrahmens bestehe ein Spielraum, der nach unten durch die schon schuldangemessene Strafe, nach oben durch die noch schuldangemessene Strafe begrenzt wird[129]. Der Tatrichter darf die obere Grenze nicht überschreiten. Er darf also nicht eine Strafe verhängen, die nach Höhe und Art so schwer ist, daß sie von ihm selbst nicht mehr als schuldangemessen eingestuft wird. Er darf aber nach seinem Ermessen darüber entscheiden, wie hoch er innerhalb dieses Spielraums greifen soll. Wenn der Tatrichter in einem solchen von verschiedenen schuldangemessenen Strafen, zwischen denen er wählen kann, aus dem Gedanken allgemeiner Abschreckung heraus die schwerste wählt, so bedeutet das keinen Rechtsirrtum. Damit wird der durch den Strafrahmen gezogene richterliche Entscheidungsspielraum anerkannt sowie die Tatsache, daß es hier nicht wie beim Tatbestand um das Vorliegen oder Nichtvorliegen eines bestimmten Umstandes geht, sondern eine Abwägung erforderlich ist, bei der "verschiedene Quantitäten ins Spiel"[130] kommen, d.h. es muß eine Auswahl zwischen verschiedenen Größen getroffen werden, um die Höhe der Strafe feststellen zu können[131].

---

[128] Vgl. a. Dreher, JZ 1967, S. 42: "Niemand kann im Einzelfall behaupten, denn beweisen, daß schuldangemessene Strafe für die Tat des Angeklagten Meier 2 Jahre, 3 Monate und 2 Wochen Gefängnis, nicht mehr und nicht weniger betrage...".

[129] BGHSt 7, S. 28f.; Schaffstein, 1973, S. 99; Spendel, NJW 1956, S. 775.

[130] Bruns, 1985, S. 23.

[131] Zur Kritik an der Spielraumtheorie Schünemann, 1984b, S. 188ff, 195: "An die Stelle der im Sinne der Spielraumtheorie konzipierten Schuldstrafe hat eine an dem Ausmaß der Bedrohlichkeit des Delikts für die Gesellschaft orientierte und deshalb den Gleichheitssatz grundsätzlich währende Präventionsstrafe zu treten, bei der die Schuld nur noch als strafbegrenzendes Prinzip Bedeutung behält."; zur Kritik aus kriminologischer Sicht vgl. Schöch, 1975, S. 256ff.

Im Gegensatz dazu wird verschiedentlich die Auffassung vertreten, es könne für eine konkrete Tat - zumindest theoretisch - nur eine einzige schuldangemessene Strafe geben[132]. Mittels eines Kriterienkataloges könne man "die" gerechte und damit einzig richtige Strafe mathematisch exakt ermitteln[133].

Die Befürworter dieser sog. Punktstrafe gehen davon aus, es gebe für die konkrete Tat nur eine einzige schuldangemessene Strafe, die sich für jeden Einzelfall mathematisch genau bestimmen lasse. Ausgangspunkt für jeden Strafrahmen sei eine Normalstrafe, die beim normalen Täter für eine normale, dem arithmetischen Mittel aller praktisch möglichen Strafgrößen innerhalb der Strafrahmen entspreche. Für jeden Strafzumessungsgrund sei dann der Quotient einzusetzen, mit welchem der Richter die Normalstrafe zu multiplizieren hätte, um die der Einzeltat entsprechende Strafe zu erhalten. Für die konkrete Bemessung werden unterschiedliche Modelle angeboten[134].

Eine Variante der Punktstrafe baut auf der Spielraumtheorie auf und postuliert erst für die Schaffung der Endstrafe, daß es hierbei nur ein einziges Ergebnis geben kann[135].

Die "Punktstrafe", die vom Ergebnis her sicher wünschenswert ist, scheitert aber zum einen daran, daß kein Fall mit dem anderen identisch ist und daher kein auch nur annähernd vollständiger Katalog aufgestellt werden kann, zum anderen daran, daß einem bestimmten Kriterium in unterschiedlichen Fällen nicht unbedingt das gleiche Gewicht zukommen muß und entscheidend für die Strafzumessung in einem konkreten Fall das Zusammenspiel der verschiedenen Faktoren ist mit der Folge, daß gerade eine "Punktstrafe" zu ungerechten Ergebnissen führt, weil sie entgegen der vom Gesetzgeber beabsichtigten "gerechten" Strafe für den einzelnen Täter keine Individualisierung der Strafe vornimmt[136].

Damit stellt die Punktstrafe eine bloße Fiktion dar, die unmittelbar nichts an dem auf der Ebene der Tatsacheninstanz angesiedelten Problem der Strafungleichheit ändert, weil sie dem Urteilenden keinen besseren Maßstab zur Konkretisierung seiner Strafzumessung bietet als beispielsweise die Spielraumtheorie[137,138].

---

132 Bruns, 1969, S. 708; Kaufmann, A., 1961, S. 651; Schneidewin, JZ 1955, S. 507.

133 Vgl. z.B. Gallas, ZStW 80 (1968), S.5ff.; Hassemer, W., ZStW 90 (1978), S. 64, 76ff.

134 Graßberger, a.a.O., S. 78ff.; Hassemer, W., ZStW 90 (1978), S. 64; vgl. a. Haag, K., a.a.O., S. 15ff., 77ff.; Heinitz, ZStW 70 (1958), S. 5; von Linstow, a.a.O., S. 10ff.

135 Zipf, 1969, S. 165ff.

136 Zur Kritik an der Punktstrafe und insbes. mathematischen Modellen zur Ermittlung der Strafe vgl. a. Streng, 1984, S. 35, 313ff.; ebenso Bruckmann, ZRP 1973, S. 32ff.; Grasnick, 1977, S. 3ff.; Hettinger, a.a.O., S. 154f; Schaffstein, 1973, S. 107; Spendel, ZStW 83 (1971), S. 204, 240f.

137 Vgl. BGHSt 27, S. 3; Bruns, JR 1977, S. 165; Günther, JZ 1989, S. 1025; Streng, 1984, S. 33.

Dreher hat der Theorie von der Punktstrafe und der Spielraumtheorie eine dritte Auffassung gegenübergestellt, die davon ausgeht, es gebe für eine bestimmte Tat nicht eine einzige Strafe, die der Richter zu finden habe, sondern die gerechte Strafe sei das Resultat eines schöpferischen sozialen Akts durch den Richter, ohne daß dieser für sich in Anspruch nehmen könne, die einzige gerechte Strafe gefunden zu haben[139].

Der Ausgangspunkt der Spielraumtheorie, wonach es für die konkrete Tat schon objektiv keine fest bestimmte Strafe gibt, wird mithin anerkannt.

Als Folge dieser Theorie kann der Richter sich bei der Strafzumessung nur an außerhalb dieser Theorie angesiedelten Leitlinien halten, weshalb auch konsequenterweise die Bedeutung dieser anderen Strafzumessungsgrundlagen sehr betont und die besondere Relevanz des gesetzlichen Strafrahmens herausgearbeitet wird[140].

Im Ergebnis liefert auch diese Theorie keinen Maßstab für die Strafzumessung.

Daneben hat sich eine weitere Theorie herausgebildet, deren Ziel es ist, durch funktionale Differenzierung innerhalb des Strafzumessungsvorgangs klar abgrenzbare und damit rational zu bewältigende Wirkungsbereiche für die verschiedenen Strafzwecke zu schaffen: die Strafzumessung im engeren Sinne für den Schuldausgleich, die Strafzumessung im weiteren Sinne für präventive Strafzwecke[141] .

Bei der Festsetzung der Höhe der Strafe hat sich der Richter demzufolge vor allem am Gewicht des verschuldeten Unrechts zu orientieren, wobei ihm insoweit ein Beurteilungsspielraum zusteht. Präventive Aspekte sollen erst bei der Frage zu berücksichtigen sein, ob und in welcher Art die schuldangemessene Strafe zu verhängen oder zu verbüßen ist[142].

---

138 BGHSt 27, S. 3ff; zustimmend Foth, JR 1985, S. 397ff.; Meine, 1990, S. 31; Montenbruck, 1989, S. 65; Nowakowski, 1974, S. 180f.; Schaffstein, 1973, S. 107ff. Auch die Anhänger der Punktstrafe wie z.B. Heinitz, a.a.O., S. 5 und Kaufmann, 1961, S. 65f., 261 räumen ein, daß man in gewissen Grenzen über die Höhe der angemessenen Strafe verschiedener Meinung sein kann, jedoch liegt dies für sie nicht in der Sache selbst, sondern in der Begrenztheit des menschlichen Erkenntnisvermögens begründet; der Idee nach können für sie nicht verschiedene Strafgrößen dem Maß der Schuld gleichermaßen entsprechen.

139 Dreher, JZ 1968, S. 211; ders., JZ 1967, S. 43; ders., JZ 1978, S. 163; Dreher-Tröndle, a.a.O. § 46 Rdnr. 12; zust. a. Jesckeck, a.a.O., § 87 III 3.

140 Dreher, JZ 1967, S. 42f.

141 Henkel, a.a.O., S. 23; Horn, in: SK § 46 Rdnrn. 5ff., 33ff.; ders., ZStW 23 (1973), S. 7ff.; ders., 1975, S. 242ff.; Schöch, 1975, S. 245; ders., 1973, S. 80f., 92; kritisch hierzu Schönborn, GA 1975; S. 273ff.

142 Henkel, a.a.O., S. 5ff.; Horn, in: SK § 46 Rdnr. 34.

Hiergegen ist jedoch einzuwenden, daß auch dieser Lösungsweg bei der Entscheidung über die Strafe nicht zu eindeutigen Ergebnissen führt: durch die Verabsolutierung des Schuldausgleichsgedankens wird die Strafhöhenbemessung ausschließlich an den ebenfalls höchst umstrittenen Schuldbegriff gekoppelt. Auf dieser Grundlage muß die im Unbewußten gegründete wertende Schuldzumessung zwangsweise von der Individualität des Urteilenden geprägt werden.

Darüber hinaus werden entgegen dem Wortlaut des § 46 Abs. 1 Satz 2 StGB spezialpräventive Erwägungen bei der Strafhöhenbemessung ausgeklammert, ohne daß hierdurch weitere objektive Maßstäbe oder eine größere Berechenbarkeit der Ergebnisse ermöglicht wird[143].

Demgegenüber leistet die Spielraumtheorie einen wesentlichen Beitrag zur Erhöhung der Rationalität und Transparenz der Strafzumessung, wodurch sie die Überprüfung der Strafzumessungsentscheidung beispielsweise durch die Rechtsmittelinstanz erheblich erleichtert[144].

Zwar kann auch sie das Problem der "Antinomie der Strafzwecke" letztlich nicht lösen, jedoch bietet sie zumindest für das Verhältnis von Schuld und Prävention ein handhabbares Kriterium: der Spielraumgedanke bestimmt die Grenzen, die den Präventionszwecken bei der Strafzumessung gesetzt sind und gewährleistet, daß diese Zwecke berücksichtigt und untereinander abgewogen werden müssen.

Außerdem erlaubt diese Vorgehensweise eine weitgehende Entlastung des Schuldbegriffs von den Elementen, die nicht zur Schuld, sondern zur Gefährlichkeit und zum Resozialisierungsbedürfnis des Täters gehören, so daß auf die Einzeltatschuld abgestellt werden kann und andere, zwar die Persönlichkeit des Täters, jedoch nicht die Tatschuld betreffende Umstände erst bei den den Spielraum ausfüllenden Präventionserwägungen in die Entscheidung einzubeziehen sind[145].

Auch wenn die Spielraum-Theorie keine für den Einzelfall im voraus genau bestimmbare Strafe zuläßt, muß doch betont werden, daß die Entscheidung des Richters sowohl an gesetzlich fixierte als auch an durch die Rechtsprechung herausgearbeitete Kriterien gebunden ist. Gerade in den letzten Jahren hat eine Entwicklung begonnen, die von dem Bemühen geprägt ist, Gesichtspunkte herauszuarbeiten, die ein gleichmäßiges Strafen ermöglichen. Von "richterlicher Willkür" kann trotz aller Mängel bei der Strafbemessung nicht gesprochen werden[146].

---

143 Vgl. a. Streng, 1984, S. 35ff.

144 Vgl. a. Schaffstein, 1973, S. 107ff.

145 Vgl. Schaffstein, a.a.O., S. 108.

146 Vgl. a. Peters, a.a.O., S. 133, 135ff.

Hinzu kommt, daß die Frage, auf welcher Stufe des Verbrechens sich ein bestimmter Umstand auswirkt, sich nicht rein pragmatisch daran ausrichten kann, ob es sich um ein mehr oder weniger erforschtes Gebiet handelt, sondern nur unter Berücksichtigung der Dogmatik beantwortet werden kann. Anderenfalls liefe man Gefahr, willkürlich und jeweils ergebnisbezogen Umstände in einer beliebigen Verbrechensstufe anzusiedeln und die Dogmatik zu unterlaufen und letztlich unvorhersehbare Entscheidungen zu treffen.

Angesichts der Bedeutung der Strafe für den Täter kann auch nicht die Rede davon sein, die Berücksichtigung viktimologischer Erkenntnisse im Bereich der Strafzumessung sei nahezu gleichbedeutend mit ihrer Nichtberücksichtigung. Für den Täter ist es bei der Bemessung seiner (Strafzumessungs)Schuld von erheblicher Bedeutung, ob ihm zugute gehalten werden kann, daß fehlende Kontrollen die Tat erleichtert haben und seine kriminelle Energie daher geringer ist. Der ihm gegenüber erhobene Vorwurf hängt entscheidend von allen Faktoren ab, die sowohl das äußere Tatbild als auch seine Beweggründe und andere die Tat auslösende Umstände prägen. Damit könnte auch das viktimologische Ziel, einen Ausgleich zwischen dem Täter-Opfer-Verhalten zu schaffen, ohne nunmehr das Opfer einseitig zu "beschuldigen", verwirklicht werden, denn gerade in der Strafzumessungsentscheidung geht es auch um die Abwägung "gegenläufiger Wertungen"[147]. Dies würde auch zur Bemessung einer "gerechten" Strafe beitragen, weil damit auch der "Ursprung" der Straftat, an dem das Opfer beteiligt sein kann, berücksichtigt und die Tat umfassend gewürdigt wird[148].

Auf diese Weise werden auch die Interessen des Opfers angemessen gewahrt, denn eine Gefahr jeglicher Berücksichtigung des Opferverhaltens besteht in einer möglichen "sekundären Viktimisierung"[149], indem das Opfer durch das Verhalten seines sozialen Nahraums erneut zum Opfer wird: heißt es, der Täter gehe straffrei aus, weil das Opfer zu vertrauensselig gehandelt habe, steht das Opfer als die Tat auslösende Ursache selbst wie ein Täter da, obwohl sein Verhalten im Grunde genommen nichts an dem als Fehlverhalten einzustufenden Verhalten des Täters ändern kann. Dagegen wäre es für ein Tatopfer eher zu ertragen, wenn im Rahmen der Strafzumessung der Richter zu dem Ergebnis kommt, der Täter sei aufgrund des Verhaltens des Opfers nunmehr milder zu bestrafen. Daß sein Verhalten möglicherweise zur Tat beigetragen und die Begehung erleichtert hat, wird sich ein etwas selbstkritisches Opfer selbst sagen.

Zu berücksichtigen ist auch, daß der Gesetzgeber z.B. bei der veruntreuenden Unterschlagung in § 246 Abs. 1 2. Alt. StGB und §§ 213, 216 StGB ebenfalls

---

147 Vgl. a. Schneider, 1975, S. 8; Schüler-Springorum, a.a.O., S. 208.

148 Für die Berücksichtigung im Rahmen der Strafzumessung: Ebert, JZ 1983, S.637; Horn, in: SK § 46 Rdnr. 101; Maeck, a.a.O., S. 31; Schäfer, a.a.O., S. 173ff.; Schneider, 1975, S. 35; Schwind, 1993, S. 248.

149 Kiefl/Lamnek, a.a.O., S. 239ff.

dem Opferverhalten Bedeutung für die Ausgestaltung des Schuldvorwurfs hat zukommen lassen.

Vorteil der Einbeziehung in die Strafzumessung ist demzufolge, daß hierbei eine dem komplexen Verhältnis zwischen Täter und Opfer entsprechende Beurteilung der Strafbarkeit möglich ist, ohne eine radikale Entweder-Oder-Entscheidung treffen zu müssen.

Die ausschließliche Berücksichtigung auf der Tatbestandsebene hätte nämlich zur Konsequenz, daß nunmehr aufgrund eines im voraus nicht eindeutig definierbaren Opferverhaltens ein Verhalten, das der Gesetzgeber grundsätzlich für strafbar gehalten hat, als nicht mehr tatbestandsmäßig und strafwürdig eingestuft würde, obwohl er nur die Frage, wie strafwürdig das Verhalten ist, bewußt dem Tatrichter vorbehalten hat, indem er außer im Falle des Mordes keine absoluten Strafen androht, sondern lediglich den Rahmen vorgibt.

Dies widerlegt auch den Einwand, das Opferverhalten werde durch die Berücksichtigung in der Strafzumessung in seiner Bedeutung zurückgedrängt, weil es nun nicht mehr von gleichem Gewicht ist wie das Täterverhalten. Bei der Abwägung aller Strafzumessungstatsachen im Einzelfall kann das Opferverhalten dazu führen, daß die Strafe für den Täter erheblich milder ausfällt oder aber - abhängig von seiner Vorgehensweise und der Rolle des Opfers - erheblich höher.

III. Zusammenfassung

Das Opferverhalten in seiner vielfältigen Ausgestaltung ist geeignet, das Maß der Strafzumessungsschuld des Täters zu beeinflussen. Damit wird die vom Gesetzgeber getroffene Grundentscheidung bezüglich der Strafbarkeit eines bestimmten Täterverhaltens respektiert und die Möglichkeit eröffnet, das Opferverhalten systematisch und in Abhängigkeit von seinem Ausmaß auf die Strafzumessungsschuld zu erfassen.

Eine andere Vorgehensweise geriete nicht nur mit diesen Erwägungen, sondern auch mit dem erklärten Ziel der Viktimologie, keine einseitige Opferbelastung vorzunehmen und damit zu einer Umkehrung des strafrechtlichen Vorwurfs zu führen, in Konflikt.

Hinzu kommt, daß gerade die Strafzumessung dem Ausgleich widerstreitender Interessen dient, wie auch der Katalog des § 46 Abs. 2 Satz 2 StGB, der zwar beispielhaft zu berücksichtigende Strafzumessungstatsachen aufzählt, jedoch keine Auskunft darüber gibt, wie die einzelnen Faktoren zu bewerten sind. Die meisten der dort genannten Strafzumessungstatsachen können - je nach Sachlage - sowohl mildernd als auch erschwerend wirken, weil das Gesetz dies der Abwägung des Richters im Einzelfall überläßt.

Insoweit enthält § 46 Abs. 2 Satz 2 StGB keine Anhaltspunkte, so daß im folgenden versucht werden soll, Kriterien für die Bewertungsrichtung zu erlangen.

B. Bewertungsrichtung der unterschiedlichen Opferbeteiligung

Allein die Feststellung, daß eine bestimmte Tatsache sich als strafzumessungsrelevant erwiesen hat, läßt noch keine Rückschlüsse auf ihre strafschärfende oder strafmildernde Wirkung zu.

Wie bereits dargelegt, hat der Gesetzgeber auch hinsichtlich der in § 46 Abs. 2 StGB beispielhaft aufgeführten Strafzumessungstatsachen offengelassen, wie sich die jeweilige Strafzumessungstatsache im konkreten Fall auswirken soll. Anhaltspunkte hierfür müssen daher zum einen aus den Strafzwecken abgeleitet werden, weil diese Grundlage für die Bemessung der Strafzumessungsschuld und damit auch entscheidend dafür sind, welche Tatsachen für die Strafzumessung überhaupt relevant sind (vgl. § 46 Abs. 1 Satz 1 StGB)[150], zum anderen anhand des in anderen Vorschriften des Strafgesetzbuches zum Ausdruck kommenden Willen des Gesetzgebers.

Im folgenden soll daher untersucht werden, ob sich hieraus Anhaltspunkte für die Bewertung der Täter-Opfer-Beziehung im allgemeinen und dem Vertrauen im speziellen ableiten lassen.

I. Anhaltspunkte für die Bestimmung der Bewertungsrichtung

1. aus den Strafzwecken

Da die Strafzwecke, die neben der Schuld Grundlage für die Bemessung der Strafe sind, und die Bewertungsrichtung einer Strafzumessungstatsache eng miteinander verbunden sind, weil zum einen durch die Strafe die Strafzwecke verwirklicht werden, zum anderen ihre Kenntnis die Voraussetzung für eine gerechte Strafe schafft, bedürfen sie einer näheren Betrachtung. Je nachdem, welchen Strafzweck man der Strafzumessung (ieS und iwS) zugrundelegt, ist das Ergebnis jeweils ein anderes[151]: so kann der Gedanke der Abschreckung der Allgemeinheit vor ähnlichen Straftaten eine höhere Strafe erfordern, obwohl im

---

[150] Vgl. a. Bruns, 1985, S. 81; Darmis, a.a.O., S. 17ff., 63, 67; Gössel, a.a.O., S. 364; Maeck, a.a.O., S. 37.

[151] Vgl. a. BGH NStZ 1995, S. 226f.

Hinblick auf die Abhaltung des individuellen Täters vor weiteren Straftaten auch eine geringere Strafe gerechtfertigt wäre. Entscheidend ist damit, worin man den Sinn der Strafe sehen will, ob in der Vergeltung, in der Vorbeugung und Verhinderung weiterer Straftaten oder aber auch in der Verbindung von beiden.

a) absolute Theorien

Für die absoluten Theorien liegt das Wesen der Strafe allein im Ausgleich der begangenen Straftat. Strafe ist nach dieser sog. Vergeltungstheorie, die von Kant und Hegel begründet wurde, ein Gebot der Gerechtigkeit. Grund und Maß der Strafe richten sich nach dem Unrecht der Tat und der Schuld des Täters. Die Strafe dient demzufolge keinem Zweck, sondern trägt ihren Zweck in sich selbst (daher absolute Theorien). Sie ist zur Erreichung der Gerechtigkeit erforderlich[152].

b) relative Straftheorien

Im Gegensatz zu den absoluten Theorien, die nicht den Versuch der ursächlichen Erklärung, sondern der Rechtfertigung der Strafe darstellen, ohne die Strafe in Relation zu einem Zweck zu setzen, versuchen die sog. relativen Straftheorien, den Vorgang des Strafens aus einem möglichen Zweck zu erklären.

Der Zweck der Strafe liegt für sie in der Verhütung künftiger Straftaten. Dies kann einerseits durch Generalprävention, andererseits durch Spezialprävention erfolgen.

Die Generalprävention ist die Verhütung von sowie die Vorbeugung vor Verbrechen durch psychische Einwirkung auf die Allgemeinheit vermittels Strafe (Abschreckung). Dieser Zweck soll durch drei Mittel erreicht werden:
- durch Androhung hoher Strafen
- durch Verhängung exemplarischer Strafen
- durch "beispielhafte" Vollstreckung der Strafen und deren Bekanntmachung.

Innerhalb der Generalprävention kann zwischen negativer (Abschreckung durch Strafe) und positiver Generalprävention unterschieden werden. Letztere erstrebt eine Bestärkung der Rechtstreue der Allgemeinheit[153].

Da Charakteristikum der Strafe die Abschreckung ist, fehlt die Proportionalität zwischen Schuld und Strafe: entscheidend ist allein die Stärke des so-

---

[152] Vgl. Binding, a.a.O., S. 226; Hegel, a.a.O., S. 94ff.; Kant, a.a.O., S. 455.

[153] Feuerbach, 1847, S. 38ff.

zialschädlichen Erfolges der Tat, weil sich nach ihr die Stärke der Abschreckung richten muß.

Stellt man dagegen spezialpräventive Erwägungen in den Vordergrund, verfolgt Strafen das Ziel, den individuellen Täter von weiteren Taten abzuhalten. Dies kann durchgesetzt werden durch Abschreckung, Besserung des Täters oder Sicherung der Gesellschaft vor dem Täter.

Entscheidend für das Strafmaß ist im Einzelfall die Gesinnung des Täters, wie sie aus Anlaß der Einzeltat erkennbar gewesen ist. Proportionalität zwischen Schuld und Strafe wird auch hier - wie bei der Generalprävention - nicht angestrebt[154].

c) Vereinigungstheorien

Die Vereinigungstheorien stellen den Versuch dar, die divergierenden Strafzwecke miteinander zu verbinden[155].

Strafe soll demzufolge nur aus der Vereinigung aller dargelegten Erklärungs- und Rechtfertigungsversuche begriffen werden können.

Ausgangspunkt der Rechtfertigung staatlichen Strafens ist auch bei diesen Erklärungsversuchen die mögliche Bedrohung durch Straftaten, so daß Strafe als Vergeltung aufgefaßt wird. Allerdings sollen innerhalb der "vergeltenden" Strafe general- und spezialpräventive Erwägungen angestellt werden können.

Begründet wird diese Kombination aller Strafzwecke damit, daß die Vergeltungsstrafe sich im Ergebnis auch als die unter general- sowie spezialpräventiven Gesichtspunkten sinnvollste Strafe erweise, weil nur im Falle gerechten Schuldausgleichs einerseits die Rechtstreue der Allgemeinheit gestärkt werde, andererseits diese Strafe am ehesten die Möglichkeit biete, daß der Täter sie nachvollziehen und akzeptieren und auf diese Weise von weiteren Straftaten abgehalten werden kann. Damit dient die Strafe gleichzeitig der Vorbeugung von Straftaten[156].

Demzufolge muß die Höhe der Strafe in einem angemessenen Verhältnis zum Grad der Schuld des Täters stehen. Hierin liegt eine absolute Ober- und Untergrenze, die auch bei Berücksichtigung anderer (präventiver) Strafzwecke

---

154 Liszt, S. 75f.; ders., ZStW 3 (1883), S. 3ff., 24ff.

155 BVerfGE 45, S. 243.

156 Horstkotte, JZ 1983, S. 123; Mezger, 1954, S. 2.

nicht überschritten werden darf, und zwar weder aus spezial- noch aus generalpräventiven Gründen[157].

Gegen eine so verstandene Vereinigungstheorie wird eingewandt, sie stelle lediglich eine Summierung der einzelnen Gesichtspunkte dar und führe nicht weiter[158]. Statt dessen sollten die verschiedenen Strafzwecke "aus der einlinigen Übersteigerung dadurch in sozialkonstruktive Bahnen gelenkt werden, daß die einzelnen Ansätze ... in ein Verfahren gegenseitiger Beschränkung ins Spiel gebracht werden"[159].

Deshalb soll der generalpräventive Gedanke durch das Subsidiaritäts- und Schuldprinzip ebenso wie durch das Gebot persönlichkeitsachtender und -entfaltender Spezialprävention auf sein legitimes Maß reduziert werden. Die Schuld allein rechtfertige die Strafe nicht, sondern gestatte Sanktionen nur im Rahmen dessen, was aus generalpräventiven Gründen unerläßlich ist und die spezialpräventive Ausgestaltung des Vollzugs nicht hindert. Der Besserungsgedanke wird in derselben Weise durch die Gesamtheit der anderen Prinzipien vor den Gefahren persönlichkeitsvergewaltigender Zwangsanpassung bewahrt.

Zum Teil wird gegen die von der Rechtsprechung vertretene Vereinigungstheorie auch eingewandt, es gebe nur einen gemeinsamen Zweck für "das Strafen" schlechthin, nämlich eine Reaktion auf die Straftat zu sein (sog. Stellenwert- oder Stufentheorie)[160]. Es fehlen allerdings Präventionskriterien zur Festsetzung der Strafhöhe, was zur Folge hat, daß es unmöglich ist, eine bestimmte Strafzeit an Gesichtspunkten der Prävention - gleichgültig, welcher Herkunft - auszurichten. Für die Festlegung der Strafhöhe spielen demzufolge Präventionsaspekte keine Rolle; insoweit ist ausschließlich der Gedanke des gerechten Schuldausgleichs maßgebend.

Die relativen Strafzwecke sollen erst - dafür umso dominanter - die Strafzumessung im weitesten Sinne beeinflussen. Ziel ist, die Strafzumessung im engeren Sinne berechenbarer zu machen, indem sie auf den Schuldausgleich konzentriert wird. Außerdem soll den Präventionszielen im Rahmen der Strafzumessungsfolgeentscheidungen größerer Einfluß eingeräumt werden[161].

---

157 BGHSt 23, S. 196; 24, 175; MDR 1973, S. 554; vgl. a. Entwurf eines Strafgesetzbuches (StGB) E 1962 (mit Begründung) - Bundestagsvorlage - S. 96f.; vgl. a. Stree, a.a.O., S. 42ff.; ähnlich Horstkotte, a.a.O., S. 124.

158 Roxin, JuS 1966, S. 387.

159 Ders., a.a.O.

160 Horn, in: SK § 46 Rdnr. 23 ff.; Roxin, JA 1980, S. 225.

161 Kritik: Roxin, 1978, S. 184; ders., SchwZStr 94 (1977), S. 470ff.; vgl. aber andererseits die Kritik hieran von Köhler, a.a.O., S. 12ff., 20ff., 25, 40ff.

d) Stellungnahme

In § 46 StGB wird der Sinn und Zweck der Strafe zwar nicht definiert, jedoch läßt das Gesetz Rückschlüsse zu, wenn es als maßgebende Gesichtspunkte der Strafzumessung die Schuld des Täters (Abs. 1 Satz 1), die Einwirkung auf ihn (Abs. 1 Satz 2, § 47 Abs. 2 StGB) und die Verteidigung der Rechtsordnung (§§ 47 Abs. 1, 56 Abs. 1 StGB) nennt.

Die Generalprävention wird in § 46 StGB nicht ausdrücklich als Kriterium der Strafzumessung erwähnt. Allerdings muß auch sie (trotzdem) berücksichtigt werden, denn es ist sowohl Aufgabe der Strafe, die Normgeltung zu bestätigen ("positive" Generalprävention) als auch dritte Personen von der Begehung vergleichbarer Taten abzuhalten ("negative" Generalprävention).

Die Spezialprävention hat dagegen in § 46 Abs. 1 Satz 2 StGB ausdrücklich ihren Niederschlag gefunden. Aus diesen Gründen muß auch die sog. Stellenwerttheorie abgelehnt werden. Sie würde darüber hinaus angesichts der gesetzlichen Ausgestaltung des Straftatenfolgensystems dazu führen, daß bei schweren Straftaten, bei denen Freiheitsstrafen über 2 Jahren verhängt werden, Präventionsüberlegungen anders als sonst unberücksichtigt bleiben müßten und erst im Rahmen späterer Entscheidungen wie z.B. die Aussetzung des Strafrestes zur Bewährung einfließen könnten[162].

Außerdem spricht gegen die nur gestufte Berücksichtigung des Präventionsgedankens de lege lata, daß das StGB zahlreiche Folgeentscheidungen an die Höhe der Strafe koppelt, Wechselwirkungen zwischen der Strafzumessung ieS und iwS bestehen, der Richter schon bei der Festsetzung der Strafhöhe - innerhalb des Spielraumes der schuldangemessenen Strafe - Folgeentscheidungen einbezieht.

Hinzu kommt, daß sich Präventions- und Schuldausgleichsaspekte nicht immer völlig trennen lassen.

Das Strafgesetzbuch steht damit auf dem Boden der Vereinigungstheorie und rückt den gerechten Schuldausgleich in den Vordergrund. Daher erscheint es gerechtfertigt, wenn die Rechtsprechung davon ausgeht, die Strafe habe nicht die Aufgabe, den Schuldausgleich um seiner selbst willen zu üben, sondern sie sei nur gerechtfertigt, wenn sie sich zugleich als notwendiges Mittel zur Erfüllung der präventiven Schutzaufgaben des Strafrechts erweist[163]. Da §§ 46, 47 StGB davon ausgehen, daß die Strafe sowohl Schuldausgleich als auch Verbrechensvorbeugung bezweckt, muß beides in ein ausgewogenes Verhältnis gebracht werden.

---

162 Vgl. a. Bruns, 1977, S. 251; Schreiber, NStZ 1981, S. 338; diff. Günther, JZ 1989, S. 1027; Roxin, 1974, S.184.

163 BGHSt 24, S. 40 (42); BVerfGE 21, S. 403f.; 45, S. 187, 253; vgl. a. Bauer, a.a.O., S. 38; Bruns, JZ 1972, S. 414; Meine, 1990, S.3.

Zutreffend an der Kritik gegen diese von der Rechtsprechung vertretene Vereinigungstheorie ist allerdings, daß allein die Aufzählung und inhaltliche Erläuterung der einzelnen Strafzwecke zu keiner Lösung von Strafzumessungsproblemen führt, solange nicht auch ihr Verhältnis zueinander, ihr Anwendungsbereich und ihre Wirkungsstärke geklärt sind.

Zweifelhaft erscheint es aber, die einzelnen Strafzwecke in ein bestimmtes Rangverhältnis bringen zu wollen. Da der Gesetzgeber sich für keinen der Strafzwecke ausdrücklich entschieden hat, ist es erforderlich, unter Anerkennung der Antinomie der Strafzwecke eine Abwägung innerhalb der anerkannten Strafzwecke zu treffen, wie es auch von der Rechtsprechung gehandhabt wird. Dies hat auch den Vorteil, daß die Entscheidung am jeweiligen Einzelfall ausgerichtet werden kann und es der Wertung des Einzelfalles überlassen bleibt, welcher Strafzweck am stärksten betroffen ist, wenn sich bei der Beurteilung eines und desselben Umstandes sowohl Strafmilderungs- als auch Strafschärfungsgründe ergeben.

Außerdem empfiehlt es sich, dann, wenn man Lösungsvorschläge für die Praxis unterbreiten will, der Straftheorie zu folgen, die dem Gesetz zugrundeliegt. Das bedeutet, daß auch nach dem 1. Strafrechtsänderungsgesetz aus dem Jahre 1969 trotz der unklaren Formel von der Schuld als "Grundlage für die Zumessung der Strafe" grundsätzlich von einem Vorrang der Vergeltungsfunktion des Schuld-Sühne-Prinzips auszugehen ist.

e) Anerkennung weiterer Strafzwecke

Fraglich ist, ob neben den bisher genannten Strafzwecken noch andere Aspekte wie z.B. das Genugtuungsbedürfnis des Verletzten, der Gesichtspunkt der Beruhigung der Öffentlichkeit oder der Schutzwürdigkeit des Opfers als selbständige Strafzwecke anerkannt werden sollen. Es handelt sich hierbei unzweifelhaft um solche Umstände, die bei der Strafzumessung Bedeutung gewinnen können. Da sie sich jedoch ohne weiteres den bisher genannten Strafzwecken zuordnen lassen, besteht hierfür kein Bedürfnis[164].

---

164 Vgl. a. Bruns, 1974, S. 208f.; ebenso Schnelle, a.a.O., S. 23.

f) Konsequenzen für die strafzumessungsrechtliche Beurteilung des Opferverhaltens sowie von Täter-Opfer-Beziehungen

Versucht man anhand der dargelegten Strafzwecke generell die Auswirkungen des Opferverhaltens bzw. von Täter-Opfer-Beziehungen auf die Strafe zu bestimmen, gelangt man zu folgendem Ergebnis: sowohl die Opferverhaltensweisen als auch Täter-Opfer-Beziehungen umfassen so vielfältige Sachverhalte, daß eine eindeutige Festlegung nicht möglich ist.

Aber auch, wenn man eine bestimmte Beziehung zwischen Täter und Opfer, nämlich die hier interessierenden Vertrauensbeziehungen, herausgreift, führt dies nicht zu einer anderen Beurteilung, weil auch diese Strafzumessungstatsache im Licht des jeweiligen Strafzweckes ambivalenten Charakter hat: begeht der Täter das Delikt im Rahmen einer Vertrauensbeziehung, weil sich für ihn dadurch eine günstige Gelegenheit bietet, so kann unter spezialpräventiven Gesichtspunkten eine niedrigere Strafe gerechtfertigt sein, weil die Gefahr weiterer Straftaten von diesem Täter, der einmaliger Versuchung erliegt, geringer ist, als wenn er ziel- und planmäßig Straftaten begeht. Andererseits kann gerade bei einem solchen Täter eine höhere Strafe geboten sein, weil ihn nicht einmal zwischenmenschliche Beziehungen von Straftaten abhalten können und der Allgemeinheit mit der Strafe deutlich vor Augen geführt werden soll, daß gerade solche Beziehungen besonderen Schutz verdienen und die Rechtsordnung deshalb Straftaten auch dann nicht toleriert, wenn sie leicht zu begehen sind.

Aus den Strafzwecken lassen sich demzufolge keine allgemeingültigen Kriterien für die Bewertungsrichtung ableiten. Ihnen jedoch deshalb ihre erhebliche Relevanz für die Bewertungrichtung abzusprechen und ihren Sinn allein auf die Rechtfertigung staatlichen Strafens zu reduzieren, erscheint trotzdem unangemessen[165]. Sie haben richtungsweisende Bedeutung für die Strafzumessung, und zwar nicht nur für die Frage der Relevanz eines Umstandes als Strafzumessungstatsache, sondern auch bei der Beurteilung der Bewertungsrichtung. Letztlich sind die Straftatbestände auch Ausdruck der Strafzwecke, weil der Gesetzgeber bestimmte Verhaltensweisen um ihrer Durchsetzung willen unter Strafe stellt.

Demzufolge stellen die Stafzwecke - an denen sich auch die Gewichtung der in § 46 Abs. 2 StGB genannten Strafzumessungserwägungen zu orientieren hat - wichtige Auslegungsrichtlinien bei der Frage dar, wie eine Tatsache strafzu-

---

165 So aber Montenbruck, 1983, S. 16: "Sie sollen das Strafen selbst erläutern... . Sie sind nicht als Strafzumessungslehren entworfen, d.h. sie sind nicht unmittelbar darauf ausgerichtet, dem Richter Hilfestellung zu leisten bei seiner Aufgabe, die konkrete Strafe innerhalb des gesetzlich vorgegebenen Strafrahmens zu finden".

messungsrechtlich zu bewerten ist[166]. Zu prüfen bleibt, welche weiteren Auslegungsrichtlinien hinzugezogen werden können.

2. aus gesetzlichen Anhaltspunkten

Weitere Auslegungsrichtlinien könnten sich aus gesetzlichen Anhaltspunkten ergeben: die Strafzumessungsschuld, die mit der Schuld im allgemeinen Verbrechensaufbau strukturgleich ist, ist ein Gradmesser für den konkreten Vorwurf, der dem Täter gegenüber erhoben wird. Sie kann daher - ebenso wie die Strafbegründungsschuld - als steigerungsfähig bezeichnet werden[167].

Aus der Strukturgleichheit beider Kategorien folgt, daß Erkenntnisse aus dem Bereich der Strafbegründungsschuld herangezogen werden können.

Hinsichtlich der Strafbegründungsschuld hat der Gesetzgeber Kriterien für die Höhe der Schuld durch die Festlegung der unterschiedlichen Strafrahmen für Vorsatz- und Fahrlässigkeitsdelikte, aber auch in den in §§ 20, 21 StGB, 3 JGG zum Ausdruck kommenden Stufen der Schuldfähigkeit vorgegeben.

Diese Feststellung bildete den Ausgangspunkt des von Mezger entwickelten "Gesetzes der Grenzwertbestimmung"[168], das der Bestimmung der im Gesetz nicht ausdrücklich geregelten Schuld dienen soll. Danach sind Gründe, welche die Schuld ausschließen, nur Endglieder, die "die Grenzwerte einer im Kerne des Schuldbegriffs beginnenden Reihe darstellen"[169]. Aus diesen Grenzwerten können daher die Merkmale der strafrechtlichen Schuld abgeleitet werden[170], d.h. aus den gesetzlichen Ausschlußgründen der Schuld werden in ihrer Umkehrung die positiven Schuldmerkmale erkennbar.

In einem weiteren Schritt kann hieraus gefolgert werden, daß die Strafzumessungsschuld dann geringer ist, wenn das Verhalten des Täters einem im Gesetz genannten Grund für die Schuldunfähigkeit oder eingeschränkte Schuldfähigkeit nahekommt, weil für das Maß des Unrechtsbewußtseins der Grad dieses Bewußtseins, für den Ausschluß der Schuld das Fehlen dieses Bewußtseins entscheidend ist.

Weiteren Nutzen könnte dieses "Gesetz der Grenzwertbestimmung" erlangen, wenn es sich auf die in anderen Verbrechensstufen getroffenen Entscheidungen des Gesetzgebers sowie die Strafzumessung übertragen ließe: da

166 Bruns, 1985, S. 81; Schnelle, a.a.O., S. 4ff.

167 Vgl. hierzu auch die Ausführungen in diesem Teil unter A. II. 5. a) bb).

168 Mezger, ZStW 47 (1927), S. 485; vage anklingend aber schon bei Frank, 1925, S. 130.

169 Mezger, a.a.O., S. 485.

170 Ders., 1949, S. 272; ders., 1930, S. 532; anklingend bei Müller-Dietz, a.a.O., S. 42ff., 80f.

die Höhe der Strafzumessungsschuld von dem konkreten Umfang des schuldhaft verwirklichten Unrechts abhängt, besteht zwischen den Voraussetzungen und Folgen strafrechtlichen Handelns ein Zusammenhang dergestalt, daß das strafrechtliche System die Voraussetzungen entwickelt, aber mit seinen Grundsätzen in die Strafzumessung hinüberwirkt.

Im Rahmen der Strafzumessungsschuld geht es daher vielfach der Sache nach nur um die graduelle Ausdifferenzierung des im Rahmen des Tatbestandes (iwS) die Güterwerte verkörpernden Merkmale und der hinter ihnen stehenden Subjekte.

Demzufolge gibt es zahlreiche Faktoren, die zwar nicht zum Wegfall einer Strafkategorie führen, wohl aber deren Ausprägung im Einzelfall bestimmen, z.B. die Modalitäten der Handlung, so daß auch in § 46 Abs. 1 Satz 2 StGB nicht ausdrücklich genannte Umstände zu berücksichtigen sind.

Folglich kann das Gesetz der Grenzwertbestimmung aber nicht nur dort angewandt werden, wo der Gesetzgeber Schuldausschließungsgründe normiert hat, sondern muß auch in den Fällen zur Anwendung kommen, wo das Gesetz nur Strafschärfung oder -milderung oder den Wegfall der Rechtswidrigkeit vorsieht. Daher kommen erste Abstufungen in den einzelnen, konkreten Straftaten zum Ausdruck, denn der Gesetzgeber hat eine inhaltliche Bestimmung und erste Gewichtung von Unrecht und Schuld in den Deliktsnormen mit ihren unterschiedlichen Strafrahmen sowie in gewissen Vorschriften des Allgemeinen und Besonderen Teils des Strafgesetzbuches (z.B. §§ 13 Abs. 2, 17, 21, 23 Abs. 2, 27 Abs. 3, 35 Abs. 1 Satz 2, 157, 158 StGB) vorgenommen[172]. Zwar läßt sich nach ihnen noch nicht bestimmen, welcher Unrechts- und Schuldgehalt einer Tat innerhalb der möglichen Schweregrade einer bestimmten vorwerfbaren Tatbestandsverwirklichung beizumessen und welchem Teil des vorgesehenen gesetzlichen Strafrahmens die Strafe im Einzelfall zu entnehmen ist, jedoch müßte es möglich sein, aus dieser grundsätzlichen Entscheidung des Gesetzgebers in einer Gesamtschau einen Katalog von Strafzumessungstatsachen einschließlich erster Anhaltspunkte hinsichtlich ihrer Bewertungsrichtung herauszuarbeiten, was vorliegend geprüft werden soll: der "Besondere Teil" des Strafgesetzbuchs enthält in der gesetzlichen Typisierung des kriminellen Unrechts eine Abstufung und Rangordnung der strafrechtlich geschützten Rechtsgüter, denn in den Tatbeständen geht es vielfach um die Bezeichnung der typischen Sachverhalte, bei deren Gegebensein das Interesse der Gemeinschaft auf Normbestrafung so wichtig erscheint, daß das Strafrecht sie durch den Einsatz von Strafe zu stabilisieren versucht. Dies hat auch Auswirkungen auf die Strafzumessungsschuld, bei der

---

171 Frisch, ZStW 99 (1987), S. 387.

172 Vgl. Kern, ZStW 64 (1952), S. 260f., 276, 285; Nowakowski, SchwZStR 65 (1950), S. 311, 313ff.; vgl. a. Günther, 1990, S. 460ff.; kritisch hinsichtlich des Nutzens für die Strafzumessung Krümpelmann, 1966, S. 30.

es darum geht, die Gesamtheit jener Faktoren zu erfassen, die nach den der Gesamtrechtsordnung immanenten Maßstäben das Ausmaß derjenigen Rechtsfriedensstörung charakterisieren, die der Täter durch seine Tat so bewirkt hat, daß er zu ihrer Behebung legitimerweise im Wege strafenden Zugriffs herangezogen werden kann: beeinflußt wird sie durch alle Umstände, die sich im Sinne gradueller Variationen der Merkmale auswirken, die nach der Auffassung des Gesetzes die strafrechtlich relevante Rechtsfriedensstörung überhaupt definieren.

Deshalb läuft das dem "Besonderen Teil" zugrundeliegende Bewertungsschema letzten Endes auf einen vorweggenommenen Katalog von Strafzumessungsgründen hinaus[173]: "Indem der Gesetzgeber so den Unwert bestimmter Tattypen im Groben festgelegt hat, bestimmt er programmatisch die Grenzen der richterlichen Strafzumessung im Einzelfall"[174], denn aus seiner Entscheidung für eine grundsätzliche Strafbarkeit eines bestimmten Verhaltens sowie einer ersten Gewichtung durch die unterschiedlichen Strafrahmen der verschiedenen Delikte legt er gleichzeitig die Bedeutung der jeweiligen Verbotsnorm innerhalb der Sozialordnung fest.

Auch die im "Allgemeinen Teil" enthaltenen Regelungen bilden einen normativen Ausgangspunkt für die Bewertungsrichtung, der durch die Systematik des Gesetzes oder gewisse Aussagen zu parallelen Fragen angedeutet wird[175], indem sie z.B. Sachverhalte fehlender Rechtsfriedensstörung umschreiben.

Daß auch die Rechtswidrigkeit, die Bestandteil des Unrechts ist, verschiedene Grade erreichen kann und sich daher ein geringerer Grad der Rechtswidrigkeit auch strafmildernd auswirken muß, hat Kern in seinem Aufsatz "Grade der Rechtswidrigkeit"[176] ausführlich dargelegt. Er hat Stufen der Rechtswidrigkeit herausgearbeitet mit dem Ergebnis, daß auch die im Gesetz enthaltenen Rechtfertigungsgründe Grenzwerte darstellen, denen Bedeutung für die Strafzumessungsschuld zukommt.

Hieraus kann weiter gefolgert werden, daß alle Gründe, die in höchster Steigerung die Rechtswidrigkeit, Zurechnungsfähigkeit oder Schuld ausschließen, bei ihrem Auftreten in milderen Graden sich strafmildernd auswirken müssen[177], eine Schlußfolgerung, die umgekehrt auch für in Strafänderungen implizierte Strafschärfungen Geltung beansprucht[178]: wenn das Gesetz einem Umstand strafändernde Wirkung beimißt, kann er sich bei anderen Tatbeständen ebenfalls

---

173 Vgl. a. Mezger, ZStW 47 (1927), S. 498; Nagler, GS 94 (1927), S. 83.

174 Bruns, 1974, S. 70; vgl. a. Frisch, ZStW 99 (1987), S. 387.

175 Frisch, GA 1989, S. 355ff.; anklingend schon bei Nagler, GS 94 (1927), S. 84.

176 Kern, ZStW 64 (1952), S. 255ff.

177 Vgl. a. Kern, ZStW 64 (1952), S. 286f.

178 Vgl. Frisch, GA 1989, S. 356.

entsprechend auswirken. In diesem Sinne können aus den Tatbeständen Strafzumessungsgründe gewonnen werden[179].

Zusammenfassend kann somit gesagt werden, daß dem Gesetz bereits zahlreiche Aussagen für die Bewertungsrichtung deliktsübergreifender Strafzumessungsumstände zu entnehmen sind. Wo diese Aussagen nicht nur grundsätzliche Tendenz, sondern auch den Ausgangspunkt der Wertung hinreichend klar markieren und insoweit für durchaus unterschiedliche Tatbestände [illegible] erscheinen, ist damit eine vollständige Grundlage für Aussagen über die Bewertungsrichtung der entsprechenden Umstände bei der Strafzumessung aus diesen Tatbeständen gewonnen.

Aus diesem Grund sollen die Vorschriften des Strafgesetzbuchs hinsichtlich ihrer Aussagen über bestimmte Opferverhaltensweisen oder Täter-Opfer-Beziehungen untersucht werden. Sollten sie Anhaltspunkte bezüglich dieser Strafzumessungstatsache enthalten, soll in einem weiteren Schritt geprüft werden, ob die Gesamtschau der so gewonnenen Erkenntnisse allgemeingültige Aussagen in bezug auf die strafzumessungsrechtliche Wertung des Opferverhaltens und der Täter-Opfer-Beziehungen, insbesondere des Vertrauens, zuläßt.

II. Ableitung von Wertungskriterien aus gesetzlichen Vorschriften

1. Ableitung aus Rechtsinstituten des Allgemeinen Teils mit Auswirkungen auf den Tatbestand

§ 13 StGB ermöglicht eine Bestrafung desjenigen, der es unterläßt, einen Erfolg abzuwenden, der zum Tatbestand eines Strafgesetzes gehört, wenn er rechtlich dafür einzustehen hat, daß der Erfolg nicht eintritt, und wenn das Unterlassen der Verwirklichung des gesetzlichen Tatbestandes durch sein Tun entspricht, wobei in diesen Fällen die Strafe nach § 49 Abs. 1 StGB gemildert werden kann. Die Vorschrift setzt demzufolge voraus, daß der Täter eine Garantenstellung gegenüber dem bedrohten Rechtsgut einnimmt. Diese im Gesetz nicht näher umschriebene Stellung kann auf Gesetz, Gewohnheitsrecht oder tatsächlichem Verhalten beruhen und ist Ausdruck des Vertrauensgedankens, weil sie in der Regel darauf beruht, daß das Opfer im Vertrauen auf eine Zusage oder auf

179 Bruns, 1974, S. 71; vgl. a. Dreher, 1947, S. 96; Koffka, JR 1955, S. 323; Küper, JZ 1968, S. 656; Spendel, 1954, S. 46, 49; Theune, StV 1985, S. 206.

die Anwesenheit des anderen Selbstschutzmaßnahmen unterlassen hat und durch die Enttäuschung dieses Vertrauens eine Rechtsgutverletzung erleidet[180].

Ein "besonders nahes Verhältnis" zum Tatopfer begründet eine "Garantenstellung" und führt damit unter Umständen zur Strafbarkeit wegen eines unechten Unterlassungsdelikts. In Betracht kommt ein solches "besonders nahes Verhältnis" z.B. bei besonderen Vertrauensgemeinschaften wie der Familie und Hausgemeinschaft, Arbeitskameraden, dem Verlöbnis bei tatsächlicher Lebensgemeinschaft, nicht jedoch eine bloße Wohngemeinschaft[181]. Auch Verträge auf Treu und Glauben können ein besonderes Vertrauensverhältnis schaffen.

Den Täter trifft dann eine sich aus dem Grundsatz von Treu und Glauben ergebende Aufklärungspflicht[182]. Voraussetzung ist aber, daß besondere Umstände im zwischenmenschlichen Bereich gegeben sind, die eine Offenbarung tatsächlicher Verhältnisse erfordern[183].

Auf dieser Erkenntnis sowie insbesondere dem der Begründung von Handlungspflichten innewohnenden Vertrauensgedanken, hat sich Jakobs verstärkt mit dem Vertrauen und seinen unterschiedlichen Formen auseinandergesetzt[184]: Ausgangspunkt seiner Überlegung ist die Feststellung, daß derjenige, der anfange, eine bestimmte Rolle zu übernehmen, hieran unter Umständen so festgehalten werde, daß für ihn eine Rechtspflicht zu rollenkonformem Verhalten entstehe. Hierbei gehe es um ein "qualifiziertes Vertrauen in die Konstanz von Verhaltensschemata, also um eine Haftung kraft ausdrücklicher institutioneller Zuständigkeit"[185], die darin liege, daß die zuvor ausdrücklich oder konkludent erklärte und garantierte Bereitschaft zur Sicherung bestimmter Rechtsgüter erst in einen Zustand gebracht wurden, der Sicherung erfordert.

Im folgenden setzt er sich mit dem sog. "besonderen Vertrauen" als Grundlage einer Garantenstellung auseinander. Kennzeichend für dieses Vertrauen sei, daß sich andere Personen bei sozialen Kontrollen nicht ohne Grund widersprüchlich verhalten, d.h. insbesondere Definitionen einer Lage, die sie zu ihren Gunsten in Anspruch nehmen, auch zu ihren Lasten gelten.

Hinsichtlich der Voraussetzungen für das besondere Vertrauen könne danach differenziert werden, ob es um die Begründung eines Garantieverhältnisses durch Vertrauen gehe (sog. garantiebegründendes Vertrauen) oder aber um die

---

180 BGHSt 4, S. 20.

181 Vgl. BGHSt 2, S. 153; 13, 162; 19, S. 167.

182 BGH NJW 1967, S. 1222.

183 Vgl. OLG Düsseldorf NJW 1969, S. 623; dasselbe, NJW 1987, S. 854; OLG Köln NJW 1984, S. 1979.

184 Jakobs, 1991, 29. Abschnitt, Rdnrn. 67ff.

185 Ders., a.a.O., Rdnr. 46.

Erfüllung eines schon bestehenden Vertrauens, das über eine Organisation verwaltet wird (garantievermittelndes Vertrauen).

Kennzeichnend für das garantiebegründende Vertrauen sei, daß der Empfänger des Vertrauens sich seinerseits auf eine Beziehung einlassen müsse, aus der seine Zuständigkeit für die Sicherung eines Rechtsgutes oder Bekämpfung einer Gefahr folge.

Dies sei dann der Fall, wenn er nicht nur Hilfe verspreche, sondern zudem vor der aktuellen Notlage das gefährdete Gut oder die zu bekämpfende Gefahr in seinen räumlich-gegenständlich definierten Organisationsbereich hinzuziehe oder die Lenkung eines fremden Organisationskreises übernehme, in dem das Rechtsgut oder die Gefahr belegen sind. Daher entstehe z.B. auch ein garantiebegründendes Vertrauen gegenüber den Trägern derjenigen Organisationen, die den staatlichen Elementarschutz ersetzen, soweit der Ersatz auch praktiziert werde, wie z.B. der Freiwilligen Feuerwehr.

Im Gegensatz dazu bestehe beim garantievermittelnden Vertrauen schon eine Garantenpflicht, so daß es nur darum gehe, wen sie innerhalb der Organisation treffe.

2. Ableitung aus den Tatbeständen des Besonderen Teils

a) § 94 StGB Landesverrat

§ 94 StGB stellt den Landesverrat unter Strafe, der dann vorliegt, wenn der Täter ein Staatsgeheimnis entweder einer fremden Macht oder einem ihrer Mittelsmänner mitteilt oder sonst an einen Unbefugten gelangen läßt oder öffentlich bekanntmacht, um die Bundesrepublik Deutschland zu benachteiligen oder eine fremde Macht zu begünstigen und dadurch die Gefahr eines schweren Nachteils für die äußere Sicherheit der Bundesrepublik Deutschland herbeiführt.

Ein besonders schwerer Fall des Landesverrats liegt in der Regel vor, wenn der Täter seine verantwortliche Stellung mißbraucht, die ihn zur Wahrung von Staatsgeheimnissen besonders verpflichtet, § 94 Abs. 2 Nr. 1 StGB. Der Mißbrauch wird vom Gesetzgeber nicht näher erläutert, jedoch ist darunter nach dem Sinn und Zweck der Vorschrift zu verstehen, daß der Täter für die Tat eine mit Eigenverantwortung ausgestattete, von ihm bekleidete Stellung, die zur Wahrung von Staatsgeheimnissen gerade besonders verpflichtet, bewußt ausnutzt.

Die Vorschrift belegt, daß eine Täter-Opfer-Beziehung auch zu einem nicht personenhaften Opfer möglich ist und das Handlungsunrecht bei Verletzung besonderer Pflichten größer einzustufen ist.

b) § 132a StGB Mißbrauch von Titeln, Berufsbezeichnungen und Abzeichen

Gem. § 132a StGB ist strafbar, wer unbefugt Amts-, Dienstbezeichnungen, akademische Grade, Titel oder andere Berufsbezeichnungen führt.

Diese Vorschrift schützt die Allgemeinheit vor dem Auftreten von Personen, die sich durch den Gebrauch falscher Bezeichnungen den Anschein besonderer Funktionen, Fähigkeiten und Vertrauenswürdigkeit geben[186]. Das Vertrauen der Allgemeinheit in solche persönlichen Eigenschaften beruht auf der Annahme, daß der Träger eines bestimmten Titels, akademischen Grades, einer Berufs- oder Amtsbezeichnung, einer Uniform oder Amtskleidung die damit üblicherweise verbundenen Funktionen oder Fähigkeiten besitzt[187].

c) §§ 174-174b StGB Sexueller Mißbrauch

In § 174 StGB wird der sexuelle Mißbrauch von Schutzbefohlenen unter Strafe gestellt. Geschützte Rechtsgüter sind die sexuelle Freiheit und ungestörte Entwicklung von Kindern und Jugendlichen innerhalb bestimmter Abhängigkeitsverhältnisse.

In den dort aufgeführten Fällen obliegen dem Täter das Recht und die Pflicht, die Lebensführung des Schutzbefohlenen und damit dessen geistige und sittliche Entwicklung zu überwachen, weil sie entweder seiner Obhut unterstellt oder ihm aus den im Gesetz aufgeführten Gründen anvertraut sind. Den Täter trifft eine Schutzpflicht gegenüber dem Opfer, das ihm vertraut und sich aufgrund des Obhutsverhältnisses seitens des Täters keines Angriffs ausgesetzt fühlt und wegen der speziellen Ausgestaltung des Verhältnisses in Form eines Abhängigkeitsverhältnisses im Einsatz gefahrabwehrender Mittel eingeschränkt ist, was der Täter ausnutzt. Den Täter treffen daher einerseits besondere Pflichten gegenüber dem Opfer, andererseits wird ihm die Tatbegehung erleichtert, weil sich die zukünftigen Opfer bereits in seinem Einflußbereich befinden.

Zur Verwirklichung des Tatbestandes bedarf es immer der Teilnahme des Opfers am Geschehen, wobei Teilnahme insoweit nicht im Sinne der Beihilfe oder Anstiftung zu verstehen ist.

Dieser Umstand sowie die oftmals aus Sicht des Täters durch das Opfer hervorgerufene günstige Gelegenheit findet in der Regelung des § 174 Abs. 4 StGB ihren Niederschlag, in der das Gesetz die Möglichkeit des Absehens von Strafe vorsieht, wenn bei Berücksichtigung des Verhaltens des Schutzbefohlenen das

---

186 Vgl. BGH NStZ 1994, S. 237; Dreher-Tröndle, a.a.O., § 132a Rdnr.3; BGHSt 31, S. 61f.

187 BGH NStZ 1994, S. 237.

Unrecht der Tat gering ist. Die Vorschrift ist für den Konfliktfall geschaffen, der in keinem Verhältnis zu dem angestrebten Schutzzweck steht. Der Gesetzentwurf hatte hier insbesondere solche Fälle im Auge, in denen der jugendliche Partner das Verhältnis von sich aus gefördert und es dem Täter leicht gemacht hatte, so daß beide im Sinne einer echten Liebesbeziehung zusammengekommen sind[188]. Dies hängt jeweils von den Umständen des Einzelfalles ab, z.B. der Stellung des Täters, dem Alter und Ausbildungsstand des Opfers[189].

In § 174a StGB wird der Mißbrauch der Stellung zur Vornahme sexueller Handlungen unter Strafe gestellt, wobei unter Mißbrauch "der Mißbrauch bzw. die illegitime Wahrnehmung einer Chance beschrieben ist, daß der Täter in einer Vollzugs-, Verwahrungs- oder Fürsorgeerziehungsanstalt seinen Dienst verrichtet"[190] zu verstehen sein soll.

Geschütztes Rechtsgut der Vorschrift ist neben der sexuellen Freiheit des Insassen sowie der störungsfreien Funktion der Anstalten im Interesse der Insassen das Vertrauen der Allgemeinheit in die Integrität der Betreuer.

Das in der durch das Betreuern und Erziehern in §§ 174-174b StGB begründete Vertrauensverhältnis führt dazu, daß im Falle sexueller Handlungen in aller Regel auch ein Mißbrauch der Abhängigkeit zu bejahen ist[191].

§ 174b StGB stellt den sexuellen Mißbrauch unter Ausnutzung einer Amtsstellung unter Strafe.

Geschützte Rechtsgüter sind die sexuelle Freiheit des Bürgers und das Vertrauen der Allgemeinheit in die Integrität der Behörden[192].

Die genannten Vorschriften zeigen, daß der Gesetzgeber auch das Vertrauen geschützt wissen will. Dabei kann es sich sowohl um Vertrauen in bestimmte Personen handeln, bei denen man sich generell auf rollenkonformes Verhalten verlassen können muß als auch um solches, nicht notwendigerweise personengebundenes, in Institutionen.

Außerdem belegen diese Vorschriften, insbesondere § 174 Abs. 4 StGB die Auswirkungen eines Mitverursachungsbeitrages des Opfers an der Tatverwirklichung auf die Strafzumessung.

---

188 BT-Drucksache VI, 3521, 21f.; zustimmend Jung/Kunz, NStZ 1982, S.410, die den so umrissenen Anwendungsbereich angesichts der Vieldeutigkeit der zu seiner Konturierung verwandten Begriffe in der Reichweite als zu unbestimmt empfinden.

189 BT-Drucksache VI/3521, S. 21f.

190 BT-Drucksache VI/3521, S. 26f.

191 BT-Drucksache VI/3521, S. 27.

192 Dreher-Tröndle, a.a.O., § 174b Rdnr. 1.

d) §§ 201-204 StGB Verletzung von Privatgeheimnissen

Geschütztes Rechtsgut des § 201 StGB ist die Vertraulichkeit und Unbefangenheit des gesprochenen Wortes als Teil der Persönlichkeitssphäre des einzelnen[193], weil wesentliches Element privater Lebensgestaltung die Sprache und die Entscheidung ist, wann der einzelne sich in welcher Situation wem gegenüber äußert. Private Gespräche sollen ohne Mißtrauen und im Vertrauen darauf geführt werden, daß sie nicht heimlich aufgezeichnet und für andere Zwecke mißbraucht werden.

Demgegenüber bezweckt § 202 StGB den Schutz des Briefgeheimnisses.

§ 203 StGB stellt die Verletzung von Privatgeheimnissen unter Strafe. Schutzgut ist der persönliche Lebens- und Geheimbereich, der im Individualinteresse des Betroffenen gerade von den Trägern solcher sozial bedeutsamen Berufe nicht verletzt werden soll, denen der einzelne sich weitgehend anvertrauen muß, denen aber auch die Allgemeinheit besonderes Vertrauen entgegenbringt, so daß auch Allgemeininteressen geschützt werden[194].

"Anvertrauen" eines Geheimnisses liegt nach der Rechtsprechung dann vor, wenn es den dort genannten Personen in innerem Zusammenhang mit der Ausübung ihres Berufes mündlich, schriftlich oder auf sonstige Weise unter Umständen mitgeteilt worden ist, aus denen sich die Anforderung des Geheimhaltens ergibt[195]. Der Tatbestand erfaßt auch das "Bekanntwerden" durch einen Arzt, wenn dieser das Geheimnis "auf sonstige Weise", jedoch gleichfalls im Zusammenhang mit der Ausübung seines Berufs im Rahmen einer auf Verschwiegenheit angelegten Sonderbeziehung erfährt.

Als Konsequenz hieraus normiert § 53 StPO für bestimmte Berufsangehörige ein Zeugnisverweigerungsrecht zum Schutz des zwischen ihnen und denjenigen Personen, die ihre Hilfe und Sachkunde in Anspruch nehmen, bestehenden Vertrauensverhältnisses. Dieses Vertrauensverhältnis soll, auch im Allgemeininteresse, nicht durch die Besorgnis belastet werden, daß der Geistliche, Arzt usw. später einmal als Zeuge Anvertrautes aussagen muß[196]. Das Vertrauen wird in diesen Fällen über das öffentliche Interesse an der Aufklärung von Straftaten gestellt.

Gem. § 204 StGB macht sich strafbar, wer unbefugt ein fremdes Geheimnis verwertet. Das Rechtsgut entspricht demjenigen des § 203 StGB mit dem Unterschied, daß es hier nicht um das Vertrauen in die Verschwiegenheit bestimmter Berufsgruppen, sondern um das Vertrauen in ihre Integrität dergestalt

---

193 Vgl. BT-Drucksache 7/1261, S. 15f.; Nagler, in: LK § 201 Rdnr. 2.

194 Dreher-Tröndle, a.a.O., § 203 Rdnr. 1a; Lenckner, in: Sch-Sch § 203 Rdnr. 3.

195 RGSt 13, S. 60; vgl. a. OLG Köln NStZ 1983, S. 412.

196 Dahs, in: Löwe-Rosenberg § 53 Rdnr. 1; Pelchen, in: KK § 53 Rdnr. 1.

geht, daß die Angehörigen dieser Berufe aus den ihnen anvertrauten Geheimnissen nicht selbst Kapital schlagen.

Der Gesetzgeber will durch die in §§ 201-204 StGB enthaltenen Regelungen auch ein bestimmten Personen oder Institutionen notwendig gewährtes Vertrauen schützen, deren Dienste der einzelne trotz der damit verbundenen Gefahren für seine Rechtsgüter in Anspruch nehmen muß. Insoweit drängt sich der Begriff des "Muß-Vertrauens"[197] auf, weil das spätere Opfer keine andere Wahl hat, als sich auf [illegible]gemäßes Verhalten dieser Personen zu verlassen. Das Vertrauen ist in diesen Fällen auch nicht auf zwischenmenschliche oder längere Kontakte beschränkt, sondern liegt auch bei einmaliger Inanspruchnahme der Dienste des Täters vor, ohne daß es vorheriger Überprüfung seiner Person bedürfte.

Auch diese Vorschriften belegen deutlich, daß der Schutz bestimmter Rechtsgüter nicht notwendig deshalb entfällt oder geringer wird, weil das Opfer diese bewußt einer Gefahr ausgesetzt und damit selbst die Tatbegehung ermöglicht hat.

Weitergehend können aber auch folgende Schlußfolgerungen gezogen werden: aus der Tatsache, daß der Gesetzgeber die Verletzung von Privatgeheimnissen nur bei Überwindung der in der jeweiligen Vorschrift aufgeführten Hindernisse oder durch die dort abschließend aufgeführten Personen hinsichtlich deren Inanspruchnahme regelmäßig faktischer Zwang besteht, für strafwürdig erachtet, kann geschlossen werden, daß grundsätzlich jedermann selbst für den Schutz seiner Privatgeheimnisse zu sorgen hat. Nur in Fällen erhöhter Gefahr, in denen das Opfer zum Selbstschutz nicht in der Lage ist, soll es schutzwürdig sein.

Insoweit liegt dem Gesetz eine "viktimologische Konzeption"[198] zugrunde, die zu den "wichtigsten Maximen der Strafgesetzgebung"[199] gehört: "Wenn das Strafrecht schon gegenüber allen anderen rechtlichen Formen des Rechtsgüterschutzes subsidiär sei, müsse dies erst recht im Verhältnis zu dem möglichen und zumutbaren Selbstschutz des Opfers gelten"[200]. Daher genieße derjenige keinen strafrechtlichen Schutz, der selbst noch nicht einmal die "banalste Sorgfalt des Alltagslebens"[201] aufwende, um sich gegen fremde Zudringlichkeiten zu sichern.

---

197 Vgl. zu diesem Begriff für den Bereich des Zivilrechts Rumpf, AcP 119 (1920), S. 24.

198 Schünemann, ZStW 90 (1978), S. 32ff., 54ff.

199 Ders., ZStW 90 (1978), S. 32.

200 Ders., ZStW 90 (1978), S. 32f. unter Hinweis auf Blei, JA 1974, S. 601-608.

201 Blei, JA 1974, S. 605.

e) § 211 StGB Mord

Ausdruck einer Täter-Opfer-Beziehung ist auch das in § 211 StGB enthaltene Merkmal der Heimtücke, das nach der Rechtsprechung dann erfüllt ist, wenn die Arg- und Wehrlosigkeit des Opfers zur Tat ausgenutzt wird[202].

Arglos ist das Opfer nach der Rechtsprechung dann, wenn es nicht mit einem Angriff auf sein Leben rechnet[203], wobei Arglosigkeit ausscheidet, wenn der Täter dem Opfer in offener Feindschaft gegenübertritt, auch wenn es sich keines tätlichen Angriffs versieht[204]. Allerdings schließt ein vorausgegangener verbaler Angriff die Arglosigkeit noch nicht aus, wenn das Opfer, für den Täter erkennbar, gegenüber einem Angriff auf Leib oder körperliche Unversehrtheit arglos, d.h. gutgläubig bleibt. Demzufolge liegt Arglosigkeit auch dann vor, wenn das spätere Opfer nach beendeter Auseinandersetzung mit weiteren Vorhaltungen oder allgemein mit Aggressionen rechnen mußte, sich aber zur Zeit der Tat ihrer nicht versieht[205].

Ob der Täter die Arg- und Wehrlosigkeit des Opfers herbeigeführt oder bestärkt hat[206] oder ob sie für ihn zufällig entstand, ist ohne Bedeutung[207]. Im übrigen muß er die Arglosigkeit bewußt ausnutzen, was dann der Fall ist, wenn er sich bewußt ist, das Opfer in einer hilflosen Lage überrascht und dadurch daran gehindert zu haben, dem Anschlag auf sein Leben zu entgehen[208]. "Diese Arglosigkeit wird nicht durch das generelle Mißtrauen ausgeschlossen, das <das Opfer> ... gehegt haben mag. Denn es kommt nicht auf ein allgemein begründetes Mißtrauen, sondern allein darauf an, ob das Opfer im Tatzeitpunkt mit Feindseligkeiten rechnen mußte. ..."[209].

Das Merkmal der Heimtücke kann auch gegenüber Kleinkindern erfüllt werden, weil diese dem Angriff grundsätzlich nicht entgegentreten können und auch nicht in der Lage sind, einem anderen Vertrauen entgegenzubringen und die böse Absicht des Täters zu erkennen[210].

---

202 BGHSt 11, S. 319; 18, S. 37.

203 BGHSt 7, S. 221.

204 BGHSt 27, S. 324; 33, S. 366.

205 BGH NJW 1980, S. 792; NStZ 1984, S. 261.

206 BGH JR 1951, S. 687.

207 BGHSt 8, S. 279; NJW 1967, S. 1140.

208 BGHSt 6, S. 121; 11, S. 144; NStZ 1984, S. 21.

209 BGHSt 39, S. 368.

210 BGHSt 4, S. 13; 8, S. 216.

Im Hinblick auf die vom Bundesverfassungsgericht geforderte einschränkende Auslegung des Mordmerkmals "Heimtücke"[211] wird in der Literatur teilweise darauf abgestellt, ob die Tatbegehung Ausdruck einer verwerflichen Gesinnung ist, überwiegend jedoch ein Vertrauensbruch als zusätzliche Voraussetzung bei der Auslegung des Begriffs "Heimtücke" gefordert.

Danach soll Heimtücke nur dann vorliegen, wenn durch die Ausnutzung der Arg- und Wehrlosigkeit noch ein besonders verwerflicher Vertrauensbruch begangen worden ist. Als Beispiele werden Ehe, Freundschaft oder sonst ein vertrauenserweckendes Verhalten genannt[212].

Teilweise wird es für ausreichend erachtet, wenn der Täter vorhandenes Vertrauen zur Tatbegehung ausnutzt. Für diese Vertrauenslage soll keine längere Beziehung zwischen Täter und Opfer erforderlich sein[213]. Maßgebend ist allein, daß eine Vertrauenslage besteht, so daß diese auch erst kurz vor der Tat begründet worden sein kann.

Allein das bewußte Ausnutzen der Arg- und Wehrlosigkeit des Opfers in feindlicher Willensrichtung - wie es von der Rechtsprechung verlangt wird - reicht demzufolge nicht aus.

Negativ umschrieben ist allen Ansätzen gemeinsam, daß Heimtücke dann verneint wird, wenn vor dem eigentlichen Ansetzen zur Tötung konkrete Anhaltspunkte dafür vorhanden sind, durch die das Vertrauen, d.h. die Einstellung, der andere werde einem nichts tun, derart gestört wurde, daß sich ein berechtigtes Mißtrauen gebildet hat.

Die Kritik an den in der Literatur vertretenen Lösungsansätzen setzt vor allem an dem als zu vieldeutig und facettenreich eingestuften Begriff des "Vertrauens" an, der teilweise gar nicht definiert wird, teilweise so weit, daß es zu einer ausufernden Auslegung des Begriffs "Heimtücke" komme, dessen Einschränkung er jedoch dienen solle[214]. Wenn Vertrauen als Mittel der Restriktion herangezogen werden soll, dann bedarf es einer möglichst klaren begrifflichen Präzisierung[215]. Vertrauen umfasse unterschiedliche Beziehungsgeflechte ausgehend von dem Begriff "Trauen" in dem Sinne, daß man dem anderen nichts Böses zutraut, was mit mangelndem Mißtrauen gleichgestellt werden kann und deutliche Berührungspunkte mit der Arglosigkeit aufweist, über eine positive Erwartungshaltung, die an eine bestimmte Person anknüpft und ihren Ursprung eher in der Ethik als im Strafrecht habe zu der schwächeren Variante, daß man

---

211 BVerfGE 45, S. 187ff.

212 Horn, in: SK § 211 Rdnr. 32.

213 Eser, in: Sch-Sch § 211 Rdnr. 26; Schmidhäuser, a.a.O., S. 232ff.

214 Arzt/Weber, 1986, S. 48ff; BGHSt GrS 30, S. 105, 116; Rengier, MDR 1980, S. 1,3; ders., MDR 1979, S. 970ff.

215 So auch Geilen, a.a.O., S. 249; BGHSt 30, S. 115ff.

sich über vorhandenes Mißtrauen hinwegsetze, indem man sich selbst bei der Konfrontation mit Kriminellen oder auch in anderen Fällen eines bewußt eingegangenen Risikos auf die Funktionsfähigkeit gewisser "Spielregeln" verlasse; mit anderen Worten: man vertraut auf einen guten Ausgang gerade deshalb, weil man ursprünglich vorhandene Bedenken beiseiteschiebt. In diesem Sinne entspreche diese Begriffsvariante auch der rechtstechnischen Terminologie bei der Abgrenzung zwischen bewußter Fahrlässigkeit und dolus eventualis[216].

§ 211 StGB, der wegen der besonderen Verwerflichkeit der Tatbegehung eine gegenüber § 212 StGB erhöhte Strafe enthält[217], zeigt, daß den Täter ein gesteigerter Vorwurf trifft, wenn er zur Tatbegehung die Gutgläubigkeit seines späteren Opfers ausnutzt und das Opfer bewußt an der Verteidigung seiner Rechtsgüter hindert. Letztlich liegen dem Begriff der Heimtücke auch unter Zugrundelegung der von der Rechtsprechung entwickelten Definition Vertrauenserwägungen zugrunde, denn das Opfer verläßt sich aufgrund des vorausgegangenen Verhaltens des Täters oder der zu ihm bestehenden Beziehung darauf, daß ihm gerade von dessen Seite keine Rechtsgutverletzung droht.

Außerdem besteht auch insoweit Übereinstimmung mit den in der Literatur vertretenen Ansätzen, daß die besondere Schutzbedürftigkeit des Opfers und die besondere Sozialgefährlichkeit des Täterverhaltens nur dann vorliegen, wenn für das Opfer keine gegenteiligen Anhaltspunkte vorlagen.

f) § 216 StGB Tötung auf Verlangen

§ 216 StGB, der im Verhältnis zu § 212 StGB eine Privilegierung darstellt, sieht eine mildere Strafe vor, wenn der Täter sich von dem suizidähnlichen Verlangen des Getöteten hat leiten lassen, weil dadurch sowohl das Unrecht infolge Rechtsgutverzichts durch das Opfer als auch die Schuld wegen der durch Mitleid beeinflußten Handlung gemildert sind[218].

Das Opfer als "notwendiger Teilnehmer" nimmt in diesem Fall eine dem Anstifter vergleichbare Rolle ein. Entscheidend ist, daß der Täter durch dieses Verhalten des Opfers zur Tat bestimmt wurde: das einer Anstiftung gleichkommende Verhalten des Opfers muß demzufolge tatauslösend gewesen sein, weil anderenfalls die Privilegierung und damit die der Annahme geminderten Unrechts und Schuld zugrundeliegende Situation nicht vorliegen.

Gründe für die Privilegierung sind neben dem geringen Verschulden des Täters und seiner weniger mißbilligenswerten Gesinnung der Umstand, daß das

---

216 Vgl. hierzu auch Geilen, a.a.O., S. 250f.

217 Vgl. hierzu z.B. Wessels, 1994a, S. 17.

218 Ebert, JZ 1983, S. 636.

Handeln des Täters nicht gegen den Willen des Opfers, sondern mit dessen Einverständnis erfolgte und es entscheidend zur Tatbegehung beigetragen hat.

g) § 221 StGB Aussetzung

§ 221 StGB schützt hilflose Personen vor der Gefährdung an Leib und Leben. Zwischen Täter und Opfer besteht eine Beziehung dergestalt, daß der das Opfer in hilfloser Lage verlassende Täter den Schutzbedürftigen unter seiner Obhut hat oder für dessen Unterbringung, Fortschaffung oder Aufnahme zu sorgen hat. An das Vorliegen einer Rechtspflicht werden den Grundsätzen über die Entstehung von Garantenpflichten entsprechende Anforderungen gestellt.

Die in § 221 Abs. 2 StGB enthaltene Strafschärfung im Fall der Tatbegehung durch Eltern zum Nachteil ihrer Kinder ist Ausdruck des Gedankens, daß den Täter aufgrund der besonderen Stellung zu diesen Familienmitgliedern wegen der Verletzung dieser zusätzlichen Pflichten unter dem Gesichtspunkt gesteigerten Handlungsunrechts ein erhöhter Schuldvorwurf trifft.

h) § 223b StGB Mißhandlung von Schutzbefohlenen

Berücksichtigung findet die Täter-Opfer-Beziehung auch in § 223b StGB, der die Mißhandlung von Schutzbefohlenen unter Strafe stellt und einen qualifizierten Fall des § 223 StGB enthält.

Auch wenn die Tatbegehung dadurch erleichtert wurde, daß die Opfer sich bereits im Einflußbereich des Täters befanden, räumt der Gesetzgeber vorliegend dem Gesichtspunkt Vorrang ein, daß den Täter in diesen Fällen besondere Schutzpflichten gegenüber den dort genannten Personen treffen, deren Verletzung eine besondere Pflichtwidrigkeit darstellt und zu einer Erhöhung des Schuldvorwurfs führt.

i) § 246 StGB Unterschlagung

Die im Grundtatbestand des § 246 Abs. 1 1. Alt. StGB vorgesehene Strafe, die im Verhältnis zu § 242 StGB im Höchstmaß milder ist, beruht darauf, daß die Hemmschwelle für den Täter, der die Sache bereits in Besitz oder Gewahrsam hat, geringer ist als für denjenigen, der zuvor noch fremden Gewahrsam brechen muß.

Anders ist es jedoch dann, wenn die Sache dem Täter anvertraut wurde. Insoweit enthält § 246 Abs. 1 2. Alt. StGB in Form der veruntreuenden Unterschlagung einen qualifizierten Tatbestand im Verhältnis zur sog. "einfachen Unterschlagung".

Wann ein "Anvertrauen" vorliegt, wird im Gesetz nicht definiert. Von der Rechtsprechung wird dieses Merkmal dahingehend ausgelegt, daß hierunter die Hingabe oder das Belassen in dem Vertrauen ist, der Besitzer werde mit der Sache nur im Sinne des Anvertrauenden verfahren[219], was beispielsweise bei der Miete eines Kraftfahrzeuges der Fall sein soll oder bei der Vermögensverwaltung durch den Vormund. Hier wirkt der Umstand, daß die mit dem Besitz oder Gewahrsam an einer Sache verbundene Taterleichterung durch die spezielle Ausgestaltung der Täter-Opfer-Beziehung ausgeglichen wird[220], erschwerend[221].

Aus dem Regelungszweck kann, obwohl der Gesetzgeber das Merkmal nicht definiert hat, darüber hinaus geschlossen werden, daß Vertrauen im Sinne dieser Vorschrift keine bereits längerandauernde Beziehung voraussetzt und diese auch rechtsgeschäftlicher Natur sein kann.

j) § 263 StGB Betrug

§ 263 StGB bestraft denjenigen, der in der Absicht, sich oder einem Dritten einen Vermögensvorteil zu verschaffen, das Vermögen eines anderen dadurch beschädigt, daß er durch Vorspiegelung falscher oder durch Entstellung oder Unterdrückung wahrer Tatsachen einen Irrtum erregt oder unterhält.

Kennzeichnend für § 263 StGB, der das Vermögen gegen Angriffe durch Täuschung schützt, ist der Umstand, daß das Opfer im Vertrauen auf die Richtigkeit der Angaben des Täters den Schaden letztlich selbst herbeiführt und damit "notwendiger Teilnehmer"[222] ist, der das Verhalten des Täters durch eigenes freiwilliges Verhalten fördern muß.

Zwischen Täter und Opfer besteht somit grundsätzlich eine - wenn auch nur flüchtige - Beziehung, weil der Täter das Delikt nicht vollenden kann, ohne den

---

219 RGSt 6, S. 17; BGHSt 9, S. 90; 16, S. 280.

220 Besondere Anforderungen an das Vertrauen, insbesondere, ob es auf bestimmten Voraussetzungen beruht oder einen speziellen Grad erreicht hat, werden nicht gestellt. Entscheidend ist allein die Tatsache, daß vertraut wurde. Einer auf längere Zeit berechneten Bindung bedarf es nicht.

221 Vgl. a. Less, a.a.O., S. 34f.; BVerwGE 33, S. 100f.

222 Vgl. insoweit schon die Ausführungen zu §§ 174ff., 216 StGB in diesem Teil unter B. II. 2. c) und f).

Rechtsgutträger oder eine mit diesem in Zusammenhang stehende Person zu einem dem deliktischen Vorhaben förderlichen Verhalten bewegt zu haben[223].

Die Bedeutung des Irrtumsmerkmals, das Grundlage der Täter-Opfer-Beziehung und Ausgangspunkt für das der Deliktsverwirklichung förderliche Verhalten des Opfers ist, hat vielfach die Forderung nach einer Einschränkung des Tatbestandes hervorgerufen, insbesondere in Fällen, in denen das Opfer selbst Zweifel hatte oder die Täuschung so plump war, daß das Opfer sie hätte erkennen können und es sich daher den Vorwurf [illegible] oder Gutgläubigkeit machen muß[224].

Geht man vom Wortlaut aus, dann setzt das Vorliegen eines Irrtums eine Abweichung zwischen Vorstellung des Opfers und der Realität voraus: das Opfer glaubt an die vom Täter als wahr dargestellten Tatsachen. Ob die Täuschung schwer oder leicht zu durchschauen war, ist demzufolge unerheblich.

Bestätigt wird dies durch einen Verweis auf die neuere geschichtliche Entwicklung des Betrugstatbestandes: der Gesetzgeber des heutigen Strafgesetzbuches hat im wesentlichen die Formulierung des im Strafgesetzbuch für die Preußischen Staaten vom 14. April 1851 in § 241 geregelten Grundtatbestandes des Betruges übernommen[225] und damit bewußt auf die in älteren oder den Gesetzbüchern anderer Länder enthaltenen Tatbestandsmerkmale der List, Arglist oder Ränke verzichtet. Maßgeblich sollte allein das Vorliegen eines Irrtums sein. Erforderlichen Einschränkungen des Betrugstatbestandes sollte durch die nähere Erläuterung der Betrugsmittel (Irrtumserregung, Vorbringen falscher oder Unterdrücken wahrer Tatsachen) Rechnung getragen werden[226].

Die "einfache Täuschung"[227] erfüllte bereits den Tatbestand, sofern sie sich dem Tatbestand entsprechend auf Tatsachen bezog.

Auch der historische Gesetzgeber hatte sich mit der Frage auseinandergesetzt, ob das Gesetz besondere Rücksicht auf das Erkennungsvermögen oder die Aufmerksamkeit des Betrogenen nehmen solle und daher schon kein Betrug vor-

---

223 Vgl. Arzt/Weber, 1986, S. 120ff.; Daniels, a.a.O., S. 5; Happe, a.a.O., S. 54; Hassemer, R., 1981, S. 54; Köstlin, Zeitschrift für Civilrecht und Prozeß NF 14 (1857), S. 393; Lenz, E., a.a.O., S. 10ff.; Sauer, 1954, S. 72f.; Sauter, a.a.O., S. 34; Schultz, SchwZStR 71 (1983), S. 172; Tischler, Jura 1988, S. 122.

224 Vgl. z.B. Amelung, GA 1977, S. 6ff.; Giehring, GA 1973, S. 1ff.; Herzberg, GA 1979, S. 289ff.; Schünemann, 1984c, S. 362ff.

225 § 241 PrStGB (zit. nach Goltdammer, a.a.O., S. 532): "Wer in gewinnsüchtiger Absicht das Vermögen eines anderen dadurch beschädigt, daß er durch Vorbringen falscher oder durch Entstellen oder Unterdrücken wahrer Thatsachen einen Irrtum erregt, begeht einen Betrug".

226 Goltdammer, a.a.O., S. 538.

227 Ders., a.a.O., S. 543.

liege, wenn das Opfer die gewöhnliche Aufmerksamkeit außer acht läßt und den Irrtum bei Anwendung der erforderlichen Sorgfalt hätte vermeiden können.

Dies war jedoch nicht der Fall, denn der Gesetzgeber hatte sich gegen die bisherige Unterscheidung zwischen einfacher und qualifizierter Täuschung - wobei nur letztere strafrechtliche Konsequenzen hatte - entschieden und wollte alle Fälle erfassen, in denen beim Geschädigten durch die Täuschungshandlung ein Irrtum verursacht wurde. Auch ein leicht vermeidbarer Irrtum sowie ein Irrtum verursacht durch das Hervorrufen undenkbarer Tatsachen, sollte nichts an der rechtlichen Beurteilung ändern[228].

Wenn der Gesetzgeber des Strafgesetzbuchs vom 15. Mai 1871 den Wortlaut im wesentlichen übernommen hat und diese Vorschrift auch in der Folgezeit insoweit keine Einschränkungen erfahren hat, dann kann daraus geschlossen werden, daß er sich auch bewußt für den schon mit § 241 PrStGB bezweckten Schutz der leichtgläubigen Betrugsopfer entschieden hat.

Trotzdem wird nicht nur in diesen Fällen, sondern auch dann, wenn das Opfer Zweifel an den vom Täter behaupteten Tatsachen hat, eine "teleologische Interpretation" des Tatbestandes oder einschränkende Auslegung des Irrtumsmerkmals gefordert. Dabei ist unstrittig, daß grundsätzlich auch der Zweifelnde einem Irrtum unterliegen kann. Entscheidende Frage ist bei Vorliegen von Zweifeln demnach die, bis zu welchem Grad überhaupt noch von einem Vertrauen des Opfers in die Richtigkeit der Angaben des Täters gesprochen werden kann.

Teilweise wird die Auffassung vertreten, es sei darauf abzustellen, ob die vom Getäuschten vorgenommene Vermögensverfügung bei einem anderen Vermögensdelikt eine trotz der Zweifel wirksame Einwilligung in die Vermögensschädigung darstellen würde, weil dann kein Irrtum vorläge, es sei denn, die Zweifel würden die Wirksamkeit der Einwilligung beeinträchtigen.

Dies entspreche der Aufgabe des Irrtums mangelfreie Einwilligungen in den Vermögensverlust durch irrtumsfreie Verfügungen aus dem Betrugstatbestand auszuscheiden. Demzufolge müßten auch dieselben Anforderungen wie an das Erfordernis der Einwilligung gestellt werden[229].

Anderer Auffassung zufolge soll der Irrtumsbegriff im Hinblick auf die jeweilige Gefährlichkeit des Angriffsmittels sowie der Schutzbedürftigkeit des Opfers eine Einschränkung dahingehend erfahren, daß ein Irrtum nur dann vorliegt, wenn das Opfer von der Vorstellung ausgeht, das Vorliegen einer Tatsache sei wahrscheinlicher als ihr Nichtvorliegen, wobei im Ergebnis die Kriterien der

---

[228] Ders., a.a.O., S. 544.

[229] Herzberg, GA 1979, S. 289ff.; Röhmel, JA 1977, S. 585.

Abgrenzung von dolus eventualis und bewußter Fahrlässigkeit herangezogen werden[230].

Begründet wird diese Auffassung damit, § 263 StGB schütze das Vermögen vor der Angriffsart der Überlistung. Dieser Angriff verliere an Gefährlichkeit und damit einhergehend das Opfer an Schutzwürdigkeit, wenn das Opfer auch den wahren Sachverhalt für möglicherweise oder gleichermaßen wahrscheinlich hält und damit bewußt ein Risiko eingeht, das häufig durch die Chance der Vorteilserlangung ausgeglichen wird. Strafbedürftigkeit und Strafwürdigkeit mit den Korrelaten Schutzbedürftigkeit und Schutzwürdigkeit sprächen daher dafür, mehr als nur eine Möglichkeitsvorstellung bezüglich der Wahrheit zu verlangen[231].

Ebenfalls abstellend auf die Schutzbedürftigkeit wird von anderen eine teleologische Interpretation des Irrtumsmerkmals vorgenommen.

Ausgangspunkt ist die Feststellung, daß grundsätzlich jeder Zweifel notwendig Anlaß dazu gebe, sich zu schützen, weil man sich der möglichen Unrichtigkeit der Angaben bewußt sei. Weder im Wirtschafts- noch im Privatleben sei es jedoch möglich, jeden Zweifel durch vollständige Information über den anderen auszuräumen.

Regelungszweck des "Irrtums" in § 263 StGB sei, dem Prinzip der Subsidiarität des strafrechtlichen Rechtsgüterschutzes Geltung zu verschaffen mit der Folge, daß nur Zweifel, die auf einem konkreten Anhaltspunkt gründen, einen Irrtum ausschließen[232], nicht aber solche, die durch keinen konkreten Anhaltspunkt gewährte Unsicherheit betreffen, ob man einem anderen Menschen trauen könne.

Gründeten sich Ungewißheit und Zweifel auf keinen konkreten Anlaß, böten sie keinen Anhaltspunkt für konkrete Aufklärungsmaßnahmen. Hat das Opfer jedoch konkreten Anlaß zu Zweifeln, muß es versuchen, diese durch angemessene Selbstschutzmaßnahmen auszuräumen. Ergreift es die ihm zur Verfügung stehenden Schutzmaßnahmen nicht und verfügt trotz bestehender Zweifel, soll der Irrtum und damit ein strafbarer Betrug entfallen[233].

Zu vergleichbaren Ergebnissen gelangt R. Hassemer in seiner auf dem Ansatz Amelungs aufbauenden Monographie "Schutzbedürftikeit des Opfers und Strafrechtsdogmatik": die Schutzbedürftigkeit des Rechtsgutträgers, der trotz konkreter Zweifel an der Wahrheit der vorgespiegelten Tatsachen seine Selbstschutzmöglichkeiten verringere, obwohl ihm dies möglich und zumutbar sei,

---

230 Giehring, GA 1973, S. 1 ff.; ebenso: Krey, a.a.O., Rdnr. 373ff.; Sonnen, wistra 1982, S. 126.

231 Giehring, GA 1973, S. 10ff., 16ff.; vgl. a. Sonnen, wistra 1982, S. 126ff.

232 Amelung, GA 1977, S. 6 ; vgl. a. Beulke, NJW 1977, S. 1037f.; ders., JR 1978, S. 390; ähnlich Seelmann, JuS 1982, S. 269f.

233 Amelung, GA 1977, S. 77.

entfalle[234]. In Fällen subjektiver Gewißheit und "diffusen Zweifels" sei dagegen ein Irrtum und damit die Schutzbedürftigkeit des Opfers zu bejahen, selbst wenn es sich um plumpe und leicht durchschaubare Täuschungen handle[235].

Aufgabe des Strafrechts sei, "diejenigen Rechtsgüter vor Verletzungen zu bewahren, die durch individuelle Schutzmaßnahmen des Rechtsgutträgers nicht oder zumindest nicht umfassend geschützt werden können"[236]. Demzufolge sollen strafrechtliche Sanktionen dann unzulässig sein, wenn Rechtsgutverletzungen auch durch außerstrafrechtliche, mildere Mittel mit vergleichbarem Erfolg verhindert werden können[237].

Der Einsatz strafrechtlicher Mittel sei daher in Fällen, in denen der Rechtsgutträger von den ihm zu Gebote stehenden Schutzmöglichkeiten Abstand nimmt und ein von äußerster Sorglosigkeit gekennzeichnetes Verhalten an den Tag legt, nicht notwendig, denn strafrechtlicher Schutz sei dort nicht erforderlich, wo der Rechtsgutträger seine Güter durch mögliche und zumutbare Maßnahmen des Individualschutzes selbst schützen könne[238]. Dies sei Ausdruck der Eigenverantwortlichkeit des Individuums, die allerdings in Fällen "sozialadäquater" Außenkontakte des Rechtsgutträgers zur Bejahung seiner Schutzbedürftigkeit führen könne[239].

Nur bei ausreichend hoher Gefahrintensität sei daher strafrechtlicher Schutz erforderlich und zulässig. Die Schutzbedürftigkeit des Opfers nehme in gleichem Maße ab, wie die konkrete Gefahrintensität als Folge eigentätiger Einflußnahme des Rechtsgutträgers wachse[240].

Dies entspreche auch dem Zweck des § 263 StGB, das Vermögen gegen selbstschutzungeeignete listige Angriffe zu schützen. Aufgabe des Irrtumsmerkmals sei demnach, Handlungssituationen mit mangelnder Gefahrintensität aus dem Strafbarkeitsbereich des § 263 StGB auszugliedern und damit letztlich das Subsidiaritätsprinzip durchzusetzen[241].

Eine einschränkende Auslegung wird auch von Naucke gefordert: die Kausalität zwischen Täuschung und Irrtum müsse durch den Adäquanzmaßstab beschränkt werden[242]. Demzufolge solle nicht jede Täuschung von § 263 StGB erfaßt werden, sondern nur diejenige, die allgemein geeignet sei, einen Irrtum her-

---

234 Hassemer, R., 1981, S. 147.

235 Ders., 1981, S. 154, 147.

236 Ders., 1981, S. 62.

237 Ders., 1981, S. 20.

238 Ders., 1981, S. 24ff., 81.

239 Ders., 1981, S. 36ff., 76f., 164.

240 Ders., 1981, S. 73.

241 Ders., 1981, S. 127.

242 Naucke, 1974, S. 110, 118f.

beizuführen, was nur dann der Fall sein soll, wenn zu der Kausalität im Sinne der Äquivalenztheorie die allgemeine Eignung zur Erregung einer Fehlvorstellung hinzutritt (Adäquanzzusammenhang). Entscheidend sei daher, ob ein verständiger Mitmensch in der Situation des Opfers auf die Täuschungshandlung des Täters hereingefallen wäre.

Maßgebend für dic Beurteilung seien damit auch die Intensität der Täuschung und die Gründe für die Täuschungsanfälligkeit des Opfers.

Ausgangspunkt dieser Überlegungen ist die Feststellung, das Strafrecht müsse nicht jede [illegible] Schwäche des Opfers schützen: der einzelne werde dadurch zu sehr aus seiner Zuständigkeit für sein eigenes Verhalten entlassen und für seine Bequemlichkeit unterstützt. Die Eigenzuständigkeit für den eigenen Vermögensschutz gegen durchsichtige Täuschungen müsse gefördert werden. Daher dürfe das Strafrecht nicht Torheit und Lebensfremdheit statt entsprechender Bildung fördern[243].

Zu entsprechenden Ergebnissen gelangt Ellmer, wenn er unter Hinweis auf den Schutzbereich des § 263 StGB eine teleologische Interpretation des Tatbestandes fordert und letztlich auf ein Mitverschulden des Opfers abstellt: § 263 StGB solle vor einer durch Vertrauensmißbrauch herbeigeführten Vermögensschädigung schützen, der einzelne solle von der Notwendigkeit permanenten Mißtrauens befreit werden. Kennzeichen des Betruges sei die Enttäuschung schutzwürdigen Vertrauens. Aus diesem Grund müsse zwischen begründetem, notwendigem und unbegründetem Vertrauen differenziert werden[244]:

Begründetes Vertrauen bedürfe eines Grundes, der es gerechtfertigt erscheinen läßt, zu vertrauen, so daß grenzenloses Vertrauen insoweit ausscheidet. Ein solcher Grund könne beispielsweise darin gesehen werden, daß der Vertrauende die Redlichkeit des anderen vorher einer Kontrolle unterzogen hat mit dem Ergebnis, daß kein Anlaß zu Mißtrauen bestand.

Unbegründet soll das Vertrauen sein, wenn erkennbar Anlaß bestand, mißtrauisch zu sein: jedem obliege aufgrund seiner Fähigkeit zur Eigenverantwortung die Pflicht, selbst Maßnahmen zum Zwecke des Selbstschutzes zu treffen. Ein gesundes Mißtrauen könne daher gefordert werden[245]. Demzufolge liege ein Mitverschulden des Opfers sowohl dann vor, wenn das Opfer in der Lage war, die Täuschung des Täters zu erkennen, als auch dann, wenn das Opfer zwar - mangels Überprüfungsmöglichkeiten - keine Gewißheit über den Wahrheitsgehalt der Täterbehauptung erlangen konnte, trotzdem aber nicht vertrauen durfte, weil ihm die Gefahr der Täuschung hätte bewußt sein müssen. Relevant werde dieses Verschulden, wenn es grober Fahrlässigkeit bzw. Leichtfertigkeit

---

243 Naucke, a.a.O., S. 116f.

244 Ellmer, a.a.O., S. 271ff.

245 Vgl. a. Gasser, a.a.O., S. 20ff., der das Verantwortungsprinzip aus Art. 64 Abs. 3 öStGB sowie den Eigentumsdelikten, insbes. der Veruntreuung, ableitet.

gleichkomme, wobei insoweit auf den zivilrechtlichen Grundsatz der "diligentia quam in suis" verwiesen werden könne. Dahinter stehe auch das Prinzip der Verantwortungsverteilung: hat ein Rechtsgutinhaber überdurchschnittlich leichtsinnig gehandelt, trifft ihn die vorrangige Verantwortungszuständigkeit für die Verletzung seines eigenen Rechtsguts, auch wenn ein anderer vorsätzlich einen kausalen Tatbeitrag geleistet hat[246].

Im Gegensatz zum begründeten Vertrauen wird der andere beim sog. notwendigen Vertrauen keiner Kontrolle unterzogen, weil es sich um eine Situation handelt, in der dies dem Vertrauenden nicht zugemutet werden kann: ihm fehlen entweder die Möglichkeiten, Kontrollen vorzunehmen, weil der andere über eine überlegene Fachkompetenz verfügt oder sie sind unzumutbar, weil sie einen erheblichen Aufwand an Zeit und Arbeitsintensität erfordern würden. Hinzu kommt, daß sich geplante Kontrollen, die nicht aus dem Augenblick heraus geführt werden, negativ auf die Leichtigkeit und Flüssigkeit des Verkehrs auswirken. Die Verletzung notwendigen Vertrauens ist kennzeichnend für die Wirtschaftskriminalität.

Vielfach wird jedoch eine teleologische Auslegung unter Berufung auf viktimologische Erkenntnisse gefordert.

Allgemein formuliert, d.h. Geltung für alle Delikte beanspruchend, soll eine "Induktion aus jenen zahlreichen Einzelvorschriften, die schon nach geltendem Recht bei einer qualifizierten Mitwirkung des Opfers den Tatbestand entfallen lassen"[247], vorgenommen werden. Der daraus abzuleitende Grundsatz, daß nur eine den möglichen und zumutbaren Selbstschutz des potentiellen Opfers ausmanövrierende Handlung dem Straftatbestand zu subsumieren sei, erweise sich dann als eine "die richterliche Konkretisierung des Straftatbestandes leitende Auslegung"[248], die, anders als die ausschließlich am Rechtsgüterschutz orientierte teleologische Auslegung, eine einseitig verfälschende Auslegung zu Lasten des Täters vermeide.

Eine andere Auffassung, den Betrugstatbestand einzuschränken, vertritt Kurth, der eine Beschränkung durch Berücksichtigung des Schutzbereichs der Norm im Rahmen der objektiven Zurechnung fordert[249].

Ausgangspunkt seiner Überlegungen ist die Feststellung, daß es nicht Aufgabe des Staates sein könne, das Vermögen vor allen nur denkbaren Angriffen zu schützen und daß im Strafrecht eine dem § 254 BGB entsprechende Regelung fehle.

---

246 Ellmer, a.a.O., S. 278.

247 Schünemann, 1982, S. 415; vgl. a. die Ausführungen zu §§ 201-204 StGB und dem sog. viktimologischen Prinzipin diesem Teil unter B. II. 2. d).

248 Ders., 1982, S. 412.

249 Kurth, a.a.O., S. 169ff.

Daher solle entsprechend dem zivilrechtlichen Gedanken vom "Schutzzweck der Norm" darauf abgestellt werden, ob die Rechtsgutverletzung noch vom Schutzbereich der Norm erfaßt werde. Demzufolge liege der eingetretene Erfolg dann außerhalb des Schutzbereichs der Norm, wenn sich in ihm nicht ein vom Täter gesetztes, rechtlich mißbilligtes Risiko realisiert hat.

Dies sei insbesondere der Fall bei Risiko- und Spekulationsgeschäften, Mitverschulden des Kaufmanns bei Handelsgeschäften, Kredit- und Scheckkartenmißbrauch sowie Bequemlichkeit des Opfers.

Überwiegend werden diese den Tatbestand generell einschränkenden Lösungen, wie bereits dargelegt, unter Hinweis auf Wortlaut und Enstehungsgeschichte abgelehnt und ein dem Tatbestand des § 263 StGB unterfallender Betrug auch noch dann angenommen, wenn der Getäuschte die vorgespiegelte Tatsache nur für möglicherweise wahr hält, sofern er sich nur von dieser Vorstellung motivieren läßt[250]: § 263 StGB schütze das Vermögen gegen die Angriffsart der Überlistung; deshalb müsse die Möglichkeitsvorstellung für einen Irrtum ausreichen, weil auch derjenige, der trotz Zweifeln verfüge, der List zum Opfer falle. Zwar könne das Opfer in diesen Fällen möglicherweise weniger schutzwürdig sein, jedoch könne es nicht völlig schutzlos gestellt werden.

Anderenfalls würde auch die Funktion des Betrugstatbestandes umgangen: der Tatbestand enthält eine Begrenzung der Eigenverantwortlichkeit, weil die überwiegende Zahl der Verfügungen auf der Basis nicht vollkommener Informationen vorgenommen werden muß[251]. Dabei werden sowohl solche Fälle erfaßt, in denen der Rechtsgutträger weiß, daß er auf den guten Willen und die Lauterkeit seines Gegenübers mangels vollständiger Information angewiesen ist als auch solche sogenannter subjektiver Gewißheit, bei denen der Rechtsgutträger glaubt, im Besitz sämtlicher für die Vornahme der von ihm beabsichtigten Handlung erforderlichen Informationen zu sein, mag dies auf blindem Vertrauen in die Glaubwürdigkeit des Austauschpartners beruhen, auf der Überschätzung der eigenen Fähigkeiten oder dem Umstand, daß es sich um Routineentscheidungen handelt. Berücksichtigt werden nach dem Wortlaut auch Fälle, in denen der Geschädigte konkrete Zweifel hatte.

§ 263 StGB ist demzufolge durch interaktionistische Elemente geprägt und stellt ein Beziehungsdelikt dar, das auf einer Vertrauensbeziehung aufbaut[252].

Daraus wird teilweise gefolgert, das Vertrauen müsse als strafrechtliches Prinzip herausgearbeitet und die Verbindung zwischen Schutzwürdigkeit und Vertrauen hergestellt werden, weil dem Vertrauen bei der Erfassung und Beur-

---

250 Vgl. Achenbach, Jura 1984, S. 603; Bottke, JR 1987, S. 428; Hillenkamp, 1981, S. 21ff.; Lackner, in: LK § 263 Rdnr. 18; BGH JR 1987, S. 427; vgl. a. Krack, a.a.O., S. 73ff.; Neumann, a.a.O., S. 230f.; Ranft, Jura 1982, S. 68; ders. JA 1984, S. 732.

251 Vgl. Frisch, 1979, S. 657, 661ff.

252 Vgl. a. Kaiser, L., a.a.O., S. 62f.

teilung der Opferverantwortung eine entscheidende Rolle zukomme[253]. Dabei seien verschiedene Stufen des Vertrauens feststellbar, nämlich sog. "einfaches" und "gesteigertes Vertrauen". Während einfaches Vertrauen schon dann vorliege, wenn man dem anderen nichts Böses zutraue, sei das gesteigerte Vertrauen intensiver und durch eine positive Erwartungshaltung geprägt. Man vertraue dem Gegenüber sein Rechtsgut an, weil Anhaltspunkte für ein "Treueverhältnis" vorhanden sind.

Diese unterschiedliche Intensität des Vertrauens ziehe auch eine Wechselbezüglichkeit zwischen dem Maß des Vertrauens und dem Verantwortungsmaßstab bzw. Verantwortungsgrad des Opfers nach sich: das unbewußt verantwortungslos handelnde Opfer, das nach seinen individuellen Fähigkeiten verpflichtet und in der Lage ist, den vom Täter in Gang gesetzten Geschehensablauf zu vermeiden, dies jedoch nicht erkennt, könne unter Umständen noch an eine starke Vertrauenslage anknüpfen, weil zwischen ihm und dem Täter Kontakte bestanden, auf denen sich Vertrauen bilden konnte. Im Falle der "bewußten Verantwortungslosigkeit" hingegen könne Vertrauen allenfalls und nur dann vorhanden sein, wenn vorhandenes Mißtrauen unterdrückt werde, weil der Rechtsgutträger es für möglich halte, daß der potentielle Täter den gesetzlichen Tatbestand verwirklicht, jedoch pflichtwidrig und vorwerfbar darauf vertraue, daß dieser ihn nicht verwirklichen werde.

Im Falle der "gesteigerten bewußten Verantwortungslosigkeit" sei überhaupt kein Raum mehr für Vertrauen des Opfers, weil das Opfer, ähnlich wie der mit dolus eventualis handelnde Täter, die Folgen seines Handelns in Kauf nehme und auf das Ausbleiben des Erfolges nicht mehr vertrauen könne, weil es selbst eine Ursache gesetzt hat, die die Billigung des Täterverhaltens - der Rechtsgutverletzung - zum Ausdruck bringe[254].

Das Vertrauen könne daher als Mittel der Restriktion herangezogen werden. Ebenso wie die Prüfung, ob sich die konkrete Gefahrenintensität noch im Rahmen der allgemeinen abstrakten Gefahrenintensität halte, welcher der Gesetzgeber bei Schaffung der Norm begegnen wollte, könne innerhalb von Tatbeständen, die auf Vertrauen aufbauen, mangelndes Vertrauen zur Tatbestandsbeschränkung dienen[255].

Im Rahmen der Tatbestände, denen eine Vertrauensbeziehung zugrundeliege, müsse stets geprüft werden, ob bei dem entgegengebrachten Vertrauen eine anfängliche oder nachträgliche Störung vorliege[256].

---

253 Ders., a.a.O., S. 65f.

254 Ders., a.a.O., S. 62f.

255 Ders., a.a.O., S. 71ff.

256 Ders., a.a.O., S. 185ff.

Außerdem müsse der Umfang des Vertrauensschutzes im Bereich der Vermögensdelikte in Abhängigkeit vom Schutzbereich des jeweiligen Delikts ermittelt werden. So sei es Aufgabe des Betrugstatbestandes, das Vermögen nur dort zu schützen, wo der Wirtschaftsverkehr auf ein unverzichtbares Maß an Vertrauen angewiesen ist. Eine Strafbarkeit wegen Untreue setze demgegenüber voraus, daß der Täter ein zuvor begründetes Vermögensbetreuungsverhältnis verletze und dadurch das Vertrauen des Rechtsgutträgers mißbrauche. Dies führe im Ergebnis dazu, speziell bei Tatbeständen, die an eine Vertrauensbeziehung anknüpfen oder das Opfer dort schützen wollen, wo dieses dem Täter "Vertrauen" entgegenbringt, ab einem gewissen Grad der Verantwortungslosigkeit des Opfers, nämlich der bewußten Verantwortungslosigkeit, eine Strafbarkeit zu verneinen, da es sein Vermögen der Gefahr der Verletzung durch den Täter aussetze, obwohl die Vertrauensbeziehung von Anfang an gestört war oder nachträglich gestört wurde[257].

Als Ergebnis kann festgehalten werden, daß der Gesetzgeber auch beim Betrug von einem notwendigen Beitrag des Opfers zur Rechtsgutverletzung ausging. Er wollte das Opfer aber trotzdem nicht schutzlos stellen, sondern seine Eigenverantwortlichkeit im Interesse eines reibungslosen Ablaufs des Geschäfts- und Wirtschaftsverkehrs begrenzen. Nur in anderen als den im Betrugstatbestand beschriebenen Fällen der bewußten Selbstschädigung sollte sich das Opfer selbst schützen.

§ 263 StGB ist damit auch Ausdruck des Vertrauensgedankens und bietet sich durch seine Struktur als weitere Grundlage für viktimologische Ansätze und Schlußfolgerungen für die Auswirkungen von Täter-Beziehungen auf die Strafzumessungsschuld des Täters an.

Allerdings läßt der Tatbestand allein noch keine Rückschlüsse darauf zu, wann im Einzelfall von Vertrauen gesprochen werden kann und bis zu welchem Grad der einzelne noch vertrauen konnte. Es bietet sich bei der zu erarbeitenden Lösung insoweit allerdings an, auf die Ausführungen zu Irrtum und Zweifel zurückzugreifen.

k) § 264 StGB Subventionsbetrug

§ 264 StGB sieht eine Strafbarkeit wegen Subventionsbetruges unabhängig von einem Irrtum des Geschädigten vor.

Der Tatbestand ist schon dann erfüllt, wenn der Täter unrichtige Angaben macht, die für ihn vorteilhaft sind. Es wird unterstellt, daß grundsätzlich von der Richtigkeit der Angaben ausgegangen und darauf vertraut wird. Auch wenn der

---

[257] Kaiser, L., a.a.O., S. 205ff.

Subventionsgeber den wahren Sachverhalt bereits kennt oder die Täuschung als solche durchschaubar ist, soll ein Subventionsbetrug vorliegen[258].

Geschütztes Rechtsgut ist vor allem das öffentliche Vermögen, das vor den besonderen Gefahren bei der Vergabe von Subventionen geschützt werden soll. Daher werden, obwohl sich die Angriffsrichtung mit § 263 StGB deckt, im Interesse der Wirtschaftsförderung geringe Anforderungen gestellt. Auf das tatbestandseingrenzende Merkmal des Irrtums wird verzichtet, weil der Gesetzgeber die Selbstschutzmöglichkeiten des Opfers als gering einschätzt.

Ein besonders schwerer Fall liegt in der Regel u.a. dann vor, "wenn der Täter seine Befugnisse oder seine Stellung als Amtsträger mißbraucht oder die Mithilfe eines Amtsträgers ausnutzt, der seine Befugnisse oder seine Stellung mißbraucht", § 264 Abs. 2 Nrn. 2 und 3 StGB.

Hieraus folgt, daß gerade von Amtsträgern, die aufgrund ihrer Stellung einerseits erleichterten Zugriff auf das Rechtsgut haben, andererseits aber auch zu seinem Schutz verpflichtet sind, normgemäßes Verhalten erwartet wird.

l) § 264a StGB Kapitalanlagebetrug

§ 264a StGB stellt den sog. Kapitalanlagebetrug unter Strafe. Ziel des im Verhältnis zu § 263 StGB vorverlagerten Beginns des Strafrechtsschutzes war ein durch die Auffächerung der Anlageformen und die damit einhergehende Umstruktierung der Anlegerseite erforderlich gewordener besserer Schutz des meist unerfahrenen Anlegers. Gleichzeitig sollte Störungen der Funktionsfähigkeit des Kapitalmarktes begegnet werden.

Geschütztes Rechtsgut ist in erster Linie das Vertrauen der Allgemeinheit in den Kapitalmarkt, dessen Funktionsfähigkeit eine entscheidende Voraussetzung für die Entfaltung und Nutzung wirtschaftlicher Produktivkräfte ist. Gleichermaßen dient sie dem Schutz individueller Vermögensinteressen von Kapitalanlegern[259].

Bei § 264a StGB ist die Sorglosigkeit des Opfers die Regel.

m) § 266 StGB Untreue

Geschütztes Rechtsgut in § 266 StGB ist das Vermögen, das vor solchen Angriffen geschützt werden soll, die auf Treuwidrigkeiten beruhen.

---

[258] Lenckner, in: Sch-Sch § 264 Rdnr. 38.

[259] Dreher-Tröndle, a.a.O., § 264a Rdnrn. 1, 4; Otto, Jura 1989, S. 31.

Untreue ist daher die vorsätzliche Verletzung der Pflicht zur Betreuung fremder Vermögensinteressen durch Benachteiligung des zu Betreuenden[260].

Die besondere Schutzwürdigkeit des fremden Vermögens ergibt sich daraus, daß sich der Vermögensinhaber aus rechtlichen oder tatsächlichen Gründen vielfach gezwungen sieht, die Besorgung seiner Angelegenheiten ganz oder teilweise Dritten zu überlassen. Aus diesem Grund schützt der Mißbrauchstatbestand das Vermögen vor Gefahren, die sich aus der Einräumung von Dispositionsbefugnissen im Innenverhältnis ergeben, der Treubruchtatbestand vor Risiken, die aus der Gewährung von Dispositionsbefugnissen im Innenverhältnis resultieren.

In beiden Fällen wird dem Täter eine Vermögensbetreuungspflicht übertragen, die ihm die Befugnis zur Wahrnehmung oder Betreuung fremder Vermögensinteressen einräumt. Die zu betreuenden Vermögensinteressen müssen von einiger Bedeutung sein, und die darauf gerichtete Fürsorgepflicht muß eine vertragliche Fürsorgepflicht darstellen[261].

Der Untreuetatbestand trägt demzufolge dem Umstand Rechnung, daß mit der Übertragung von Aufgaben an Dritte Risiken verbunden sind, weil man das Rechtsgut aus der Hand gibt und daher größerer Gefahr aussetzt und man in der Regel nicht dazu in der Lage ist, den potentiellen Täter ständig zu kontrollieren, sondern davon ausgeht und davon ausgehen kann, er werde die in ihn gesetzten Erwartungen nicht enttäuschen.

n) § 266a StGB Vorenthalten und Veruntreuen von Arbeitsentgelt

§ 266a StGB stellt das Vorenthalten und Veruntreuen von Arbeitsentgelt unter Strafe[262].

Geschützt wird nicht nur das Interesse der Solidargemeinschaft an der Sicherstellung des Aufkommens der Mittel für die Sozialversicherung, sondern auch das Schutzinteresse der Arbeitnehmer an der treuhänderischen Verwaltung von Teilen ihres Arbeitseinkommens.

---

260 Vgl. BGHSt 14, S. 47.

261 OLG Köln NJW 1988, S. 3320.

262 BT-Drucksache 10/318, S. 25.

o) § 266b StGB Mißbrauch von Scheck- und Kreditkarten

§ 266b StGB, der den Mißbrauch von Scheck- und Kreditkarten mit Freiheitsstrafe bis zu 3 Jahren oder Geldstrafe bedroht, schützt zum einen das Vermögen, zum anderen auch die Funktionsfähigkeit des bargeldlosen Zahlungsverkehrs, der voraussetzt, daß dem Täter im Vertrauen auf seine Zahlungsfähigkeit die Möglichkeit der Gelderlangung ohne jeweils neue Kontrolle eingeräumt wird. Ein Mißbrauch im Sinne dieser Vorschrift liegt vor, wenn der Täter sich zwar im Rahmen seines rechtlichen Könnens hält, im Innenverhältnis jedoch die Grenzen seines Dürfens überschreitet.

Bei Einführung dieser Vorschrift gingen die Meinungen insbesondere über die Frage der Strafwürdigkeit des Mißbrauchs von Scheck- und Kreditkarten auseinander.

Eine Minderheit verneinte die Strafwürdigkeit. Sie war der Auffassung, die "Verwendung der Scheck-, vor allem der Kreditkarten <sei> allgemein keineswegs so positiv einzuschätzen, da das Kredit- und Scheckkartensystem die Gefahr einer Überschuldung der Inhaber in sich berge. ... Vor allem würde mit dem Straftatbestand in systemwidriger Weise die Verletzung von Vertragspflichten strafrechtlich sanktioniert und der notwendige Rechtsschutz sei durch das Zivilrecht gewährleistet. Insbesondere sei es Aufgabe der Kreditinstitute, sich durch eine entsprechende Ausgestaltung der Rechtsbeziehungen zu den Inhabern der Scheck- und Kreditkarten und zu den Vertragsfirmen sowie durch eine sorgfältige Prüfung der Kreditwürdigkeit ihrer Kunden zu schützen"[263].

Dagegen weist die in § 266b StGB umschriebene Tathandlung nach Ansicht der Mehrheit "gegenüber dem geltenden Untreuetatbestand einen ähnlichen sozialschädlichen Kriminalitätsgehalt auf"[264]. Daher sei die Vorschrift zum Schutz der Funktionsfähigkeit des bargeldlosen Zahlungsverkehrs, der eine volkswirtschaftliche Bedeutung erlangt habe, notwendig[265].

Außerdem beruhe die Strafwürdigkeit des Scheck- und Kreditkartenmißbrauchs nicht nur auf der Verletzung der vertraglichen Pflichten, sondern darüber hinaus auch auf dem Mißbrauch eines dem Täter entgegengebrachten Vertrauens, das ihm zwar im Unterschied zu § 266 StGB nicht im Interesse des geschädigten Vermögensinhabers, sondern im eigenen Interesse eingeräumt wurde, das ihm aber den Zugriff auf fremdes Vermögen erlaubt[266].

---

263 BT-Drucksache 10/5058, S. 32.

264 BT-Drucksache 10/5058, S. 32f.

265 BT-Drucksache 10/5058, S. 32f.

266 Lenckner, in: Sch-Sch § 266b Rdnr. 1.

p) §§ 331-358 StGB Amtsdelikte

Ihrem Wesen nach stellen die Amtsdelikte einen "die Rechte Dritter, das Treueverhältnis zum Staat und das Vertrauen der Allgemeinheit in die Sauberkeit der Amtsführung verletzenden Mißbrauch der Amtsgewalt durch deren Träger"[267] dar. Kennzeichnend für diese Delikte ist damit der Mißbrauch fremden Vertrauens und insbesondere der vom Staat anvertrauten Amtsgewalt oder dieser verwandten Berufspflichten.

Über diese Feststellung hinaus läßt sich ein einheitliches Rechtsgut der Amtsdelikte nicht bestimmen, weil in den einzelnen Tatbeständen unterschiedliche Aspekte im Vordergrund stehen: geschütztes Rechtsgut der Bestechungstatbestände (§§ 331-335a StGB) ist die "Lauterkeit des öffentlichen Dienstes. Die Vorschriften sollen die Käuflichkeit von Diensthandlungen und die Befangenheit der Bediensteten durch einen Vorteil bei der Erfüllung ihrer Pflichten und damit auch eine Verfälschung des Staatswillens verhindern."[268] Außerdem sollen das Vertrauen der Allgemeinheit in die Unbestechlichkeit von Amtsträgern und die Unkäuflichkeit von Diensthandlungen bewahrt werden[269].

§ 336 StGB, der die Rechtsbeugung unter Strafe stellt, schützt die Rechtspflege in ihrer speziellen Funktion, die Geltung der Rechtsordnung bei der als unparteiisch vorausgesetzten Leitung und Entscheidung von Rechtssachen zu gewährleisten[270]. "Das spezifische Unrecht der Rechtsbeugung wird mit geprägt durch den Mißbrauch eines besonderen Amtes, der darin zum Ausdruck kommt, daß Richter, Schiedsrichter oder andere Amtsträger in einer vergleichbaren Funktion willkürlich gewählte, dem Recht eindeutig widersprechende Maßstäbe bei der Rechtsanwendung 'als Recht ausgeben' und so das in sie gesetzte Vertrauen der Allgemeinheit enttäuschen"[271].

Wegen § 353b StGB wird bestraft, wer sich einer Verletzung des Dienstgeheimnisses oder einer besonderen Geheimhaltungspflicht schuldig macht. Voraussetzung für eine Bestrafung ist u.a., daß ein Amtsträger oder eine diesem gleichgestellte Person ein Geheimnis, das ihm bzw. ihr in einer der vorgenannten Eigenschaften anvertraut oder sonst bekannt geworden ist, unbefugt of-

---

267 Dreher-Tröndle, a.a.O., vor § 331 Rdnr. 1; vgl. a. Sauer, 1933, S. 504f.; Wessels, 1994a, S. 224.

268 BT-Drucksache 7/550, S. 269.

269 Dreher-Tröndle, a.a.O., § 331 Rdnr. 1; BGHSt 15, S. 88, 96; offengelassen in BT-Drucksache 7/550, S. 269f.

270 Vgl. Wessels, 1994b, S. 229.

271 Ders., 1994a, S. 229.

fenbart. Unter Anvertrauen wird das "Einweihen in ein Geheimnis unter Umständen, aus denen sich eine Pflicht zur Verschwiegenheit ergibt"[272], verstanden.

Geschütztes Rechtsgut sind nicht nur die geschützten Geheimnisse, geheimen Nachrichten, sondern auch das Vertrauen der Allgemeinheit in die Verschwiegenheit amtlicher und anderer Stellen[273]. Hier liegt demzufolge eine Vertrauensbeziehung aufgrund einer bestimmten Tätigkeit und Stellung zum Dienstherrn vor, aus der besondere Verpflichtungen erwachsen.

§ 354 StGB stellt die Verletzung des Post- und Fernmeldegeheimnisses unter Strafe. Danach macht sich u.a. derjenige strafbar, der als Bediensteter der Post unbefugt eine der Post zur Übermittlung auf dem Post- und Fernmeldeweg anvertraute verschlossene Sendung öffnet und sich von ihrem Inhalt Kenntnis verschafft.

Gegenstand des Strafrechtsschutzes in § 354 StGB sind nicht nur die Aufrechterhaltung und das einwandfreie Funktionieren einer geordneten Verwaltung[274], sondern auch das öffentliche Vertrauen in die Sicherheit und Zuverlässigkeit des Post- und Fernmeldeverkehrs.

Wann eine Sendung der Post zur Übermittlung anvertraut ist, wird im Gesetz nicht ausdrücklich erläutert.

Im Hinblick auf Sinn und Zweck der Vorschrift wird dieses Tatbestandsmerkmal jedoch so ausgelegt, daß eine Sendung der Post dann anvertraut ist, wenn sie auf vorschriftsmäßige Weise in den Postverkehr gelangt ist[275].

Die Bedeutung des § 354 StGB besteht somit auch darin, daß er die Verletzung der den Bediensteten der Post in § 5 PostG, § 10 Fernmeldeanlagengesetz auferlegten Geheimhaltungspflichten, auf deren Einhaltung sich der Postkunde verlassen können muß, mit strafrechtlichen Sanktionen bedroht[276].

Geschütztes Rechtsgut des § 355 StGB, der die Verletzung des Steuergeheimnisses sanktioniert, ist in erster Linie das Vertrauen der Allgemeinheit in die Integrität des Steuergeheimnisses, weil nur dessen Gewährleistung die umfangreichen Offenbarungspflichten des einzelnen rechtfertigt[277].

Auch hier werden an die Vertrauensbeziehung bestimmte Anforderungen gestellt, indem Täter nur ein Amtsträger sein kann.

§ 356 StGB stellt den sog. Parteiverrat unter Strafe. Danach macht sich ein Rechtsanwalt oder ein anderer Rechtsbeistand strafbar, wenn er bei den ihm in

---

272 Dreher-Tröndle, a.a.O., § 353b Rdnr. 8; § 203 Rdnr. 7; vgl. a. Träger, in: LK § 353b Rdnr. 13.

273 Anders Lenckner, in: Sch-Sch § 353b Rdnr. 1.

274 BGH NStZ 1981, S. 25.

275 Vgl. RGSt 28, S. 100; 54, S. 228; OLG Hamm NJW 1980, S. 2320.

276 Vgl. Schäfer, in: LK § 354 Rdnrn. 4, 28.

277 Lenckner, in: Sch-Sch § 355 StGB Rdnr. 2.

dieser Eigenschaft anvertrauten Angelegenheit in derselben Rechtssache beiden Parteien durch Rat oder Beistand pflichtwidrig dient.

Diesem Tatbestand liegt der Gedanke zugrunde, daß Anwälte und Rechtsbeistände, wenn sie sich ihren Mandanten gegenüber pflichtwidrig verhalten, das Vertrauen der Öffentlichkeit in das ordnungsgemäße Funktionieren ihres Berufsstandes erschüttern[278].

Schutzzweck dieser Vorschrift ist damit auch das Vertrauen der Bevölkerung in die Zuverlässigkeit und Integrität der Anwalts- und Rechtsbeistandschaft. Die Schutzwürdigkeit dieses Rechtsgutes folgt daraus, daß Anwälte und Rechtsbeistände unverzichtbare Aufgaben im Rechtswesen zu erfüllen haben und die Rechtsuchenden zur Wahrung ihrer Interessen nicht nur weitgehend darauf angewiesen, sondern auch gesetzlich verpflichtet sind, sich bei Durchsetzung ihrer Rechte eines Anwalts zu bedienen. Mittelbar wird auch der Auftraggeber geschützt, was insbesondere in § 356 Abs. 2 StGB zum Ausdruck kommt, der die Prävarikation durch einen Treuebruch gegenüber der eigenen Partei hinsichtlich Abs. 1 qualifiziert.

Zusammenfassend kann gesagt werden, daß der Gesetzgeber an die beim Staat Bediensteten im Hinblick auf diese Stellung oder andere bestimmte Funktionen Ausübende wie z.B. Rechtsanwälte besondere Erwartungen stellt und es daher als besonders schwerwiegend ansieht, wenn diese Personen von ihm als schützenswert eingestufte Rechtsgüter verletzen.

Die Amtsdelikte sind demzufolge Ausdruck des Vertrauensschutzes. Sie belegen auch, daß der Gesetzgeber in den dargelegten Fällen von einem eingeschränkten Selbstschutz des Opfers ausgeht. Darüber hinaus lassen sie erkennen, daß schützenswertes Vertrauen keine zwischenmenschlichen oder langandauernden Beziehungen voraussetzt, sondern sich allgemein auf bestimmte Personen aufgrund deren Funktion beziehen kann und in diesen Fällen auch notwendigerweise gewährt werden muß: das Opfer ist auf Vertrauen angewiesen und zu ausreichenden Selbstschutzmaßnahmen nicht in der Lage.

3. Auswertung der Vorschriften, bei denen sich das Opferverhalten auf die Rechtswidrigkeit auswirkt

a) § 226a StGB Einwilligung des Verletzten

Gemäß § 226a StGB handelt derjenige, der eine Körperverletzung mit Einwilligung des Verletzten vornimmt nur dann rechtswidrig, wenn die Tat trotz der

278 Cramer, in: Sch-Sch § 356 Rdnr. 1.

Einwilligung gegen die guten Sitten verstößt. Der Unrechtsvorwurf entfällt, weil das Opfer von seiner grundsätzlichen Dispositionsbefugnis Gebrauch gemacht und sich des strafrechtlichen Schutzes begeben hat.

In Fällen, in denen die Tat trotz der Einwilligung gegen die guten Sitten verstößt, ist die Tat rechtswidrig: trotz des mit der Einwilligung zum Ausdruck gebrachten Verzichts auf das Rechtsgut soll dieses nicht Dritten preisgegeben werden, wenn dies sozialethischen Vorstellungen widerspricht.

b) § 32 StGB Notwehr

Gemäß § 32 StGB handelt nicht rechtswidrig, wer eine Tat begeht, die durch Notwehr geboten ist. Voraussetzung hierfür ist gem. § 32 StGB u.a. ein gegenwärtiger rechtswidriger Angriff seitens des späteren Opfers.

Hintergrund dieser Vorschrift ist, daß das Recht dem Unrecht nicht zu weichen braucht und eine Handlung, die der Verletzte durch sein Verhalten provoziert hat, in ihrem Unrechtsgehalt wesentlich geringer ist als eine spontane Verletzung. Bei der Notwehr, die einen "besonders krassen Fall einer Provokation"[279] voraussetzt, ist die Rechtswidrigkeit auf den Nullpunkt herabgesetzt. Das Opfer begibt sich durch den rechtswidrigen Angriff des Schutzes der Rechtsordnung.

Daraus folgt, daß in anderen Fällen der Provokation, die keine Notwehrsituation darstellen - etwa weil der Angriff bereits abgeschlossen ist - die provozierte Handlung weniger rechtmäßig ist. Dies wird letztlich durch die Existenz des § 213 StGB bestätigt, der Unrechts- und Schuldminderung bei zur Aggression verleitenden Verhaltensweisen des Opfers vorsieht[280].

Grund hierfür ist die Tatsache, daß jeglicher Unrechtsausschluß durch einen Rechtfertigungsgrund dadurch gekennzeichnet ist, daß den Werten, die durch die tatbestandsmäßige Handlung verletzt werden, wahrgenommene Werte gegenüberstehen, die stärker sind als jene[281]. Liegen jedoch nicht alle Voraussetzungen vor, bemißt sich demzufolge die Schwere des (Strafzumessungs-)Unrechts einerseits an der Zahl und Stärke der den Unrechtstatbestand ausmachenden Unrechtselemente, andererseits nach der Zahl und Stärke der Rechtfertigungselemente[282].

---

279 Kern, ZStW 64 (1952), S. 285.

280 Vgl. Ebert, JZ 1983, S. 637.

281 Noll, ZStW 68 (1956), S. 183.

282 Ders., a.a.O., S. 184.

Hierauf aufbauend hat Hillenkamp den "notwehrnahen Fall" als realen Strafmilderungsgrund entwickelt, den er in die Subgruppen der Fälle der Maßüberschreitung sowie der temporären Mängel untergliedert[283].

c) Einwilligung

Die Einwilligung des Verletzten ist ein ungeschriebener, gewohnheitsrechtlich anerkannter Rechtfertigungsgrund, der neben der Dispositionsbefugnis des Einwilligenden voraussetzt, daß sie vor der Tat frei von Willensmängeln durch das Opfer erteilt wird, dem Bedeutung und Tragweite des jeweiligen Rechtsgutverzichts und der jeweiligen Verletzung bewußt sind. Darüber hinaus muß der Täter in Kenntnis der Einwilligung handeln.

Entscheidend für den Wegfall der Rechtswidrigkeit ist der Verzicht des Verletzten auf den Rechtsschutz.

Einschränkungen erfährt die Befugnis des späteren Opfers zur Einwilligung in die Rechtsgutverletzung im Hinblick auf §§ 216, 226a StGB: gem. § 216 StGB kann das Opfer nicht mit strafbefreiender Wirkung für den Täter über sein Leben verfügen. Aus § 226a StGB folgt, daß die Einwilligung bei Verstoß gegen die guten Sitten unwirksam ist.

Daher ist zweifelhaft, ob das Opfer mit rechtfertigender Wirkung in eine Lebensgefährdung einwilligen kann. Kennzeichen dieser sog. Fälle einverständlicher Fremdgefährdung ist, daß der Gefährdete im Gegensatz zu § 216 StGB die Rechtsgutverletzung, d.h. seinen Tod nicht anstrebt, sondern trotz Kenntnis der Gefahren davon ausgeht, die Rechtsgutverletzung trete nicht ein[284].

Aus diesem Grund ist auch die Anwendung des § 226a StGB problematisch. Zwar gilt diese Vorschrift auch im Rahmen der Einwilligung in eine Gefährdung der körperlichen Integrität, wenn diese Gefährdung dann tatsächlich zum Verletzungserfolg führt, jedoch scheidet eine unmittelbare Anwendung in Fällen der Einwilligung in Lebensgefährdungen grundsätzlich aus, "weil gerade diese Folge regelmäßig nicht gebilligt sein kann"[285].

Im Wege der wertenden Betrachtungsweise soll deshalb unter Berücksichtigung der in § 226a StGB enthaltenen Grundsätze, die "entsprechend der unterschiedlichen Rechtsgüter einerseits und der verschiedenen Intensität des Eingriffs von Verletzung und Gefährdung andererseits"[286] neu gewichtet werden. Dies hat zur Folge, daß der Täter sich nur dann auf die rechtfertigende Wirkung

---

283 Hillenkamp, 1981, S. 269f.

284 Pfälzisches OLG Zweibrücken JR 1994, S. 519.

285 Dass., a.a.O., S. 519.

286 Dass., a.a.O., S. 519.

der Einwilligung berufen kann, wenn das spätere Opfer das Risiko im selben Ausmaß wie der Täter erfaßt hat, der Schaden ausschließlich auf dieses bewußt eingegangene Risiko zurückzuführen ist und die Verantwortung von Täter und Opfer für das gemeinsame Handeln gleich groß einzustufen ist. Bei dieser Sachlage steht die Fremdgefährdung einer (straflosen) Selbstgefährdung gleich[287].

Aus den an die Einwilligung zu stellenden Wirksamkeitserfordernissen folgt, daß grundsätzlich der Unrechtsgehalt einer Tat niedriger einzustufen ist, wenn der Verletzte auf sein Rechtsgut verzichtet oder mit dessen Gefährdung einverstanden ist, was sich auch dann niederschlagen muß, wenn keine wirksame Einwilligung im Sinne einer Rechtfertigung der Tat vorliegt, weil der Verletzte aus rechtlichen oder tatsächlichen Gründen keinen wirksamen Verzicht erklären kann, der Täter jedoch durch die Erklärung zu seinem Handeln motiviert wurde: durch das nur teilweise Vorliegen der Elemente der objektiven Rechtfertigungsvoraussetzungen wird der Erfolgsunwert zwar nicht vollständig beseitigt, jedoch verringert. Auch eine nicht wirksam erteilte Einwilligung hebt unter dem Gesichtspunkt, daß der Träger des verletzten Rechtsguts auf dessen Schutz verzichtet wollte, den in der Verletzung des Rechtguts liegenden Unwert auf. Ebenso ist das Handlungsunrecht des Täters gemindert, wenn er in Kenntnis des Vorliegens zumindest eines Teils der Voraussetzungen des Rechtfertigungsgrundes handelt[288].

Zusammenfassend kann gesagt werden, daß in Fällen, die der Einwilligung vergleichbar sind, eine Unrechtsminderung vorliegt, die sich bei der Strafzumessung im Grundsatz zugunsten des Täters auswirken muß[289].

4. Auswertung der Vorschriften, bei denen sich das Opferverhalten auf die Schuld auswirkt

a) § 33 StGB Überschreitung der Notwehr

Gem. § 33 StGB wird der Täter nicht bestraft, wenn er die Grenzen der Notwehr aus Verwirrung, Furcht oder Schrecken überschreitet. Es handelt sich hier-

---

287 Dass., a.a.O., S. 519f. unter Hinweise auf Roxin, NStZ 1984, S. 411f., der diese Fallgestaltung allerdings nicht im Rahmen der Einwilligung, sondern der objektiven Zurechnung erörtert.

288 Vgl. Bein, a.a.O., S. 63ff.; Noll, ZStW 68 (1956), S. 193.

289 Vgl. a. Hillenkamp, 1981, S. 240ff., der insoweit vom "einwilligungsnahen Fall" als realer Strafzumessungstatsache spricht.

bei trotz des Wortlauts, der die Einordnung als persönlichen Strafausschließungsgrund nahelegt, um einen Schuldausschließungsgrund[290]. Die in dieser Vorschrift abschließend aufgezählten sog. asthenischen Affekte, die durch das vorausgegangene Opferverhalten hervorgerufen wurden, haben die Verneinung der Schuld zur Folge, weil die Fähigkeit des Täters, anders handeln zu können, ausgeschlossen war.

Hieraus kann der Schluß gezogen werden, daß in Fällen, in denen eine Überschreitung der Grenzen eines Rechtfertigungsgrundes aus anderen als den dort normierten Affekten vorliegt, jedenfalls eine Einschränkung der Fähigkeit, anders handeln zu können vorliegt, die zur Herabsetzung der Strafzumessungsschuld und somit zu Strafmilderung führt.

b) § 35 Abs. 1 StGB Entschuldigender Notstand

Gem. § 35 StGB handelt der Täter ohne Schuld, wenn er in einer gegenwärtigen, nicht anders abwendbaren Gefahr für Leben, Leib oder Freiheit eine rechtswidrige Tat begeht, um die Gefahr von sich oder einem Angehörigen oder einer anderen ihm nahestehenden Person abzuwenden. Dies soll allerdings dann nicht gelten, wenn dem Täter nach den Umständen, namentlich weil er die Gefahr selbst verursacht hat oder weil er in einem besonderen Rechtsverhältnis stand, zugemutet werden konnte, die Gefahr hinzunehmen.

Die Vorschrift trägt damit dem besonderen Motivationsdruck Rechnung, der mit einer Lebens- oder vergleichbaren anderen Gefahr für die eigene Person verbunden ist und zur Unzumutbarkeit normgemäßen Verhaltens führt[291].

5. Auswertung der im Gesetz enthaltenen Strafzumessungsregeln

a) § 213 StGB Minder schwerer Fall des Totschlags

§ 213 StGB enthält den benannten Strafmilderungsgrund der Provokation. Voraussetzung für seine Anwendung ist, daß das spätere Opfer dem Täter oder einem nahen Angehörigen eine Mißhandlung oder schwere Beleidigung zugefügt hat, der Täter ohne eigene Schuld provoziert wurde und er, zum Zorne ge-

[290] Vgl. BGHSt 3, S. 198.

[291] Vgl. Ebert, 1993, S. 69.

reizt, sich auf der Stelle zur Tat hat hinreißen lassen. Außerdem muß die vom späteren Opfer ausgegangene Provokation zumindest auch das Tatmotiv gewesen sein[292].

Der Täter darf im gegebenen Augenblick in keiner Weise zu der Provokation beigetragen oder sonst in vorwerfbarer Weise Veranlassung gegeben haben[293]. Ob eine Beleidigung im Sinne von § 213 StGB Abs. 1 StGB als schwer anzusehen ist, hat der Tatrichter auf der Grundlage einer Gesamtbetrachtung aller dafür maßgeblichen Umstände zu entscheiden. Dabei ist von dem konkreten Geschehensablauf sowie den Anschauungen im Lebenskreis der Beteiligten auszugehen; das eigene Verhalten des Täters und des Opfers einschließlich der gesamten Beziehungen der beiden zueinander sind zu berücksichtigen. Zwar ist danach die Provokation auch dann unverschuldet, wenn der Täter dem Opfer beispielsweise begründete Vorhaltungen macht, nicht jedoch dann, wenn das Verhalten des Opfers als verständliche Reaktion auf das vorangegangene Tun des Täters erscheint[294], das auch zeitlich zurückliegen kann, weil entscheidend für die Beurteilung die konkrete Ausgestaltung der Täter-Opfer-Beziehung sein soll[295].

Mit dieser Vorschrift soll dem Umstand Rechnung getragen werden, daß der Täter aufgrund eines durch das Opfer selbst ausgelösten Affekts oder infolge eines vergleichbaren Erregungszustandes in seinem Hemmungsvermögen in einem solchen Grad geschwächt sein kann, daß wegen Schuldminderung, evt. sogar quantitativ-gradueller Reduzierung des Unrechts, die für den Totschlag gem. § 212 StGB vorgesehene Strafe unangemessen erscheint[296].

Die insoweit zum Ausdruck kommende Vorstellung des Gesetzgebers, das Opfer sei verpflichtet, einen anderen nicht in Versuchung zu führen, Straftaten zu begehen, wird vielfach als gesetzliche Ausprägung des Gedankens der "funktionellen Verantwortlichkeit"[297] angesehen[298].

Ausgangspunkt dieses von Schafer ursprünglich für den amerikanischen Rechtskreis geprägten Begriffs ist die Feststellung, daß sich nicht alle Verbrechen zufällig ereignen, sondern oft die Nachlässigkeit des Opfers, sein vorausgegangenes Verhalten oder eine Provokation zur Entstehung eines Verbrechens beitragen.

---

292 BGH Beschluß vom 26.7.1994 - 1 StR 286/94, abgedruckt bei Detter, NStZ 1995, S. 196.

293 Vgl. a. BGH NStZ 1981, S. 140; 84, S. 216; NJW 1981, S. 2367.

294 BGH NStZ 1981, S. 479; NStE Nr. 9.

295 Jähnke, in: LK § 213 Rdnr. 7; vgl. a. BGH Beschluß vom 10.8.1994 - 2 StR - 382/94, abgedruckt bei Detter, NStZ 1995, S. 169.

296 Eser, in: Sch-Sch § 213 Rdnr. 1.

297 Schafer, 1968, S. 68, 109.

298 Göppinger, a.a.O., S. 603; Hassemer, R., 1981, S. 29; Schneider, 1975, S. 184f.

Aus diesem funktionalen Zusammenspiel zwischen Täter- und Opferverhalten soll die Verpflichtung des Opfers folgen, an der Verhinderung seiner Opferwerdung mitzuwirken und nicht aktiv an seiner Opferwerdung teilzunehmen[299]. Es zähle zu seinen Aufgaben, alles zu tun oder zu unterlassen, um andere nicht in die Versuchung der Begehung von Straftaten zu führen. Gleichzeitig werde von ihm im Rahmen seiner Möglichkeiten erwartet, kriminellen Versuchen möglichst aktiv zu begegnen[300].

Das Ziel dieser Festlegung der funktionalen Verantwortlichkeit liegt in dem Versuch, das Verhalten des Opfers in die Auswahl der strafrechtlichen Reaktion einfließen zu lassen. Darüber hinaus soll das Opfer hierdurch an der Kriminalitätskontrolle beteiligt werden, weil bei dem gegenwärtigen Umfang der Massenkriminalität der Einsatz staatlicher Kontrollen oder Instanzen wie Polizei oder Gericht nicht mehr ausreicht, sondern Unterstützung durch die sozialen Gruppen erfahren muß. Dies soll zwar nicht zu einer strafrechtlichen Verantwortlichkeit des Opfers führen, aber Auswirkungen auf die Verantwortlichkeit des Täters haben[301].

Dieser Grundgedanke wurde jedoch weder von Schafer noch von anderen auf diesem Ansatz aufbauenden Autoren weiter ausgeprägt und liefert in dieser Allgemeinheit keine Kriterien dafür, wann ein Opfer als mitverantwortlich angesehen werden muß bzw. wann ein als Mitverantwortung einzustufendes Verhalten von solchem Gewicht ist, daß es sich auch auf die Verantwortlichkeit des Täters durchschlägt. Außerdem erscheint es zweifelhaft, das Opfer über die Strafzumessung zur Verantwortung und zur sozialen Kontrolle erziehen zu wollen, weil grundsätzlich nicht ihm, sondern dem Täter der Vorwurf gemacht wird und Aufgabe des Strafrechts nicht die Erziehung des Opfers, sondern der Rechtsgüterschutz ist.

Allerdings bleibt die strafrechtliche Verantwortlichkeit des Täters auch bei Mitberücksichtigung eines möglichen Beitrages des Opfers an der Straftat bestehen. Ihre Beurteilung wird lediglich durch Anwendung viktimologischer Forschungsergebnisse realistischer und damit gerechter, weil sämtliche Umstände, die die Schuld des Täters mitprägen, in den Abwägungsvorgang einbezogen werden und ein Ausgleich der widerstreitenden Interessen stattfindet.

---

299 Schafer, 1968, S. 151f.

300 Vgl. a. Hassemer, R., 1981, S. 27ff., wonach jeden Rechtsgutinhaber im Hinblick auf das Selbstverantwortungsprinzip die Verpflichtung trifft, im Rahmen zumutbarer Selbstschutzmaßnahmen ohne staatliche Unterstützung für die Integrität seiner Rechtsgüter Sorge zu tragen.

301 Vgl. a. ders., a.a.O., S. 29, der als Beispiel für eine positivrechtliche Regelung dieses Gedankens § 213 StGB anführt.

Hinter diesen Erwägungen stehen im Ergebnis Begründungs- und Erklärungsansätze wie die der "Victim precipitation", der "funktionalen Verantwortlichkeit" und der Selbstverantwortung des Opfers.

Die Konzeption der "victim precipitation"[302] beschäftigt sich, wörtlich übersetzt, mit der Opferherausforderung.

Sie versucht ebenfalls, das Opferverhalten systematisch zu untersuchen und erfaßt alle Fälle, in denen das Opfer etwas mit seiner Opferwerdung zu tun hatte, insbesondere durch Handeln in unkluger Eile oder unter Außerachtlassung gebotener Sorgfalt, wobei sowohl bewußt als auch unbewußt verführende Verhaltensweisen des Opfers einbezogen werden. Opferherausforderung soll vorliegen, wenn die Handlung des Täters zur Verbrechensbegehung durch ein bestimmtes Verhalten hervorgerufen wird oder in unmittelbarem Zusammenhang mit diesem Verhalten - unabhängig davon, ob es körperlich oder verbal ist, bewußt oder unbewußt - steht. Entscheidend ist, daß der Angreifer das Opferverhalten als Einladung zur Verbrechensbegehung auffaßt und das Opferverhalten tatauslösend ist[303].

Ziel dieses Konzepts ist, die Wechselwirkungen zwischen Täter und Opfer sowie deren Auswirkungen auf die Opferwerdung zu erfassen. Dieser Begriff wurde insbesondere bei kriminellen Tötungen angewandt, bei denen das Opfer die Tat herbeiführte, auslöste oder erleichterte, indem es z.B. in angetrunkenem und aggressivem Zustand den Täter provozierte[304].

Dieser Ansatz stellt den Versuch dar, die Verknüpfung zwischen Tat, Täter und Opfer umfassend zu berücksichtigen. Allerdings fehlen Kriterien, nach denen sich das Vorliegen einer tatrelevanten Opferherausforderung bestimmt, so daß die Einstufung einer Opferverhaltensweise als "victim precipitation" im Ergebnis der gefühlsmäßigen Entscheidung des jeweils urteilenden überlassen wird. Problematisch ist darüber hinaus, daß er lediglich einen Erklärungsversuch darstellt, aber nicht versucht, Kausalzusammenhänge aufzudekken und aus ihnen Folgerungen zu ziehen. Die Bedeutung des Opfers für die Verbrechensentstehung wird zwar erkannt, aber nicht systematisch erfaßt. Rückschlüsse für die Strafzumessung können daher aus diesem Begriff nicht gezogen werden. Außerdem mangelt es an einer allgemeinen Begriffserklärung, wann "vernünftige Sorgfalt" außer acht gelassen wurde oder nicht, so daß die Beurteilung im Ergebnis von der jeweiligen Situation und Sichtweise abhängig ist. Die Einstufung einer Verhaltensweise als "Herausforderung" ist demzufolge kultur-,

---

302 Vgl. z.B. Amir, a.a.O., S. 266; Göppinger, a.a.O., S. 598; Lamborn, a.a.O., S. 160f.; Macdonald, a.a.O., S. 175ff.; Schneider, 1975, S. 120ff.; ders., 1979, S. 48; Silvermann, 1974, S. 107; Wolfgang, a.a.O., S. 252.

303 Vgl. a. v. Hentig, Journal of criminal law 31 (1940), S. 308f.; ders., 1948, S. 384; Silvermann, a.a.O., S. 99ff.

304 Schneider, 1979, S. 49.

zeit- und platzgebunden, denn es macht auch einen Unterschied, in welchem konkreten Umfeld sich diese Situation abspielt. Belegt werden kann dies auch mit einem Beispiel aus dem Bereich der Eigentumskriminalität, in dem oft von nachlässigem oder sorglosem Verhalten des Opfers gesprochen wird: in einem kleinen Dorf mag es ganz normal sein, sein Haus unverschlossen zu lassen, auch wenn die Bewohner abwesend sind. Anders verhält es sich aber in einer städtischen Gegend.

Stellt man bei der Darstellung des Opferverhaltens dagegen, wie es teilweise vertreten wird, allein auf die Sicht des Täters ab[305], läuft man Gefahr, dem Täter in einer Vielzahl von Fällen die Schutzbehauptung zu ermöglichen, er habe sich durch das Opferverhalten herausgefordert gefühlt oder dieses sei für ihn, wenn er bereits tatgeneigt gewesen ist, letztlich tatauslösend-bestärkend gewesen oder habe ihn in seinem Entschluß bestärkt. Dies würde im Ergebnis auf eine einseitige Berücksichtigung der Täterinteressen zu Lasten des Opfers hinauslaufen.

Zusammenfassend kann gesagt werden, daß der Gesetzgeber die Strafzumessungsschuld des Täters unter dem Gesichtspunkt des Handlungsunrechts als gemindert ansieht, wenn er durch ein provozierendes oder "gerechten Zorn" hervorrufendes Verhalten des Opfers ausgelöst wurde. Wann dies im einzelnen der Fall ist, wird im Gesetz nicht festgelegt.

Die Vorschrift läßt ebenfalls Rückschlüsse auf die dem Gesetz zugrundeliegenden Vorstellungen vom Opfer zu: grundsätzlich soll das Opfer nicht bewußt Anlaß zur Tat geben. Allerdings wird auch deutlich, daß die Opferverhaltensweise von einigem Gewicht sein und in den ausdrücklich genannten Fällen sogar einer Straftat gleichkommen muß, um zu einer erheblichen Unrechtsminderung zu führen. Es fehlen aber hinreichend klare Anhaltspunkte für weitere strafzumessungsrelevante Opferverhaltensweisen.

b) §§ 199, 233 StGB Wechselseitig begangene Beleidigungen bzw. wechselseitig begangene Straftaten

Gemäß § 199 StGB kann der Richter beide Beleidiger oder einen derselben für straffrei erklären, wenn eine Beleidigung auf der Stelle erwidert wird. Eine ähnliche Regelung enthält § 233 StGB für den Fall wechselseitig begangener Straftaten: "Wenn Körperverletzungen nach § 223 mit solchen, Beleidigungen mit Körperverletzungen nach § 223 oder letztere mit ersteren auf der Stelle erwidert werden, so kann das Gericht für beide Angeschuldigte oder für einen derselben die Strafe nach seinem Ermessen mildern (§ 49 StGB) oder von Strafe absehen. Satz 1 gilt entsprechend bei fahrlässigen Körperverletzungen nach §

305 Ders., 1987, S. 760.

230 StGB, soweit nicht eine der in § 224 StGB bezeichneten Folgen verursacht ist".

Dem Richter wird die Möglichkeit des Absehens von Strafe bzw. bei § 223 StGB auch die Strafmilderung eingeräumt, weil in solchen Fällen beide Beteiligte gleichermaßen Täter und Opfer sein können. Darüber hinaus ist Grundlage der Privilegierung des Erwidernden die durch die Ersttat ausgelöste affektive Erregung und die dadurch bedingte Schuldminderung[306]. Der Ersttäter hat die beleidigende bzw. körperverletzende Erwiderung durch seine zuerst ausgesprochene Beleidigung provoziert und damit zugleich die Schutzwürdigkeit seiner eigenen Ehre bzw. körperlichen Integrität gemindert.

Entscheidend für die Anwendung der §§ 199, 233 StGB ist, daß der Täter die ihm gegenüber begangene Rechtsgutverletzung auf der Stelle erwidert[307], d.h. die Zweittat muß durch die Gemütserregung verursacht worden sein, die von der vorangegangenen Tat hervorgerufen worden ist.

§§ 199, 233 StGB enthalten eine notwehrähnliche Lage. Sie setzen auch voraus, daß die aufgrund der Ersttat hervorgerufene kriminelle Handlung in etwa das gleiche Gewicht hat wie die "kriminelle Antwort". Die in § 213 StGB ausdrücklich bezeichnete Affektsituation wird in §§ 199, 233 StGB stillschweigend vorausgesetzt, allerdings mit dem Unterschied, daß der Affekt nicht die gleiche Intensität aufzuweisen braucht.

§ 199 StGB stellt im Ergebnis einen "Übergangsfall zur Notwehr"[308] dar, der nicht allein das Schuldmaß reduziert, sondern bei dem schon das Unrecht, d.h. die Schutzwürdigkeit des Verhaltens in einer konkreten Situation, vermindert ist. In beiden Fällen wird die konkrete Schutzwürdigkeit des verletzten Rechtsguts und damit das Unrecht der Tat durch den vorausgegangenen Angriff des Betroffenen maßgeblich beeinflußt: bei der Notwehr wird das Unrecht gänzlich aufgehoben, bei der Erwiderung der Beleidigung nach § 199 StGB lediglich quantitativ reduziert.

Im Ergebnis bleibt festzuhalten, daß der Umstand, daß *vor* der Erwiderung eine Notwehrlage bestanden hat, für das Ausmaß des Unrechts von Bedeutung ist, denn der Angreifer hat die Handlung des Zweittäters selbst provoziert; durch die Beleidigung hat er sich in die Lage gebracht, in der sein Gegner hätte Notwehr üben können und sich damit der Gefahr ausgesetzt, seinerseits beleidigt zu werden. Demzufolge ist er nicht in dem Maße schutzwürdig wie derjenige, der beleidigt wird, ohne von sich aus dazu Anlaß gegeben zu haben.

Aus §§ 199, 233 StGB läßt sich ein allgemeiner Grundsatz dahingehend ableiten, daß Provokation allgemein die Strafe mildert, und zwar nicht nur deshalb, weil den Gereizten ein geringeres Maß an Schuld trifft, sondern auch deshalb,

---

306 RGSt 38, S. 341; 70, S. 331; OLG Hamm, JMBl NRW 1951, S. 141f.

307 Vgl. a. Hirsch, in: LK § 233 Rdnr. 16.

308 Vgl. Küper, JZ 1968, S. 657.

weil der Provozierende - dessen Verhalten entscheidend zur Tat beiträgt - weniger schutzwürdig ist als derjenige, der sich selbst dem Gesetz entsprechend verhält[309]. Letztlich handelt es sich um Übergangsfälle zur Notwehr.

c) § 177 Abs. 2 StGB Minder schwerer Fall der Vergewaltigung

Mit Freiheitsstrafe nicht unter zwei Jahren wird bestraft, wer eine Frau mit Gewalt oder durch Drohung mit gegenwärtiger Gefahr für Leib oder Leben zum außerehelichen Beischlaf mit ihm oder einem Dritten nötigt.

Für minder schwere Fälle der Vergewaltigung sieht § 177 Abs. 2 StGB einen gegenüber dem normalen Strafrahmen gemilderten Strafrahmen von 6 Monaten bis zu 5 Jahren vor.

Nach dem Willen des Gesetzgebers soll Abs. 2 u.a. die konkreten Fälle erfassen, für die der Alternativentwurf eine Strafmilderung vorschlägt. Danach soll es darauf ankommen, ob die Verletzte durch ihr Verhalten Anlaß zur Tat gegeben hat oder ob wegen ihrer Beziehung zum Täter erheblich mildernde Umstände vorliegen[310]. Die Frage, ob die Verletzte Anlaß zur Tat gegeben hat, stellt sich insbesondere dann, wenn es zu einverständlichen sexuellen Handlungen mit dem Täter gekommen ist, die dieser als Vorbereitung zum Geschlechtsverkehr auffassen konnte. Eine Provokation des Täters soll aber auch auf andere Weise vorstellbar sein[311]. Das Gesetz hat hierbei besonders enge Täter-Opfer-Beziehungen im Auge, bei denen das Handlungsunrecht durch die Verhaltensweise des Opfers niedriger ist.

6. Auswertung gewohnheitsrechtlich anerkannter oder von der Rechtsprechung entwickelter Rechtsinstitute

a) agent provocateur

Im Falle des Einsatzes eines "agent provocateur" ist nach der Rechtsprechung u.a. strafmildernd zu berücksichtigen, wenn eine nicht ohnehin tatbereite Person durch einen in staatlichem Auftrag Handelnden den Anstoß zur Tat erhält, weil in derartigen Fällen die Schuld des Täters gemildert ist. Die nachhaltige erhebli-

---

[309] Kern, ZStW 64 (1952), S. 286.

[310] Vgl. Baumann/Brauneck, 1968, § 124.

[311] BT-Drucksache VI, 3521, S. 40.

che Einwirkung des Lockspitzels auf den Täter stellt einen wesentlichen Strafmilderungsgrund dar. Der auf diesem Wege dem Tatrichter zur angemessenen Berücksichtigung aller Umstände, die zur Tat geführt haben, eingeräumte Spielraum reicht über die Verneinung eines besonders schweren Falles trotz Vorliegens eines oder mehrerer Regelbeispiele und über die Annahme eines minder schweren Falles bis hin zur Einstellung des Verfahrens nach §§ 153, 153a StPO[312].

b) Einschränkung der objektiven Zurechnung unter dem Gesichtspunkt der Eigenverantwortlichkeit des Opfers

Die Frage, ob eine Handlung ursächlich für einen Erfolg ist, beurteilt sich nach der Äquivalenztheorie, wonach eine Handlung dann Ursache eines Erfolges ist, wenn die Handlung nicht hinweggedacht werden kann, ohne daß der Erfolg entfiele.

Da alle Bedingungen gleichwertig sind, greift sie in vielen Fällen zu weit und bedarf daher einer Haftungsbeschränkung[313].

Während früher die Bedingungstheorie als Zurechnungskriterium erst auf der Schuldebene begrenzt wurde, erfolgt heute die Einschränkung überwiegend im Bereich der objektiven Zurechnung, wobei die Ansichten über die jeweiligen Zurechnungskriterien im einzelnen auseinandergehen.

Voraussetzung für die objektive Zurechnung eines durch menschliches Verhalten verursachten Erfolges ist, daß dieses Verhalten eine rechtlich mißbilligte Gefahr geschaffen und gerade diese Gefahr sich im tatbestandsmäßigen Erfolg verwirklicht hat[314].

Für das vorliegende Thema sind zwei Fallgruppen von Interesse, nämlich der Ausschluß der objektiven Zurechnung unter dem Gesichtspunkt der Eigenverantwortlichkeit des Opfers und der darauf beruhenden Abschichtung von Verantwortungsbereichen bzw. des Schutzzweckzusammenhangs bei bestimmten Opferverhaltensweisen, insbesondere bei Selbstgefährdungen des Opfers.

Eine tatbestandsausschließende Wirkung des Opferverhaltens wird unter Berufung auf das Selbstverantwortungsprinzip und die Eigenverantwortlichkeit des Opfers insbesondere für die Fälle der Teilnahme an einer eigenverantwortlichen Selbstgefährdung und der einverständlichen Fremdgefährdung diskutiert. Hierunter sollen vor allem die Teilnahme an riskanten Veranstaltungen, das Auf-

---

312 Vgl. z.B. BGH NStZ 1986, S. 162; BGHSt 32, S. 355.

313 Otto, 1972, S. 93ff.; Wessels, 1993, S. 53.

314 Vgl. Wessels, a.a.O., S. 54.

sichnehmen einer gefährlichen Behandlung, Betreuung oder Beförderung, das Sichbegeben in einen örtlich bestimmten Risikobereich sowie die Übernahme gefährlicher Verrichtungen beispielsweise bei Angehörigen von Berufssparten, deren Tätigkeit von vornherein mit einem erhöhten Risiko verbunden ist, fallen[315].

Seinc neueste Ausformulicrung hat der Grundsatz der Eigenverantwortlich keit für den Bereich des Tatbestandes durch die Rechtsprechung erfahren. Danach sollen eigenverantwortlich gewollte und verwirklichte Selbstgefährdungen nicht den Tatbestand eines Körperverletzungs- oder Tötungsdeliktes erfüllen, wenn das mit der Gefährdung bewußt eingegangene Risiko sich realisiert. Wer lediglich eine solche Selbstgefährdung veranlasse, ermögliche oder fördere, mache sich nicht wegen eines Körperverletzungs- oder Tötungsdeliktes strafbar[316].

Wann eine eigenverantwortliche Selbstgefährdung vorliegt, ist nicht endgültig geklärt[317].

Einigkeit besteht jedoch insoweit, als eine frei verantwortlich gewollte und verwirklichte Selbstgefährdung dann vorliegen soll, wenn jemand in Kenntnis der Tragweite seines Verhaltens selbstgefährdende Handlungen vornimmt oder sich wissentlich in eine bestehende Gefahr hineinbegibt.

Im Gegensatz dazu wird eine einverständliche Fremdgefährdung angenommen, wenn sich jemand der von einem anderen erst drohenden Gefahr in vollem Bewußtsein des Risikos aussetzt, so daß sein Schicksal letztlich in den Händen des "Täters" liegt[318].

Ausgangspunkt der Selbstgefährdung als Prinzip der Unrechtseinschränkung bildeten in der Rechtsprechung Fälle, in denen das Opfer sich selbst willentlich verletzt und der Täter hierzu einen Beitrag geleistet hatte wie beim Suizid sowie Fälle, in denen seiner Verletzung ein eigenes Verhalten vorausging, in denen man aber nur von einem fahrlässigen Verhalten gegen sich selbst sprechen konnte[319].

In der Rechtsprechung wird die fehlende Strafbarkeit damit begründet, daß eigenverantwortlich gewollte und verwirklichte Selbstgefährdungen nicht dem Tatbestand unterfallen, wenn das mit der Gefährdung bewußt eingegangene Risiko sich realisiert. Die Strafbarkeit könne erst dort beginnen, wo der sich Beteiligende kraft überlegegenen Sachwissens das Risiko besser erfaßt als der sich Gefährdende[320].

---

315 Zipf, 1970, S. 65-68.

316 BGHSt 32, S. 262f.

317 Rudolphi, JuS 1969, S. 549, 556f.; vgl.a. Roxin, 1973, S. 241; Wolter, a.a.O., S. 346ff.; Bayr. ObLG NStZ 1990, S. 81; NZV 1989, S. 80.

318 Vgl. Dreher-Tröndle, a.a.O., vor § 13 Rdnr. 19; Walther, a.a.O., S. 145ff.

319 BGHSt 32, S. 262ff.

320 Vgl. a. BGHSt 32, S. 262; 37, S. 179; NStZ 1991, S. 392.

Im Gegensatz zur Rechtsprechung wird der Ausschluß des Tatbestandes von anderen aus dem Selbstverantwortungsprinzip abgeleitet.

Als Argument wird angeführt, die Berücksichtigung eines für die Beurteilung des Tatgeschehens in irgendeiner Weise bedeutsamen Opferverhaltens sei dem Strafrecht nicht fremd, wie die Auswirkungen der Einwilligung des Verletzten, der Vertrauensgrundsatz im Bereich der Fahrlässigkeitsdelikte sowie der Garantenstellung desjenigen, der einem anderen alkoholische Getränke ausschenke, zeigten.

Da die Verhängung von Strafe als ultima ratio des Staates der Verhütung von Sozialschäden diene, sei sie dann nicht am Platze, wenn das Opfer keinen Schutz verdiene und auch keines Schutzes bedürfe (sog. viktimologisches Prinzip)[321].

Demzufolge müsse eine Abwägung im Einzelfall ergeben, ob das Opfer Schutz verdiene, wenn es sich sehenden Auges in eine Gefahrensituation begeben habe. Setze sich das Opfer in voller Kenntnis der Gefahr einer solchen Situation aus, bedürfe es weder Schutz noch brauche es ihn. Grundsätzlich müsse auch davon ausgegangen werden können, daß sich Dritte oder der Verletzte nicht sich selbst gegenüber sorgfaltswidrig verhalten[322].

Der Begriff der Selbstverantwortung setze unmittelbar an der Person des Verantwortlichen an[323]. Fälle der Selbstverletzung stellten daher kein Unrecht dar.

Zu entsprechenden Ergebnissen führt die von Zaczyk vertretene Auffassung, wonach mitwirkende Verhaltensweisen des Opfers Auswirkungen auf das strafrechtliche Unrecht haben, wobei Unrecht das in einer Strafrechtsnorm erfaßte Unrecht gegen einen einzelnen, d.h. ein Angriff auf dessen Personalität, ist. Demzufolge sei auch für den Normalfall strafrechtlichen Unrechts ohne Beteiligung des Opfers eine Materialisierung des Geschehens im Hinblick auf die Freiheit des anderen dargelegt: ein Verhältnis wechselseitig garantierter und durch Rechtsnormen gesicherter Freiheit werde durch die Verfehlung der Leistung des Täters so umgestaltet, daß die Freiheitssphäre des Opfers unterdrückt werde[324].

Kennzeichen der "Selbstverantwortungsfälle" sei, daß einer der Beteiligten eine auf einen anderen bezogene und damit - jedenfalls grundsätzlich - rechtlich relevante Handlung vornehme, so daß nicht mehr nur von einer Selbstverletzung gesprochen werden könne: der einheitliche Verletzungserfolg lasse sich auf zwei Handlungszentren zurückführen, die gemeinsam zum Erfolgseintritt beigetragen

---

321 Fiedler, a.a.O., S. 130ff.; Schünemann, NStZ 1986, S. 439ff.

322 Fiedler, a.a.O., S. 179; im Ergebnis auch Hassemer, R., 1981, S. 98.

323 Zaczyk, a.a.O., S. 18f.

324 Ders., a.a.O., S. 26.

haben. Unrechtsqualität weise jedoch nur die Handlung des Außenstehenden auf.

Dabei müsse dem Opferverhalten unterschiedliche Qualität zugemessen werden, die sich in bewußte Selbstverletzung, Handeln in Kenntnis einer Gefahr sowie Handeln im Blick auf die Möglichkeit des Erfolgseintritts, ohne daß dieser bewußt wird, untergliedern lassen.

Entscheidende Frage ist sodann, in welchen Fällen trotz Mitwirkung des Opfers am Geschehen noch von einer Täterschaft des Außenstehenden ausgegangen werden könne.[325]

Da in Fällen bewußter Selbstverletzung die Entscheidung über den Vollzug der Handlung beim Verletzten verbleibt, könne fremde Verantwortung nur dann in Frage kommen, wenn der sich selbst Verletzende aus konstitutionellen Gründen entsprechend den §§ 19, 20 StGB, 3 JGG nicht in der Lage sei, die Bedeutung des Geschehens richtig einzuschätzen oder andere seine Entscheidung beeinflußten.

Bewußte Selbstgefährdung liege vor, wenn der Verletzte den schließlich eingetretenen Erfolg als mögliches Resultat eigenen Verhaltens voraussieht, sich aber gleichwohl der Gefahr aussetzt oder sich ihr nicht entzieht, so daß fahrlässiges Unrecht eines anderen nur dann vorliegen könne, wenn sich nachweisen lasse, daß die eingetretene Verletzung darauf beruhe, daß der Außenstehende das Rechtsgut dem Zufall preisgegeben habe, nicht das Opfer. Dies bedürfe der Feststellung, ob das Opfer in rechtlich fester Form darauf vertrauen durfte, daß der andere den zur Verletzung führenden Verlauf durch pflichtgemäßes Verhalten beherrsche und, sofern danach eine Selbstgefährdung zu bejahen ist, ob es in rechtlich fester Form darauf vertrauen konnte, daß ihm schon gar nicht die Möglichkeit eröffnet wird, den Schritt in die Selbstgefährdung zu tun.

Vorsätzliches Unrecht des anderen setze voraus, daß der Täter das zur Verletzung führende Geschehen beherrscht, seinem Tatplan eine Unterlegenheit im Wissen oder im Willen des Opfers zunutze macht.

Während teilweise eine analoge Anwendung der §§ 3 JGG, 19, 20, 35 StGB befürwortet wird, wollen andere die Maßstäbe der wirksamen Einwilligung und des ernstlichen Verlangens iSd § 216 StGB anlegen.

Begründet wird der Ausschluß der Zurechnung damit, dem einzelnen stehe das ausschließliche Recht am Gebrauch der ihm zugeordneten Rechtsgüter zu, darüber hinaus aber gleichzeitig auch die Pflicht, sie im Rahmen des Möglichen allein und ohne staatliche Unterstützung zu bewahren, zumal das Strafrecht nur als letztes Mittel (ultima ratio) eingreifen solle.

Der hiermit verbundenen Gefahr, daß beispielsweise die Berücksichtigung unterlassener Schutzmaßnahmen des Opfers darauf hinauslaufe, Hilflosen, Ungewandten und Lebensfremden weitgehend den strafrechtlichen Schutz zu ver-

---

325 Zaczyk, a.a.O., S. 28ff.

sagen, könne dadurch begegnet werden, daß bei der Bestimmung der individuellen Selbstschutzmöglichkeiten zu beachten sei, daß vom Rechtsgutträger nicht die Einhaltung solcher Schutzmaßnahmen erwartet werden könne, die nur um den Preis des Abbaus von üblichen und sozialadäquaten Außenkontakten zu realisieren sind. Jedoch verpflichte der Grundsatz der Eigenverantwortlichkeit dazu, die Anforderungen an den Umfang des Individualschutzes des Rechtsgutträgers sowohl im Hinblick auf die von ihm zu treffenden Selbstschutzmaßnahmen als auch unter dem Aspekt der Vermeidung von Situationen starker Gefährdung zu hoch anzusetzen. Sind gesellschaftliche Lebensbedingungen entstanden, in denen z.B. Kfz-Verkehr und Massenveranstaltungen üblich geworden sind, bestimmen sie das Ausmaß der Schutzmöglichkeiten so eindeutig, daß für eine abweichende alternative Regelung kein Raum bleibt.

Gleiches gelte auch im Bereich derjenigen Außenkontakte, die eine eigenbestimmte zielgerichtete Tätigkeit des Individuums voraussetzen. Hier ist zu berücksichtigen, daß die Möglichkeit, diese Sphäre faktisch und rechtlich unter Ausschluß Dritter zu gestalten, punktuell verringert wird, weil der Rechtsgutträger bei allen in der Gesellschaft üblichen Außenkontakten, z.B. bei der Erteilung einer Einzugsermächtigung, seinem Partner zumindest faktisch die Möglichkeit einräumt, in seine Sphäre einzudringen.

Hieraus folge, daß bei der Bestimmung des Inhalts des Grundsatzes der Eigenverantwortlichkeit Öffnungen der Eigensphäre, die innerhalb bestimmter Kreise üblich und sozialadäquat sind, berücksichtigt werden müssen.

Darüber hinaus sei - bei Vorsatz- wie bei Fahrlässigkeitsdelikten - auf den Schutzzweck der Norm abzustellen: der Schutzbereich der Norm, die den Rechtsgutinhaber vor Eingriffen Dritter bewahren soll, ende dort, wo der eigene Verantwortungsbereich des Betroffenen beginnt.

Festzuhalten ist, daß in Fällen der Selbstgefährdung das Opferverhalten tatgestaltend wirkt und das Opfer aktiv zu der Rechtsgutverletzung beigetragen hat. Sein Verhalten ist (mit-)ursächlich geworden. Das Opfer hat in den genannten Fällen willentlich den Schutz seiner Rechtsgüter aufgegeben.

c) Vertrauensgrundsatz im Bereich der Fahrlässigkeitsdelikte

Bei den Fahrlässigkeitsdelikten wurde als Ausprägung des Grundsatzes des erlaubten Risikos vor allem für den Bereich des Verkehrsstrafrechts der sog. Vertrauensgrundsatz entwickelt. Danach darf ein Kraftfahrer sein Recht zur Benutzung der Fahrbahn im Rahmen der Verkehrsregeln voll ausschöpfen und dabei in Ermangelung entgegenstehender Anhaltspunkte auf das verkehrsgerechte Verhalten anderer Verkehrsteilnehmer vertrauen[326].

Die Schranken setzen dort ein, wo dem Vertrauensgrundsatz erkennbar die Grundlage entzogen ist.

Während zunächst im Bereich des Verkehrsstrafrechts die Auffassung vertreten wurde, jeder Autofahrer müsse, da dies nicht außerhalb der Lebenserfahrung liege, auch mit einem unverständigem Verhalten anderer Verkehrsteilnehmer rechnen, wird heute die Auffassung vertreten, daß nicht grundsätzlich mit [illegible] Verhalten gerechnet werden müsse[327]. Dies besagt jedoch nicht, daß irreguläres Verhalten nicht vorhergesehen werden kann, sondern nur, daß es nicht in Rechnung gestellt werden muß. Es handelt sich demzufolge um einen Fall des auf eine Interessenabwägung begründeten erlaubten Risikos. Dem Vertrauensgrundsatz entsprechendes (Verkehrs-)Verhalten ist unerläßlich, um die Flüssigkeit des Straßenverkehrs aufrechtzuerhalten. Die Rechtsordnung sei bei gewissen Tätigkeiten wegen ihres sozialen Nutzen bereit, dasjenige Risiko hinzunehmen, das auch bei Anwendung der optimalen Sorgfalt und der technisch machbaren und wirtschaftlich noch zumutbaren Sicherheitsvorrichtungen verbleibt[328].

Im Ergebnis werden beim Vertrauengrundsatz die Vor- und Nachteile des Vertrauens bzw. Mißtrauens in der jeweiligen Situation abgewogen. Insoweit handelt es sich auch um eine Ausprägung der gerechten Risikoverteilung[329]. Das Vertrauen beruht in diesen Fällen regelmäßig auf allgemein anerkannten Erfahrungssätzen.

d) Sozialadäquanz der Opferverhaltensweise

Inhalt dieses von Welzel Ende der 30-er Jahre entwickelten Prinzips ist, daß sozialadäquate Verhaltensweisen die Rechtswidrigkeit eines Verhaltens entfallen lassen. Dabei sollten unter sozialadäquaten Handlungen diejenigen Tätigkeiten zu verstehen sein, die sich völlig im Rahmen der normalen, geschichtlich gewordenen sozialethischen Ordnung des Gemeinschaftslebens bewegen, d.h. alle Betätigungen, die so mit unserem Sozialleben verknüpft sind, daß sie als völlig normal anzusehen sind[330].

---

326 BGHSt 6, S. 198; 4, S. 47; 7, S. 118ff., 169.

327 BGHSt 7, S. 118; vgl. a. Blei, He., 1992, S. 129f.

328 Schünemann, JA 1975, S. 576f.; ebenso Schumann, a.a.O., S. 9.

329 Vgl. a. Kirschbaum, a.a.O., S. 199ff., 221.

330 Welzel, ZStW 58 (1939), S. 514ff.; ders., 1969, S. 76; vgl. a. BGHSt 23, S. 228: "Nach der Lehre von der 'Sozialadäquanz' können übliche, von der Allgemeinheit gebilligte und

Ein positivrechtlicher Anwendungsfall dieses Gedankens der sozialen Adäquanz sei in § 240 Abs. 2 StGB zu sehen, wenn dort auf die Verwerflichkeit abgestellt werde[331].

Dieser Gedanke wurde in der Folgezeit weiterentwickelt und deutlicher ausformuliert und hat vor allem innerhalb der Fahrlässigkeitsdelikte Anwendung beansprucht mit der Begründung, das Verhalten des jeweiligen Inhabers eines beeinträchtigten Rechtsgutes bestimme zu einem erheblichen Teil die soziale Adäquanz der rechtsgutbeeinträchtigenden Handlung mit; der Rechtsgutinhaber könne über den Fall der Einwilligung hinaus im Rahmen seiner Verfügungsbefugnis über das geschützte Rechtsgut in einer freien, auch nur konkludent erklärten Entscheidung auf die Anwendung besonderer Vorkehrungen oder Mittel zum Selbstschutz seiner Rechtsgüter verzichten. Die Verkehrssitte verlange die Beachtung einer solchen Entscheidung mit der Folge, daß die Vornahme der jeweiligen Handlungen ohne die sonst verkehrsüblichen Vorkehrungen zum Schutz der Rechtsgüter des Einwilligenden als sozialadäquat und nicht sorgfaltswidrig anzusehen seien[332].

Im Ergebnis eine Spielart dieses Gedankens ist die "Lehre vom sozialinadäquaten Risiko"[333], die solche Fälle riskanten Handelns als "sozialinadäquates Risiko" erfaßt, die mit der sozialethischen Ordnung des Gemeinschaftslebens nicht in Einklang stehen, gleichwohl aber nicht strafwürdig erscheinen.

Sie erscheinen deshalb nicht strafwürdig, weil sich der betroffene Rechtsgutträger freiwillig und in Kenntnis der Gefahr in eine Risikosituation begeben hat, die als am Rande des gesellschaftlich Tolerablen zu qualifizieren sei. Der zustimmende Wille des Betroffenen, sich in einen von solcherlei Risiken geprägten Bereich begeben zu haben, löse die Rechtsfolge der Sozialinadäquanz aus[334].

Folge dieses Ansatzes ist, daß gegenüber dem betroffenen Rechtsgutträger nur noch diejenige Sorgfalt aufzubringen ist, die nach Art des Gefahrenbereichs überhaupt zu erwarten und möglich ist.

Dieser Gedanke läßt sich problemlos auf die Strafzumessung übertragen. Letztlich stimmen die so gefundenen Ergebnisse auch mit allgemein gesellschaftlich anerkannten Regeln überein.

Gerade hier muß aber auch die Kritik an der Lehre von der Sozialadäquanz ansetzen. Im Prinzip läßt sich fast jedes gewollte Ergebnis hierunter subsumieren. Wann ein Verhalten sozial adäquat ist, hängt nicht nur von den je-

---

daher in strafrechtlicher Hinsicht im sozialen Leben gänzlich unverdächtige, weil im Rahmen der sozialen Handlungsfreiheiten liegende Handlungen nicht tatbestandsmäßig oder zumindest nicht rechtswidrig sein".

331 Welzel, 1969, S. 76.

332 Maurach/Gössel/Zipf, § 43 II Rdnrn. 49ff.; vgl. a. Naucke, 1964, S. 166ff.

333 Hirsch, ZStW 74 (1962), S. 78ff.; 93, (1981), S. 845f., 853ff.; 94 (1982), S. 239ff.

334 Vgl. a. Geppert, ZStW 83 (1971), S. 947ff., 994.

weils vorherrschenden Ansichten ab, sondern auch von dem jeweiligen Deliktstatbestand und dem mit ihm vom Gesetzgeber verfolgten Regelungszweck.

Es fehlen Vorgaben bzw. Anhaltspunkte für die Bestimmung der sozialen Adäquanz, so daß dieser Begriff letztlich zu einer "Leerformel"[335] wird. Er läuft Gefahr, bei der Auslegung immer nur das zu enthalten, was vorher an gewünschtem Ergebnis in ihn hereingelegt worden ist, so daß er keine praktische Handhabung zur Erfassung anderer Sachverhalte enthält.

III. Anhaltspunkte für die Auswirkungen des Opferverhaltens auf die Strafzumessungsschuld

Die Auswertung der im Strafgesetzbuch enthaltenen Vorschriften unter Berücksichtigung hierzu ergangener Rechtsprechung sowie Entwicklungen in der Literatur liefert zahlreiche Anhaltspunkte zur Bestimmung der Bewertungsrichtung bestimmter Opferverhaltensweisen oder Täter-Opfer-Beziehungen, insbesondere auch zum Vertrauen.

In einem nächsten Schritt soll daher untersucht werden, inwieweit die auf diese Weise gewonnenen Erkenntnisse Rückschlüsse auf die Bemessung der Strafzumessungsschuld zulassen.

1. Auswirkungen auf das Strafzumessungsunrecht

a) auf das Erfolgsunrecht

Das Ausmaß des Erfolgsunrechts bemißt sich nach Umfang und Intensität der Schädigung und Gefährdung der Rechtsgüter. Die Höhe des verursachten tatbestandsrelevanten Schadens bzw. das Ausmaß der eingetretenen Gefährdung spielen dabei eine wesentliche Rolle[336].

Hierbei ist nicht nur der materielle Schaden entscheidend, sondern auch der immaterielle Schaden, der wesentlich auch durch spezielle Eigenschaften des Opfers beeinflußt werden kann. So zeigen beispielsweise §§ 223b, 221, 174 StGB, daß besondere Eigenschaften des Verletzten wie z.B. seine Schutzbedürf-

---

[335] Vgl. Dach, a.a.O., S. 24.

[336] Vgl. Erhard, a.a.O., S. 205; Frisch, ZStW 99 (1987), S. 751; Maiwald, a.a.O., S. 66.

tigkeit, sein Alter oder seine Hilfsbedürftigkeit den bei ihm eingetretenen Schaden als schwererwiegend erscheinen lassen können[337].

Da dem Täter nur die verschuldeten Auswirkungen der Tat vorgeworfen werden können, muß es sich mildernd auswirken, wenn das Opfer durch eigenes Verhalten zum Schadenseintritt beigetragen hat, d.h. den Erfolg bewußt mitverursacht hat, vgl. §§ 199, 213, 216, 233 StGB sowie die Ausführungen zum Grundsatz des erlaubten Risikos,.

Problematisch ist in diesem Zusammenhang, wann eine bewußte Mitverursachung durch das Opfer vorliegt, die sich auf die konkrete Erfolgherbeiführung ausgewirkt hat.

In diesem Zusammenhang wird oft unter Bezugnahme auf das Zivilrecht ein Mitverschulden des Verletzten bzw. des Opfers mit der Begründung verlangt, der Erfolg sei in derartigen Fällen nicht ausschließlich auf das Verhalten des Täters zurückzuführen[338]. Wann ein Mitverschulden vorliegen soll, wird jedoch nicht definiert.

Einigkeit besteht insoweit, als es sich um einen Tatbeitrag des Opfers handeln soll, der wesentlich die Entstehung und den Ablauf der Tat gestaltet. Dabei soll es nicht ausreichend sein, daß das Verhalten des Geschädigten dem Täter lediglich die Tatausführung erleichtert oder ihm Anreize zur Tat gegeben hat[339]. Kontrovers wird aber weiterhin die Frage diskutiert, wann ein Opferverhalten als Mitverschulden angesehen werden muß.

Zur Beantwortung dieser Frage bietet es sich an, einerseits auf die Opfertypologien, andererseits das bereits in anderen Rechtsgebieten anerkannte Institut des Mitverschuldens des Verletzten zurückzugreifen.

aa) Opfertypologien

Verschiedentlich wurde bereits versucht, das Opferverhalten sowie die Beziehungen zwischen Täter und Opfer in ihrem Ausmaß auf die Rechtsgutverletzung zu konkretisieren und klassifizieren. Zu den frühesten und umfassendsten Versuchen, das Opferverhalten anhand bestimmter Kriterien einzuteilen, ge-

---

337 Vgl. z.B. Schneider, 1975, S. 147: materielle Schäden sind leicht festzustellen; psychische Schäden dagegen nur sehr schwer; Göppinger, a.a.O., S. 316: "Ohne Zweifel führt bei manchen das Verbrechen zu einem oftmals längere Zeit wirksamen seelischen Trauma".

338 BGH VRS 24, S. 368, 29, S. 277; OLG Hamm VRS 24, S. 231, Maurach/Gössel/Zipf § 63 Rdnr. 34; Kurth, a.a.O., S. 1, 6, 8ff.; Martin, DAR 1960, S. 57.

339 Maurach/Gössel/Zipf, a.a.O., § 63 Rdnr. 34ff.

hören die Opfertypologien, die allerdings das Opferverhalten nicht ausdrücklich mit Blick auf die Strafzumessung behandeln.

Einige Autoren beschäftigen sich bereits in diesem Rahmen mit einem Mitverschulden des Opfers und nehmen entsprechende Einteilungen vor. Zu den wichtigsten Autoren gehören insoweit:

(1) Mendelsohn

Bei der von Mendelsohn vorgenommenen Einteilung handelt es sich um eine schuldorientierte Typologie, ohne daß Mendelsohn deutlich zwischen moralischer Schuld und Schuld im Sinne der Verursachung unterscheidet, für die der Tatbeitrag des Opfers maßgeblich ist, so daß er zu folgenden Unterteilungen kommt:

- vollständig unschuldiges Opfer
- das Opfer mit weniger Schuld als der Täter, v.a. das unwissende Opfer
- das genauso schuldige Opfer, v.a. das freiwillige Opfer
- das gegenüber dem Täter schuldigere Opfer, v.a. das provozierende und unbeherrschte Opfer
- das ganz überwiegend oder alleinschuldige Opfer, wozu das angreifende Opfer gezählt wird sowie solche Personen, die eine Opferbereitschaft vortäuschen oder sich die Opfereigenschaft einbilden. Daneben gibt es noch die sog. Zufallsopfer.

Die Mitwirkung des Opfers läßt sich demzufolge von "willkürlicher Herausforderung" (größter Beitrag) bis hin zu "kein erkennbarer Beitrag" einordnen, mit den Zwischenstufen "unwillentliche Provokation, Leichtsinn, Sorglosigkeit usw."[340].

(2) Amir

Amir nahm zunächst eine grobe Unterteilung in indifferent-determinierte Opfer sowie widerstehend-unterstützende Opfer vor, bevor er im Jahre 1962 eine Differenzierung anhand der jeweiligen Täter-Opfer-Beziehung seiner Typologie zugrunde legte.
Er unterschied folgende Arten der Täter-Opfer-Beziehung[341]:

---

340 Vgl. die ebenfalls schuldorientierte und insoweit vergleichbare Typologie von Middendorf, a.a.O., S. 187ff.

341 Zitiert nach Kiefl/Lamnek, a.a.O., S.61, da Original spanisch.

- Fremder, wenn vor der Tat überhaupt kein Kontakt bestand.
- Fremde, aber allgemein bekannt, weil Täter und Opfer sich vom Sehen kennen, darüber hinaus aber kein Kontakt zwischen ihnen besteht.
- Bekanntschaft, wenn der Täter das Opfer kurz vor der Tat kennengelernt hat oder das Opfer seinen Wohnort, Arbeitsplatz, Namen oder Spitznamen kennt, aber keine spezifischen Beziehungen zwischen ihnen bestehen.
- Nachbar, wenn Täter und Opfer nahe Nachbarn sind oder das Opfer den Täter vorher öfter gesehen und seinen Weg gekreuzt hat.
- enge/r Freund/in.
- Täter ist ein Verwandter der Familie.

(3) Fattah

Eine Typologie, die ebenfalls den Tatbeitrag des Opfers als entscheidend ansieht und insofern der von Mendelsohn ähnelt, ist die von Fattah[342]. Er unterteilt die Opferbeteiligung in folgende Kategorien:

- nichtteilnehmendes Opfer, das überhaupt keinen Tatbeitrag leistet, u.zw. entweder unbewußt oder weil es wehrunfähig ist (passiver Typ) oder weil es Widerstand gegen seine Opferwerdung übt (aktiver Typ).
- latentes (prädisponiertes) Opfer, bei dem aufgrund bestimmter Merkmale, Kennzeichen, Neigungen und Eigenschaften seitens eines potentiellen Täters eine geringe Widerstandskraft angenommen wird.
- provozierendes Opfer, von dem der Täter im Vorfeld des Verbrechens gereizt wird. Insoweit wird unterschieden zwischen dem passiven Opfer, das den Täter durch indirekte bzw. unkluge Provokation durch Nachlässigkeit reizt, dem aktiven Opfer, das den Täter indirekt anregt, dem nicht-zustimmenden Opfer - z.B. dem Notwehropfer - und dem zustimmenden Opfer, bei dem die Initiative wie z.B. bei der Tötung auf Verlangen ausgeht.
- teilnehmendes Opfer: das Opfer wirkt direkt bei der Tatausführung mit, u.zw. entweder passiv, indem es durch eine "tatgeneigte Haltung" das Verbrechen durch Wunsch, Zustimmung, Unterwerfung oder Apathie ermöglicht oder aktiv, indem es mit dem Täter zusammenarbeitet.
- falsches Opfer: der Betroffene ist entweder nicht wirkliches Opfer einer Straftat, überhaupt kein Opfer, sondern z.B. eingebildetes Opfer oder Opfer seiner selbst.

---

342 Fattah, Revue internationale de police criminelle 1967, S. 162-169.

(4) Barnes und Teeters

Bei ihnen wird das nachlässige Opfer herausgestellt. Sie beziehen sich auf Fälle, in denen die nachlässige oder sorglose Haltung gegenüber den Habseligkeiten es dem Täter einfach machen, sein Verbrechen zu begehen: nicht entsprechend gesicherte Türen, offenstehende Fenster, unverschlossene Autos usw. stellen Einladungen für den Täter dar[343].

(5) Kiefl und Lamnek

Wegen der Schwäche der dargelegten sog. eindimensionalen Typologien, die notwendigerweise Zuordnungsprobleme mit sich bringen, legen diese Autoren ihrer Opfertypologie einen mehrdimensionalen Ansatz zugrunde. Als soziologisch relevante Dimension zur Charakterisierung der Opferwerdung dienen die Art des Opfers, die Art der Täter-Opfer-Beziehung, das Machtgefälle zwischen Täter und Opfer sowie der Tatbeitrag des Opfers[344].

Diese vier Dimensionen, die allein nur simplifizierende Klassifikationen ergeben, sollen nun gemeinsam als Grundlage für eine neue, mehrdimensionale Typologie dienen, in die folgende Elemente eingehen:

1. Art des Opfers
   - Einzelperson
   - Gruppe
   - Organisation
2. Art der Täter-Opfer-Beziehung
   - keine Beziehung beidseitig
   - einseitige Täter-Opfer-Beziehung
   - beidseitige kurze bzw. flüchtige Täter-Opfer-Beziehung
   - beidseitig relativ stabile Täter-Opfer-Beziehung
3. Machtgefälle
4. Tatbeitrag des Opfers
   - keinerlei Opferbeitrag
   - geringer bzw. unfreiwilliger Tatbeitrag
   - bewußte Herausforderung
   - deliktsbegehrendes Opfer
   - falsches Opfer

---

343 Zit. nach Schafer, 1976, S. 155.

344 Kiefl/Lamnek, a.a.O., S.67-69.

Diese Einteilung soll eine detaillierte Erfassung des Opferverhaltens ohne Zuordnungsprobleme ermöglichen.

(6) Avison

Am Beispiel von Mord und Totschlag wird der Beitrag des Opfers zur Tatverursachung untersucht. Diese Mitwirkung geht über die bloße Anwesenheit des Opfers in der entscheidenden Situation hinaus und reicht über die verschiedenen Grade der Provokation bis hin zur aktiven Hervorrufung durch das Opfer[345].

Obwohl die Übergänge teilweise fließend sind, können drei Hauptkategorien festgestellt werden:

- keine oder nur geringe victim precipitation, d.h. zwischen Täter und Getötetem bestand keine Wechselbeziehung
- bescheidener Grad der Opfermitwirkung: oft kennen sich Opfer und Täter sehr gut.
- große Opfermitwirkung/-beteiligung: Opfer trägt Mitverantwortung für die anschließende Tat.

Die Kritik an dieser und überhaupt jeder Art von Einteilung stammt vom Verfasser selbst, indem er auf die eingeschränkte Nutzbarkeit hinweist, die dadurch bedingt ist, daß eine Einteilung immer subjektiv ist und ihre Genauigkeit davon abhängig ist, wieviele zuverlässige Dokumente zur Verfügung stehen. Ihr Verdienst liegt aber darin, eventuell als Grundlage für weitere Untersuchungen zu dienen.

(7) Galaway/Hudson

Das Opfer ist in manchen Fällen allein verantwortlich für die ihm vom Täter zugefügte Schädigung, oftmals teilen sich Täter und Opfer die Schuld und damit die Verantwortung. Jedoch kann ein noch so hoher Grad der Opferverantwortlichkeit nicht zum Schuldausschluß für den Täter führen, weil das soziale Urteil, durch das ein Verhalten als strafrechtlich eingeschätzt wurde, nicht der individuellen Beurteilung unterliegt. Folge können daher nur Strafmilderung bzw. Herabsetzung der Ersatzleistungen sein[346]. Problematisch sei allerdings, wann und inwieweit dem Opfer bereits ein Vorwurf gemacht werden muß, z.B.

---

345 Avison, a.a.O., S. 58.

346 Galaway/Hudson, a.a.O., S. 179.

ob allein schon die Tatsache, in einer Gegend mit hoher Kriminalitätsrate zu wohnen hierfür ausreichend ist. Diese Faktoren sollen in sechs Stufen der Opfermitverantwortung systematisch untersucht werden[347]:

- Einladung, Aufforderung:
  Das Opfer begibt sich bewußt und unnötig in eine gefährliche Situation
  Beispiele:
  Jemand, der nachts durch bestimmte öffentliche Anlagen läuft, trägt ein größeres Risiko, ausgeraubt zu werden, als jemand, der um den Platz herumgeht oder mit dem Auto durchfährt.
  Zwar ist die Opfermitverantwortung nicht ausreichend, um den Täter von seiner Verantwortung zu entbinden, jedoch wird er dadurch für die Tatbegehung zugänglicher.
- Erleichterung:
  Das Opfer unterläßt vernünftige Vorsichtsmaßnahmen zur Verbrechensvermeidung. Es begibt sich in eine gefährliche Situation und weiß dies.
  Beispiele:
  Der Eigentümer von Vermögen kann Diebe abschrecken, indem er Einriegelschlösser anstelle von Schnappschlössern an seinen Türen installiert, seine Wertsachen in einem Safe aufbewahrt und diesen ordnungsgemäß verschließt; der Arbeitgeber, der jemanden für eine Vertrauensposition einstellt, kann Unterschlagungen vermeiden, indem er intensive Nachforschungen über die Vergangenheit des potentiellen Angestellten betreibt.
  Auch hier führt das Opferverhalten nicht zur völligen Entlastung des Täters aus seiner Verantwortung.
- Provokation:
  Das Opfer veranlaßt den Täter durch aktives Verhalten zur Tatbegehung.
  Das Opfer, das in Kenntnis um die provozierende Wirkung handelt, trägt mehr Verantwortung, ohne den Täter aber gänzlich vom Schuldvorwurf zu befreien.
  Eine Schuldminderung tritt in dem Umfang ein, wie auch ein durchschnittlicher Dritter durch das Verhalten des Opfers provoziert worden wäre und er daher nur das tat, was jeder getan hätte.
- Begehung (perpetration):
  Einladung des Opfers an einen anderen, ein Verbrechen gegen jemanden zu begehen.
  Der Unterschied zur vorangehenden Stufe liegt in der Sträflichkeit der Opferabsicht. Folgen sind Strafmilderung und Herabsetzung der Ersatzleistungen.

---

347 Galaway, Hudson, a.a.O., S. 180.

- Anstiftung, Verführung:
  Das Opfer ermuntert den Täter aktiv zum Verbrechen.
  Ist die Verantwortung des Opfers gleich oder größer als die des Täters, drängt sich der Gedanke auf, das Verhalten als nicht kriminell einzustufen oder zumindest die Strafe drastisch zu senken[348].

(8) Nutzen der Opfertypologien für die Erfassung des Opferverhaltens sowie die Bemessung des Strafzumessungsunrechts

Die Frage nach dem Wert der Opfertypologien speziell für die Strafzumessung hängt eng mit der allgemeinen Beurteilung der Opfertypologien zusammen.

Ihr großes Verdienst besteht darin, die Vielgestaltigkeit der Täter-Opfer-Beziehung sowie bestimmte Opferverhaltensweisen, insbesondere die eines möglichen Tatbeitrages des Opfers, aufgezeigt und ihren Anteil an der Verbrechensentstehung dargelegt zu haben.

Andererseits liegt die Schwierigkeit gerade darin, komplizierte Sachverhalte grob vereinfachen zu müssen, um sie in Kategorien einordnen zu können und auf ein überschaubares Minimum zu reduzieren mit der Folge, zu oberflächlich zu sein, zu sehr zu vereinfachen oder zu schematisieren.

Darüber hinaus birgt das Bestreben, die Vielgestaltigkeit des Opferverhaltens umfassend zu erfassen und es in ein System zu bringen, die Gefahr in sich, bestimmte Gesichtspunkte willkürlich als Ordnungsgesichtspunkte herauszugreifen. Je detaillierter dabei eine Typologie sein will, um so mehr setzt sie sich dem Vorwurf der Unübersichtlichkeit aus[349]. Außerdem hängt die Aussagekraft einer Typologie ganz entscheidend von der Wahl der relevanten Kriterien ab. Zudem erscheint es zweifelhaft, ob sich denn aus teilweise nur beschreibenden Typologien tatsächlich weiterführende Erkenntnisse ziehen lassen[350].

Untersucht man die dargelegten Typologien im Hinblick auf ihren Nutzen für die Strafzumessung, so ergibt sich folgendes: Die ihrer Natur nach beschreibenden Typologien stellen Situationen dar, in denen Menschen opferan-

---

348 Dies., a.a.O., S.180ff.

349 Dies wird z.B. auch von Stephan, a.a.O., S. 238, der eine eigene Opfertypologie entwickelt hat, eingeräumt.

350 Vgl. a. Kaiser, a.a.O., S. 287.; ebenfalls kritisch Schneider, 1975, S. 55: "Die Kategorien, die in von Hentigs Typologie erscheinen, sind weder erschöpfend noch schließen sie sich gegenseitg aus. Fattahs Typologie ist nicht erschöpfend, kann nur bei Delikten gegen Personen verwandt werden. Ebenso Kube, Kriminalistik 1980, S. 152: "Eindimensionale Betrachtungsweisen sind grundsätzlich wenig aussagekräftig".

fälliger sind, ohne auf das aktive Verhalten des Opfers oder seine Rolle bei der Verbrechensentstehung einzugehen. Aus der Zugehörigkeit zu einer bestimmten Gruppe lassen sich nicht in allen Fällen Anhaltspunkte für ein bestimmtes Opferverhalten ziehen. Außerdem läßt die Gliederung nicht immer eine eindeutige Zuordnung zu.

Ähnlichen Bedenken sind auch die Einteilungen von Ellenberger, Middendorf sowie Sellin und Wolfgang ausgesetzt. Sie berücksichtigen nur eine sehr begrenzte Zahl von Verhaltensweisen und können die viktimogene Situation nicht vollständig erfassen. Sie lassen sich in den der Strafzumessung vorausgehenden Abwägungsvorgang nicht einbauen, so daß aus ihnen letztlich keine rechtlichen Konsequenzen gezogen werden können[351].

Anders verhält es sich dagegen mit den übrigen Typologien. Die Einteilung von Mendelsohn, die sich an dem Tatbeitrag des Opfers orientiert, ließe sich mühelos in den Strafzumessungsvorgang eingliedern, weil auch hier gegenläufige Wertungen miteinander verbunden werden sollen und es sich möglicherweise anbietet, den Tatbeitrag des Opfers, der die Strafzumessungsschuld des Täters mitprägt, an dieser Stelle mildernd oder schärfend einzubringen, d.h. eine sog. "Opferschuld" - wobei noch zu klären ist, ob es eine solche überhaupt gibt - von der Täterschuld abzuziehen bzw. ihr zuzurechnen. Insoweit vergleichbar sind die Einteilungen von Barnes und Teeters, Fattah, Avison und Galaway und Hudson. Problematisch ist auch bei ihnen, daß sie jeweils - mehr oder weniger intuitiv - einen Aspekt herausgreifen, ohne Kriterien anzugeben, wie die Zuordnung letztlich erfolgen soll.

Ergänzend zu den Einteilungen nach dem Opferbeitrag könnten die Einteilungen nach der Täter-Opfer-Beziehung herangezogen werden, die jeweils für sich gesehen keine Aussage hinsichtlich der Strafbemessung zulassen.

Die sog. mehrdimensionalen Ordnungssysteme ermöglichen zwar eine genauere Beschreibung sowohl des Opfers als auch seines konkreten Verhaltens, jedoch bieten auch sie keine Anhaltspunkte dafür, welche rechtlichen Konsequenzen aus der Zuordnung zu einer bestimmten Kategorie zu ziehen sind, zumal nicht immer eine eindeutige Entscheidung möglich ist, weil auch hier Wertungen getroffen werden müssen.

Zuzugeben ist allerdings, daß keine Typologie perfekt sein kann mit der Folge, daß beim momentanen Kenntnisstand selbst die beste der Kritik leicht zugänglich wäre. Menschliches Verhalten läßt sich nicht vollständig in Kategorien erfassen und diesen eindeutig zuordnen. Daher haben alle Typologien und Einteilungen notwendigerweise einen mehr oder weniger willkürlichen und zufälligen Chrakter[352]. Dies gilt um so mehr, wenn die vorgeschlagene Typologie den Anschein erweckt, als ob sie auf einer speziellen Theorie der Viktimologie

351 Vgl. hierzu auch Schneider, 1975, S. 55.

352 Galaway/Hudson, a.a.O., S. 21; ebenso Sessar, 1985, S. 1142ff.

(wenn eine solche überhaupt existiert) beruht oder wenn sie nicht von einer allgemeinen Erklärung über Täter-Opfer-Beziehungen und die Charakteristika von Opfern gestützt wird. Eine Typologie, die in einem Vakuum schwebt, ist isoliert gesehen nutzlos, sie kann allenfalls als Ausgangspunkt für andere Typologien herangezogen werden. Im Idealfall müßte einer brauchbaren Typologie eine einzige plausible Hypothese oder eine allgemeine Theorie über das Konzept von Verantwortung und Täter-Opfer-Beziehungen (Erklärbarkeit) zugrundeliegen. Sie sollte das Ergebnis der Beobachtung allgemein unterschiedlicher Formen sein, die einer großen Anzahl von Verbrechen, Opfern, Opfereigenschaften und Täter-Opfer-Beziehungen eigen sind, als Modell genutzt werden, auf das sie sich beziehen (Realität). Außerdem müßte sie pragmatisch sein und eine systematische Gruppierung von Opfertypen und Täter-Opfer-Beziehungen erlauben, so daß die Verantwortung des Täters und des Opfers entsprechend eingeschätzt werden können.

Zusammenfassend müßte eine für die Strafzumessung brauchbare Opfertypologie Antwort auf die Frage geben können, wie konkrete Opferverhaltensweisen sich auf das Ausmaß der Schuld im Einzelfall auswirken können.

Auch wenn dies bisher nicht der Fall ist, sind die Opfertypologien nicht ohne Wert; sie können zumindest Denkanstöße für die Strafzumessung geben, indem sie charakteristisches Opferverhalten aufdecken und Anhaltspunkte für die Gewichtung bei der Strafzumessung geben sowie der Forderung nach Berücksichtigung des Opferverhaltens Nachdruck verleihen.

Der Frage, wie ein Mitverschulden des Verletzten beschaffen sein muß, um sich strafmildernd auszuwirken und wie ein Tatbeitrag des Opfers in eine der Schuld des Täters entsprechende meßbare Größe gefaßt werden kann, kann mit ihrer Hilfe nicht gelöst werden, daüber hinaus muß ihr die Überlegung, ob ein "Mitverschulden" des Opfers im Strafrecht überhaupt dogmatisch anerkannt werden kann, vorausgehen.

bb) Mitverschulden des Opfers

Der Begriff "Schuld" wird im Hinblick auf den Täter an verschiedenen Stellen des Gesetzes in unterschiedlichem Zusammenhang erwähnt, z.B. in §§ 16, 17, 19, 20, 46 StGB[353].

Dem Täter wird, wie bereits dargelegt, die Begehung des tatbestandsmäßigen Unrechts vorgeworfen, weil er aufgrund seiner Fähigkeiten in der Lage war, die Verwirklichung des Unrechts zu vermeiden. Das Ausmaß des konkreten Schuldvorwurfs schlägt sich in der Strafhöhe nieder.

---

353 Vgl. insoweit in diesem Teil A. II. 4.ff.

Im Gegensatz dazu wird der Begriff der Opferschuld oder eines Mitverschuldens des Opfers im Gesetz nicht erwähnt. Auch enthält das Gesetz keine ausdrückliche Regelung, die dem Rechtsgutinhaber bestimmte Pflichten im Umgang mit seinen Rechtsgütern auferlegt oder eine Schadensverteilung entsprechend § 254 BGB vorsieht. Teilweise wird jedoch eine analoge Anwendung des § 254 BGB gefordert[354].

Es erhebt sich daher die Frage, ob sich in Analogie zu Vorschriften des Zivil- oder Sozialrechts oder anderen Rechtsgebieten, die das Verhalten des Opfers bzw. Verletzten im Rahmen der Beurteilung von Haftungs- und Schuldfragen heranziehen, ein Mitverschulden des Opfers im Strafrecht definieren läßt, daß sich von der Täterschuld praktisch abziehen läßt.

(1) Mitverschulden des Verletzten im Zivilrecht

Im Zivilrecht wird die - möglicherweise mit der Opferschuld vergleichbare - Schuld des Verletzten in § 254 BGB behandelt. § 254 BGB regelt die Einstandspflicht des Schädigers, wenn bei der Entstehung oder der Entwicklung des Schadens ein "Verschulden" des Geschädigten mitgewirkt hat.

Das Mitverschulden wird auch im Bürgerlichen Gesetzbuch nicht definiert. Da die Rechtsordnung die Selbstgefährdung und Selbstbeschädigung aber nicht verbietet, setzt Verschulden neben der Mitverursachung nicht - wie bei der Beurteilung des Verschuldens des Schädigers - eine vorwerfbare, rechtswidrige Verletzung der gegenüber einem Dritten bestehenden Rechtspflicht voraus[355].

Ein Mitverschulden bei der Schadensentstehung wird dem Geschädigten erst dann zur Last gelegt, wenn er für seine Rechtsgüter eine vermeidbare Gefahrenquelle geschaffen, eine vorhandene nicht abgestellt bzw. daraufhin überwacht hat, ob sie sich konkretisiert oder wenn er Hinweise auf das Vorhandensein einer Gefahr nicht beachtet hat. Voraussetzung ist demzufolge zunächst, daß der Geschädigte die Sorgfalt außer acht gelassen hat, die ein verständiger Mensch aufwendet, um sich vor Schaden zu bewahren.

Maßstab hierfür ist die vernünftige Verkehrsanschauung, nach der z.B. dann keine Sorgfaltspflichtverletzung vorliegt, wenn der Schaden durch Sicherungsmaßnahmen zwar hätte vermieden werden können, diese Maßnahmen aber ihrerseits andere gleichgroße Gefahren geschaffen hätten.

Darüber hinaus muß die Sorgfaltspflichtverletzung vorsätzlich oder fahrlässig erfolgt sein und sich adäquat kausal auf den Schadensablauf ausgewirkt ha-

---

354 Vgl. z.B. Kern, ZStW 64 (1952), S. 285; i.E. auch Ellmer, a.a.O., S. 284 und Kaiser, L., a.a.O., S. 88ff.

355 Vgl. a. Grunsky, in: Mü-Ko § 254 Rdnr. 19.

ben, wobei auch der Schutzzweck der Norm zu berücksichtigen ist. Korrekturen erfolgen im Rahmen der Zurechnungsfähigkeit.

Für den Bereich der Strafzumessung sind folgende, von der Rechtsprechung entwickelte, Fallgruppen von Bedeutung[356]: ein Mitverschulden liegt darin, daß der Geschädigte eine den Umständen nach unvermeidbare Gefahrenquelle nicht daraufhin überwacht, ob sie sich aktualisiert. Hierzu zählen insbesondere die fehlende Überwachung von Arbeitnehmern auf Untreue oder Unterschlagung hin[357], das Unterlassen der Bewachung von wertvollen Gegenständen, die Überwachung des eigenen Bankkontos auf Ordnungsmäßigkeit der Buchungen hin sowie das Fehlen von Sicherungsmaßnahmen des bestohlenen Ladeninhabers[358].

Erfaßt wird außerdem das Handeln auf eigene Gefahr, das sich in die Fälle der Selbstgefährdung, z.B. Mitfahrt bei einem fahruntüchtigen Fahrer, sowie Teilnahme an gefährlichen Sportveranstaltungen unterteilen läßt.

Hinzu kommt die aus § 254 Abs. 2 BGB folgende Schadensabwendungspflicht des Verletzten.

Die Entscheidung über die konkreten Rechtsfolgen des Mitverschuldens wird nach Abwägung aller Umstände des Einzelfalles getroffen. Sie kann rational nicht uneingeschränkt nachvollzogen werden, so daß dem Richter insoweit ein Beurteilungsspielraum zusteht.

Eine analoge Anwendung des § 254 BGB setzt außer einer Lücke noch das Vorliegen des gleichen Normzwecks sowie der gleichen Interessenlage voraus.

Dies könnte insoweit bejaht werden, als § 254 BGB ebenfalls einen Ausgleich der widerstreitenden Interessen zwischen Täter und Geschädigtem sowie eine Zuweisung der Verantwortung vornimmt, ähnlich wie es die Strafzumessung beabsichtigt. Allerdings erfüllt das Verschulden im Zivilrecht primär haftungsbegründende Funktion, es geht um die Verteilung der Schadensgefahr auf Recht- und Verantwortungssubjekte für objektiv fehlerhaftes und subjektiv vorwerfbares Tun. Im Strafrecht dagegen besteht keine haftungsbegründende oder -begrenzende Funktion des Opferverhaltens, weil es hier nicht um einen Verhaltensvorwurf gegenüber dem Opfer geht: das Opfer trifft insoweit auch keine Schadensminderungspflicht[359]. Dem Verschulden des Verletzten im Zivilrecht kommt eine andere Bedeutung als sonst üblich zu. Da es keine Rechtspflicht gibt, sich selbst nicht zu schädigen, kann die Anwendbarkeit von § 254 BGB nicht davon abhängen, daß der Geschädigte eine Rechtspflicht verletzt hat. Es besteht aber eine Rechtspflicht des Geschädigten, den Schaden abzuwenden bzw. möglichst gering zu halten. Demzufolge liegt Verschulden des Verletzten

---

356 Ders., in: Mü-Ko § 254 Rdnr. 31.

357 BGH NJW 1970, S. 1861.

358 BGH NJW 1968, S. 742.

359 Vgl. a. BGH VRS 18, S. 265f.; 29, S. 279; Merkel, a.a.O., S. 261.

vor bei "Verschulden gegen sich selbst", bei dem es sich um eine nicht einklagbare Obliegenheit handelt, bei deren Nichtbeachtung der Geschädigte den Rechtsnachteil hinnehmen muß, nicht seinen gesamten Schaden ersetzt zu erhalten. Insoweit stellt sich die Sachlage im Strafrecht völlig anders dar: das Opfer soll nicht für den erlittenen Nachteil entschädigt werden, Ziel der Strafe ist, den allgemeingültigen Wertvorstellungen des Gesetzgebers durch Abschreckung weiterer Täter und Wiedereingliederung des zu verurteilenden Täters zur Durchsetzung zu verhelfen. Demzufolge ist die Frage nach dem strafrechtlichen Mitverschulden unabhängig von einer bürgerlich-rechtlichen Ausgleichspflicht zu beantworten.

Schuld des Verletzten setzt keine vorwerfbare, rechtswidrige Verletzung einer gegenüber einem anderen bestehenden Rechtspflicht voraus, sondern den vorwerfbaren Verstoß gegen Verbote des eigenen Interesses, m.a.W. Obliegenheitsverletzungen oder "Verschulden gegen sich selbst".

Sinn und Zweck des § 254 BGB ist der Gedanke, daß derjenige, der die erforderliche Sorgfalt außer acht läßt, um sich selbst vor Schaden zu schützen, den Verlust oder die Kürzung seines Schadens hinnehmen muß. Insofern beinhaltet § 254 BGB einen allgemeinen Rechtsgedanken, der darauf beruht, daß jeder Rechtsgutinhaber eine gewisse Verantwortung für seine Rechtsgüter trägt.

Dies könnte insofern auch Geltung für das Strafrecht haben, als das Opfer zwar keinen Anspruch - auch nicht auf Bestrafung - hat, aber im Verhältnis zum Täter gerechterweise festgehalten werden muß, daß ihn weniger Schuld trifft - seine Schuld würde praktisch gekürzt um das Mitverschulden des Opfers - mit der Folge einer Strafmilderung.

(2) Treu und Glauben, § 242 BGB

Eine andere Möglichkeit besteht in der analogen Anwendung des § 242 BGB. Dies liegt insofern nahe, als § 242 BGB einen für alle Rechtsgebiete Geltung beanspruchenden Rechtsgedanken dahingehend enthält, daß jedermann in der Ausübung seiner Rechte und Erfüllung seiner Pflichten nach Treu und Glauben zu handeln hat. Die Rechtsausübung wird u.a. dann als mißnbräuchlich und unzulässig eingestuft, wenn der Berechtigte Mitwirkungspflichten oder eigene Pflichten verletzt hat.

Eine analoge Anwendung käme daher insbesondere dann in Betracht, wenn das Opfer ihm obliegende Schutzmaßnahmen verletzt hat. Insoweit würde es sich anbieten, vergleichbar dem Zivilrecht entsprechende Fallgruppen herauszuarbeiten.

Selbst wenn man die Auffassung vertritt, das Opfer sei auch verpflichtet, alles zu tun, um nicht Opfer einer Straftat zu werden, können mangelnde Selbstschutzmaßnahmen nicht zum Rechtsmißbrauch mit strafmildernder Folge für den Täter führen, weil das Opfer keinen rechtlichen Anspruch auf Bestrafung des Täters hat und infolgedessen auch kein entsprechendes Recht mißbrauchen kann.

Aus diesem Grund scheidet eine analoge Anwendung des Grundsatzes von Treu und Glauben aus.

(3) Opferentschädigungsgesetz, § 2 OEG

Nach dem Opferentschädigungsgesetz werden Opfern eines vorsätzlichen, rechtswidrigen tatsächlichen Angriffs unter Verweis auf das Bundesversorgungsgesetz Versorgungsansprüche gewährt. Diese Ersatzpflicht ist gem. § 2 OEG ausgeschlossen, wenn der Geschädigte die Schädigung verursacht hat oder es aus sonstigen, insbesondere in dem eigenen Verhalten des Anspruchstellers liegenden Gründen unbillig wäre, Entschädigung zu gewähren. Infolgedessen entfällt der Anspruch des Opfers bei Selbstverschulden, d.h. wenn das Opfer für die an ihm begangene Straftat zumindest eine gleichwertige Bedingung gesetzt hat, wobei die Frage nach der Wesentlichkeit bzw. Gleichwertigkeit einer Bewertung bedarf.

Im Hinblick darauf werden als diesen Anspruch ausschließende Fallgruppen folgende Fälle genannt: die verschuldete Mitverursachung, Selbstverschulden, Verschulden gegen sich selbst, die Rechtsfigur der selbstgeschaffenen Gefahr, rechtsfeindliches, rechtsmißbräuchliches Verhalten sowie die wesentliche (Mit-) Bedingung und das Mitverschulden[360]. Unter Mitverschulden wird dabei ein zurechenbares, vorwerfbares Verhalten verstanden, bei dessen Vorliegen es unbillig wäre, Entschädigung zu gewähren.

Offen bleibt aber, worauf sich der Vorwurf fehlerhaften Verhaltens bezieht und ab welchem Grad vorwerfbares Verhalten leistungsausschließend wirkt. Insoweit führt auch die amtliche Gesetzesbegründung nicht weiter, derzufolge die Versagungsgründe dem Umstand Rechnung tragen sollen, daß der von der Straftat Betroffene die Schädigung selbst verursacht oder "sich in einem solchen Maße leichtfertig oder gar rechtsfeindlich verhalten haben <kann>, daß es unbillig wäre, die Allgemeinheit für den Schaden aufkommen zu lassen"[361]. Dies sei dann der Fall, wenn das Verhalten des Geschädigten "größere Bedeutung für den Schadenseintritt hat als die Straftat"[362].

---

360 Ehinger, a.a.O., S. 38ff.

361 BT-Drucksache 7/2506, S.11.

362 BT-Drucksache, a.a.O, S. 11, 15.

Hiervon wird jedoch lediglich vorhersehbares oder sogar vorsätzliches Verhalten des Opfers erfaßt. Nicht geklärt ist, ob schuldhaftes Handeln sich auch auf die objektive Fehlerhaftigkeit beziehen muß, der Geschädigte also im Bewußtsein der Pflichtwidrigkeit bzw. Rechtswidrigkeit seines Verhaltens gehandelt haben muß. Die Figur der selbstgeschaffenen Gefahr ist dann erfüllt, wenn sich der Geschädigte auffallend vernunftwidrig in eine selbstgeschaffene Gefahr begeben hat, wobei es an genauen Angaben, wann dies der Fall ist, fehlt.

Für eine analoge Anwendung des in § 2 OEG enthaltenen Rechtsgedankens sowie der hierzu von Rechtsprechung und Literatur entwickelten Grundsätze spricht, daß auch hier grundsätzlich die Schuld des Täters bestehen bleibt, aber das Verhalten des Opfers einer kritischen Würdigung unterzogen wird, weil nur so das Gesamtgeschehen zutreffend erfaßt wird.

Weitere mögliche Parallele zum Strafzumessungsrecht ist, daß als verschuldete (Mit-)Verursachung z.B. der Fall begriffen wird, daß der Geschädigte den Angriff schuldhaft herausgefordert hat. Für das Mitverschulden bzw. Selbstverschulden oder Verschulden gegen sich selbst ist die identische Zielrichtung kennzeichnend. Allerdings fehlen gerade hierzu Kriterien, was auch nicht durch den Hinweis der amtlichen Gesetzesbegründung auf die Leichtfertigkeit und der vermutlich dahinterstehenden groben Fahrlässigkeit im Zivilrecht beseitigt wird.

Positiv ist aber die Berücksichtigung viktimologischer Erkenntnisse, die zu einer umfassenden Wertung der Tat sowie der Berücksichtigung der beiderseitigen Interessen führen.

Gegen eine analoge Anwendung dieser Vorschrift zur Schließung der im Strafrecht hinsichtlich der Bewertung des Opferverhaltens vorhandenen Lücke spricht, daß Normzweck und Interessenlage unterschiedlich sind: Grundsätze der Schadensregulierung sind nicht ohne weiteres auf das Strafrecht übertragbar. Die Vorschriften des Opferentschädigungsgesetzes beruhen auf dem Verursacherprinzip, während das Strafrecht auf dem Schuldprinzip basiert. Ob trotz Mitwirkung der Strafrechtsschutz erhalten bleiben soll, ist eine völlig andere Frage als die, ob ein mitwirkendes Opfer zu entschädigen ist. Im Opferentschädigungsgesetz wird dem Opfer ein eigener Anspruch zugebilligt, der an gewisse Anforderungen geknüpft werden muß, weil das Opfer aus Mitteln der Allgemeinheit versorgt werden soll. Im Strafrecht steht dem Opfer gerade kein Anspruch auf Strafe zu, sondern die Strafkompetenz liegt beim Staat, der mit Ausnahme der Antragsdelikte unabhängig vom Willen des Opfers bei Vorliegen der Voraussetzungen eine Strafe aussprechen kann.

(4) Ergebnis

Vielfach wird eine strafmildernde Berücksichtigung des Mitverschuldens des Opfers gefordert, ohne sich zuvor mit der Frage auseinanderzusetzen, ob dieser Begriff im Strafrecht, in dem es um den gegenüber dem Täter erhobenen Vorwurf des Unrechts bei Schuld geht und im Gegensatz zum Zivilrecht nicht um eine Schadensquotelung, unter dogmatischen Gesichtspunkten anwendbar ist.

Offen bleibt überwiegend auch die Frage, wann ein Mitverschulden vorliegen soll, so daß es sich in der Regel jeweils um einzelfall- und ergebnisbezogene Entscheidungen handelt, die eine nähere Begründung vermissen lassen[363]: während teilweise schon mangelnde Vorsicht des Opfers für seine Rechtsgüter hierunter subsumiert wird[364], wird von anderen ein Mitverschulden abgelehnt, wenn das Verhalten des Geschädigten dem Täter lediglich die Tatausführung erleichtert oder ihm Anreize zur Tatbegehung geboten habe, wie es häufig bei mangelnder Vorsicht des Geschädigten im Rahmen von Vermögens- oder Eigentumsdelikten der Fall sei[365].

Der Begriff eines "Opfermitverschuldens" begegnet unter dogmatischen Gesichtspunkten Bedenken: Schuld bedeutet im strafrechtlichen Sinne Vorwurf des Unrechts bei Schuld, im zivilrechtlichen Sinne Außerachtlassung der Sorgfalt, die ein verständiger Mensch aufwendet, um sich vor Schaden zu bewahren.

Im Rahmen der Strafzumessung geht es jedoch nicht darum, dem Opfer ein bestimmtes Verhalten vorzuwerfen, zumal es kein Unrecht begeht, sondern um das Ausmaß des Schuldvorwurfs gegenüber dem Täter. Dem Opfer kann schon deshalb kein Schuldvorwurf gemacht werden, weil jedem die Verletzung eigener Rechtsgüter freisteht. Ebenso gibt es keine Normen, die dem Rechtsgutinhaber die Pflicht auferlegen, seine Rechtsgüter zu schützen oder in bestimmter Weise mit ihnen zu verfahren. Allerdings kann ein zuwiderlaufendes Verhalten möglicherweise die Schutzbedürftigkeit herabsetzen.

Dieser Kritik kann auch nicht dadurch begegnet werden, daß auf verschiedene Stufen einer "Opfermitverantwortung" verwiesen wird[366], denn im Ergebnis werden unter anderer Bezeichnung Vorsatz- und Fahrlässigkeitsstrukturen aus dem Zivil- bzw. Strafrecht auf das Opfer übertragen, so daß diese Konstruktion

---

363 Vgl. a. Frisch, ZStW 99 (1987), S. 760, der darauf hinweist, es fehle an einer intensiven Auseinandersetzung mit diesem Begriff, die vielfach bestehende Übereinstimmung in der Wertung eines Verhaltens als Mitverschulden entspringe vielmehr einer "Art intuitiver Beurteilung"; vgl. aber auch Bruns, 1988, S. 52f.

364 Arzt/Weber, 1986, S. 120ff.; Kurth, a.a.O., S. 182ff.; Schünemann, 1982, S. 412ff.; Stree, in: Sch-Sch § 46 Rdnr. 24.

365 Karstendiek, a.a.O., S. 24ff.; 41; Schünemann, ZStW 90 (1978), S. 32.

366 Vgl. Kaiser, L., a.a.O., S. 88ff.

auch den dargelegten Einwänden ausgesetzt ist: zur strafrechtlichen Beurteilung der Opfermitverantwortung und zur Abstufung des Verantwortungsgrades sollen die Erscheinungsformen der Fahrlässigkeit sowie des dolus eventualis herangezogen werden, die sonst das Täterverhalten kennzeichnen. Dem Opfer werden "den Umständen" und "seinen persönlichen Verhältnissen" entsprechende Pflichten auferlegt[367]. Zur Begründung wird ebenfalls auf § 254 BGB und das dort enthaltene "Prinzip der beiderseitigen Verantwortung"[368] verwiesen.

Allein die unterschiedliche Terminologie kann die dogmatischen Bedenken jedoch nicht zerstreuen.

Hinzu kommt, daß der Begriff des Mitverschuldens zu eng ist, weil es nicht darauf ankommt, ob der Verletzte seinerseits schuldhaft oder objektiv pflichtwidrig gehandelt hat, denn auch bloße Mitverursachung ist geeignet, den Grad der Strafzumessungsschuld des Täters zu beeinflussen[369].

Der Begriff des "Mitverschuldens" oder "mitwirkenden Verschuldens" ist auch der Sache nach ungenau, weil es hierbei nicht um ein Schuldproblem im engeren Sinne geht, sondern um die Zurechnung des Erfolgs[370].

Erfaßt werden soll daher die "Mitverursachung" des Opfers, d.h. jede Verhaltensweise bzw. jede Beziehung, die nicht hinweggedacht werden kann, ohne daß der Erfolg oder der spezifische Charakter der Tat entfiele (condicio sine qua non). Demzufolge fallen unter diesen im Verhältnis zum Begriff des Mitverschuldens weiteren und wertneutralen Begriff der Mitverursachung alle Verhaltensweisen, in denen das Opfer - bewußt oder unbewußt - zur Tat beigetragen hat und/oder die Täter-Opfer-Beziehung sich auf die Tatbegehung ausgewirkt hat[371].

Im Ergebnis handelt es sich um ein Zurechnungsproblem, d.h. es geht um die Frage, ob allein dem Täter der Erfolg in vollem Umfang zugerechnet werden kann oder ob er auch auf eine Verhaltensweise des Opfers zurückgeht und diesem somit auch zurechenbar ist.

Da entscheidender Gesichtspunkt die Gefährlichkeit des Angriffs ist, kann sich eine Mitverursachung des Opfers nicht nur auf das Erfolgs-, sondern auch auf das Handlungsunrecht auswirken, weil die Handlung des Täters dann, wenn sie nur infolge der mitverursachenden Verhaltensweise des Opfers zum Erfolg geführt hat, auch weniger gefährlich sein kann.

---

367 Ders., a.a.O., S. 60ff.

368 Ders., a.a.O., S. 62.

369 Bruns, 1985, S. 167; vgl. a. die Beispiele zum "Mitverschulden" bei Pallin , a.a.O., S. 23.

370 Vgl. a. Frisch, ZStW 99 (1987), S. 760.

371 Ein ähnliches Verständnis liegt wohl auch den Ausführungen von Bruns und Horn zugrunde, auch wenn sie von einem "Mitverschulden des Verletzten" sprechen. Insoweit ist der Begriff "Mitverschulden" irreführend, als es auch ihnen im folgenden nicht um Schuld im engeren Sinne geht.

Hinsichtlich der Erfolgskomponente bedeutet dies: birgt die Täterhandlung nur ein relativ schwaches Risiko, kann der Erfolg auch nicht in vollem Umfang ausschließlich dem Täter zugerechnet werden[372], so daß hier auch Gedanken des Schutzzwecks der Norm sowie der Schutzbedürftigkeit des Opfers bzw. des Rechtsguts vor dieser konkreten Art Gefahren eine Rolle spielen.

Die Frage, wann ein die Tat mitverursachendes Verhalten sich strafmildernd auswirkt, ist damit aber noch nicht beantwortet. Offen bleibt, welche Anforderungen an das Opfer bzw. die mitverursachende Verhaltensweise zu stellen sind, wenn es sich strafmildernd auswirken soll.

Entscheidend hierfür ist zunächst, welches Opferbild der Gesetzgeber vor Augen hatte und welchen Zweck er mit dem Schutz des jeweiligen Rechtsguts erreichen will.

Ausdrücklich hat der Gesetzgeber nicht Stellung bezogen zu der Frage, welches Opferbild ihm vorschwebte. Ganz allgemein kann aber den Vorschriften des Strafgesetzbuches entnommen werden, daß Opfer eine Person, Organisation oder Ordnung ist, die durch das Verhalten anderer gefährdet, verletzt oder zerstört wird[373]. Voraussetzung ist nicht, daß sich das Opfer als solches fühlt.

Wenn Aufgabe des Strafrechts somit die Bekämpfung sozialschädlichen Verhaltens ist, um die für das friedliche Zusammenleben erforderlichen Rechtsgüter zu schützen, dann ist es auch erforderlich, sich insbesondere im Rahmen des Individualrechtsgüterschutzes nicht nur damit auseinanderzusetzen, von welchem Täter der Gesetzgeber ausging, sondern auch, welche Vorstellung der Gesetzgeber mit dem "durchschnittlichen Opfer" verband, insbesondere, ob er vor dem Hintergrund der Strafe als ultima ratio an das Opfer bestimmte Selbstschutzanforderungen stellt mit der Folge, daß für den Fall, daß das Opfer diesen Anforderungen nicht entspricht, sich dies strafmildernd auswirkt.

Dies kann daher nur unter Berücksichtigung der vorgenannten Erwägungen und dem auch dem Strafrecht zugrundeliegenden Menschenbild beantwortet werden; denn "nichts ist so entscheidend für den Stil eines Rechtszeitalters wie die Auffassung vom Menschen, an dem es sich orientiert"[374].

Nur unter dieser Voraussetzung ließe sich auch die Frage beantworten, ob von einer "Eigenverantwortlichkeit des Opfers" überhaupt gesprochen werden kann oder ob ein solcher Grundsatz schon im Ansatz für den Bereich des Strafrechts auf Kritik stoßen muß.

Überwiegend beschäftigte man sich in den Diskussionen z.B. um die Reform des Strafrechts im Jahre 1962 mit der Frage, welches Menschenbild dem Gesetzgeber vorschwebte. Das Hauptaugenmerk richtete sich allerdings auf den

---

372 Vgl. a. Frisch, ZStW 99 (1987), S. 761.

373 v. Hentig, 1962, S. 488; Kiefl/Lamnek, a.a.O., S. 27; Paasch, a.a.O., S. 51; Schneider, 1979, S. 10.

374 Radbruch, a.a.O., S. 5.

Täter, insbesondere im Zusammenhang mit der Beurteilung der Schuld und der Frage, ob der Mensch tatsächlich frei handeln kann. Erst später, mit den Anfängen der Viktimologie, fing man an, sich auch der Frage zu widmen, welche Vorstellung der Gesetzgeber vom Opfer hatte.

Das dem Strafrecht zugrundeliegende und sich sowohl auf das Opfer als auch den Täter beziehende Menschenbild findet seinen Ursprung in den der Verfassung zugrundeliegenden Vorstellungen, die das Leitbild für das Recht vorgeben und sich auf die anderen Rechtsgebiete auswirken.

Zentrale Regelung ist insoweit Art. 1 Abs. 1 GG, der die Menschenwürde zum höchsten und unbezweifelbaren Wert des Verfassungssystems erklärt. Die Würde des Menschen besteht im wesentlichen in seiner Fähigkeit zur Selbstverantwortung[375].

Die Sonderstellung des Menschen als geistiges Wesen kommt in seiner Personenhaftigkeit zum Ausdruck mit der Folge, daß der Mensch seiner eigentümlichen Natur und Bestimmung gemäß darauf angelegt ist, sein Dasein und seine Umwelt im Rahmen der ihm jeweils gegebenen Möglichkeiten frei und verantwortlich zu gestalten[376]. Daraus folgt auch, daß jeder Mensch gegenüber jedem anderen ein Recht darauf hat, von ihm als Person geachtet, in seinem Dasein und einem ihm eigenen Bereich nicht verletzt zu werden, und daß jeder jedem anderen in entsprechender Weise verpflichtet ist[377].

Dieses Menschenbild findet sich in den Vorschriften des Strafgesetzbuches deutlich wieder. Hinsichtlich des Opfers könnte man den Eindruck gewinnen, sei der Gedanke der Selbstverantwortung "plötzlich weit in den Hintergrund getreten"[378]. Für das Opfer habe das Bild vom Menschen als eigenverantwortliches Wesen keine Gültigkeit, ihm werde eine rein passive Rolle zugewiesen, die es als "Objekt" staatlichen Handelns insoweit begreife, als der Staat durch das geltende Strafrecht auch dort eingreife, wo das Opfer sich selbst hätte schützen können[379].

Zutreffend ist, daß das in Art. 1 Abs. 1 GG zum Ausdruck gekommene Menschenbild Leitbildfunktion hat und der Mensch danach selbstverantwortlich ist. Mit dieser Feststellung ist aber noch nicht gesagt, wie sich die Verwirklichung dieses Leitbildes konkret im Strafrecht niederschlägt. Wollte man nämlich diesen Grundsatz der Selbstverantwortung bis zum Extrem führen, dann müßte man alle Strafvorschriften ablehnen, weil diese bei Vorliegen der gesetzlichen Vor-

---

375 Isensee, a.a.O., S. 222; BVerfGE 6, S. 36, 40ff.

376 Larenz, 1988, S. 33.

377 Ders., a.a.O., S. 34.

378 Ellmer, a.a.O., S. 237f.

379 Ders., a.a.O., S. 239, der einräumt, insoweit habe allerdings "ein gewisser Umdenkungsprozeß" eingesetzt.

aussetzungen immer auf eine Hilfe des Opfers unabhängig von dessen Zustimmung oder Verhalten hinauslaufen, zumal fast jedes Verbrechen im Prinzip irgendwie vermeidbar ist.

Das Strafrecht soll jedoch dem gesteigerten Schutzbedürfnis der Allgemeinheit entgegenkommen. Daher muß das Verbrechen einen gesteigerten Unrechts- und Schuldgehalt aufweisen, so daß die Rechtsordnung auch nicht jeden Angriff auf ein Rechtsgut mit den Mitteln des Strafrechts schützt. Die Strafe muß das einzige Mittel sein, um die Gemeinschaftsordnung gegen Angriffe der betreffenden Art hinreichend zu schützen, d.h. daß eine Strafbedürftigkeit für diese Fälle vorliegen muß[380]. Dies setzt die Strafwürdigkeit der Tat voraus, was sich vor allem an dem Wert des geschützten Rechtsguts - m.a.W. dem Wert des geschützten Lebensguts der Gemeinschaft - orientiert. Allerdings reicht dies in der Regel noch nicht zur Bejahung der Strafwürdigkeit aus, sondern es muß noch die besondere Gefährlichkeit des Angriffs hinzukommen, die dem gesteigerten Schutzbedürfnis der Gemeinschaft Vorrang zukommen läßt. Außerdem müssen Art und Intensität der Angriffshandlung so beschaffen sein, daß nur das in der öffentlichen Strafe liegende schärfste Unwerturteil geeignet ist, die Tat als unerträglichen Angriff auf den Gemeinschaftsfrieden zu kennzeichnen.

Hinzukommen muß ein besonderer Grad von Verwerflichkeit der Tätergesinnung, die in der Mißachtung von sozialen Grundwerten des sozialen Zusammenlebens durch den Täter zum Ausdruck kommt.

Nur wenn diese drei Aspekte - Wert des geschützten Rechtsguts, Gefährlichkeit des Angriffs und Verwerflichkeit der Tätergesinnung - vorliegen, greift der Staat mit Hilfe des Strafrechts ein.

Die grundsätzliche Entscheidung hierüber hat der Gesetzgeber durch die Aufstellung der Strafvorschrift getroffen, so daß nur noch im Rahmen der konkreten Bemessung dieser Aspekte Raum für die Berücksichtigung des Opferbildes ist.

Auch wenn danach der Staat sogar dort einzugreifen gezwungen ist, wo das Opfer sich selbst hätte schützen können oder es die Straftat verursacht hat, so hat der Gesetzgeber doch zum Ausdruck gebracht, daß in diesen Fällen die Strafwürdigkeit und -bedürftigkeit weniger schwer wiegen; so erklärt er den Täter im Hinblick auf vorausgegangenes Opferverhalten für weniger oder überhaupt nicht strafwürdig, wenn - wie in §§ 199, 233, 213 StGB - das Opfer die Straftat provoziert oder herausgefordert hat. Auch in den der Notwehr zugrundeliegenden Fallgestaltungen zeigt sich, daß es in diesen Fällen einerseits an der Schutzbedürftigkeit, andererseits an der Strafwürdigkeit des Täterverhaltens fehlt.

Der Gesetzgeber hat daher auch generell ein Opfer vor Augen, das die gegen ihn gerichtete Tat nicht bzw. nicht einer den Prinzipien des Strafrechts zuwiderlaufenden Form mitverursacht hat. Aber auch wenn es wegen seiner Wertauf-

---

380 Jescheck, a.a.O., S. 44; Otto, 1978, S. 54; Rudolphi, 1970, S. 166.

fassung und dem Schutzbedürfnis der Allgemeinheit insoweit grundsätzlich zu einer Strafe kommt[381], fällt diese milder aus. Trotzdem *fordert* der Gesetzgeber nicht, daß das Opfer dem Verbrechen aktiv begegnet[382], denn es wird auch nur festgelegt, daß Notwehr geübt werden kann, nicht jedoch muß. Das Opfer soll sich generell auf die Einhaltung der Normen verlassen können sowie darauf, daß im Falle normwidrigen Verhaltens Dritter der Staat eingreift.

Allerdings spielt es im Rahmen der Strafbedürftigkeit, die sich mit der Frage beschäftigt, ob der Einsatz des Strafrechts zum Schutz des jeweiligen Rechtsguts vor dieser Art des Angriffs erforderlich ist oder ob derselbe Erfolg mit weniger einschneidenden Mitteln erreicht werden kann, sehr wohl eine Rolle.

Zusammenfassend kann gesagt werden, daß der Gesetzgeber auch das Opfer bei den Strafbestimmungen berücksichtigt hat und daß das dahinterstehende Opfer- und Menschenbild keinesfalls vom Opfer als bloßem Objekt staatlichen Handelns ausgeht, sondern von einem verantwortungsbewußten Menschen.

Allerdings will er dieses um der Verwirklichung unverzichtbarer Werte willen auch dann geschützt wissen, wenn es selbst sich nicht geschädigt fühlt oder seine Zustimmung zur Straftat gegeben hat. Grundsätzlich geht der Gesetzgeber auch davon aus, daß das Opfer nicht in einer dem Regelungszweck zuwiderlaufenden Weise an der Straftat bewußt und aktiv mitwirkt. In diesen engen Grenzen kann auch von einer "funktionalen Verantwortlichkeit" gesprochen werden, so daß in Fällen, in denen das Opfer diesen Anforderungen nicht gerecht wird, auch das Strafbedürfnis und die Strafwürdigkeit des Täterverhaltens in gleichem Maße sinken wie die Eigenverantwortlichkeit des Opfers.

In diesem Sinne ist auch die Eigenverantwortlichkeit des Opfers zu verstehen. Daher sind auch Fälle, die sich als bewußte Selbstgefährdung darstellen, nicht tatbestandsmäßig, weil dem Täter nicht zurechenbar.

Fälle, in denen das Verhalten des Opfers diesen nahekommt, lassen daher die Strafzumessungsschuld des Täters in einem milderen Licht erscheinen, weil sich dann - wie auch in Fällen einverständlicher Fremdgefährdung - der Erfolg auch in dem vom Opfer bewußt eingegangenen Risiko realisisiert und damit auch dem Opfer zuzurechnen ist.

Konsequenz dieser Auffassung ist des weiteren, daß es für den Bereich des Strafrechts nicht Aufgabe des Opfers ist, sich vor Straftaten zu schützen oder diese durch aktives Tun zu verhindern. Allerdings ist es verpflichtet, nicht - aktiv oder passiv - bewußt an der Straftat mitzuwirken.

---

381 Aus diesem Grund wird auch der von Hillenkamp, 1981, S. 287ff. entwickelte verwirkungsnahe Fall als Grenzwert abgelehnt. Da es keinen Anspruch des Opfers auf Bestrafung des Täters gibt, kann auch der Verwirkungsgedanke im Strafrecht keine Anwendung finden.

382 So aber Ellmer, a.a.O., S. 240; Schneider, 1975, S. 184f.; anders König, a.a.O., S. 110.

Wenn die vielfach geforderte opferorientierte Auslegung, die auf den dargestellten strafrechtlichen Prinzipien aufbaut, im Rahmen der Strafzumessung Geltung beansprucht, so kann dem zugestimmt werden, weil es sich insoweit lediglich um eine Ausformulierung des gesetzgeberischen Willens handelt, wie auch die Auswertung der gesetzlichen Vorschriften gezeigt hat.

Als Ergebnis kann daher festgehalten werden, daß Mitverursachung im Rahmen des Erfolgsunrechts dann zu einer Herabsetzung der Strafzumessungsschuld führt und sich bei der Bemessung der Strafe mildernd auswirkt, wenn

- das Opfer bewußt zum Erfolgseintritt beiträgt
- das Opfer durch Provokation oder dieser gleichkommenden Verhaltensweisen den Täter ernstlich in Versuchung geführt hat
- wenn ein Grenzfall zu einer eigenverantwortlich herbeigeführten Selbstverletzung oder zu
- einer einverständlichen Fremdgefährdung vorliegt.

Das Gesetz stellt in den genannten Fällen darauf ab, daß eine willentliche, aktive Mitverursachung des Opfers vorliegt, die sich auch tatauslösend ausgewirkt hat, so daß es nicht mildernd wirkt, wenn der Täter bereits zur Tatbegehung entschlossen war, als die Provokation erfolgte.

Dabei ist zu prüfen, ob der Täter den tatbestandlichen Erfolg durch sein Tun oder Unterlassen zumindest mitverursacht hat, ob dieser Erfolg objektiv voraussehbar und vermeidbar war und ob sich aufgrund eines tatbestandsadäquaten Kausalverlaufs im Schadenserfolg gerade diejenige (rechtlich mißbilligte) Gefahr verwirklicht hat, die durch die Verletzungshandlung oder eine Überschreitung des erlaubten Risikos vom Täter geschaffen worden ist und deren Eintritt nach dem Schutzzweck der Norm vermieden werden sollte.

Es erhebt sich die Frage, ob unter dem Gesichtspunkt des gesteigerten Erfolgsunrechts im Rahmen der Berücksichtigung außertatbestandlicher Folgen eine Erhöhung der Strafzumessungsschuld anzunehmen ist[383], wenn die Tat unter Mißbrauch eines Vertrauensverhältnisses begangen wurde. Insoweit zeigt der Vertrauensgrundsatz, daß völliges Mißtrauen nicht gewollt ist und grundsätzlich eine Abwägung zwischen den Vor- und Nachteilen des Vertrauens bzw. Mißtrauens in der konkreten Situation vorzunehmen ist.

Konkrete Aussagen lassen sich dem Gesetz jedoch nicht entnehmen.

b) auf das Handlungsunrecht

Der Vorwurf des Handlungsunrechts beinhaltet eine Auswertung des dem Täter vorwerfbaren Verhaltens im Hinblick auf die ihm zur Last liegende Straf-

---

[383] Erhard, a.a.O., S. 206; Frisch, ZStW 99 (1987), S. 752, 755.

tatbestandserfüllung und umfaßt die objektiven Handlungsmodalitäten, die objektiv-täterschaftlichen Merkmale (Ausmaß der Pflichtenstellungen), Umfang und Intensität des Vorsatzes bzw. der Fahrlässigkeit sowie die Beweggründe, soweit ihnen Unrechtsrelevanz zukommt.

aa) Art und Weise der Ausführung

Auch für die Erfassung der (generellen) Gefährlichkeit der Vorgehensweise des Täters für die strafrechtlich geschützten Rechtsgüter gibt das Gesetz erste Anhaltspunkte. Als Gradmesser hierfür sieht es u.a. Ort, Zeit, Dauer, Mittel der Tat, die eigentliche Tathandlung sowie die Beziehungen zwischen Täter und Opfer an.

Im Rahmen der (generellen) Gefährlichkeit ist darauf abzustellen, inwiefern der Gesetzgeber das von ihm als schützenswert anerkannte Rechtsgut gerade vor derartigen Angriffen schützen wollte und inwieweit ihm dieser Angriff wegen seiner besonderen Sozialschädlichkeit als strafwürdig und -bedürftig erschien.

Vor diesem Hintergrund ergibt sich, daß staatlicher Schutz gerade dort angebracht ist, wo die Sozialschädlichkeit besonders groß ist.[384].

Insoweit führt die Auswertung der gesetzlichen Vorschriften zu folgendem Ergebnis:

Die vom Täter ausgehende Gefährlichkeit nimmt in bestimmten Fällen der Mitverursachung ab, so z.B. in den bereits dargelegten Grenzfällen zur Selbstgefährdung.

Aber auch in anderen Fällen, in denen das Opferverhalten tatauslösend wirkte, ist die Vorgehensweise des Täters als weniger gefährlich anzusehen, so z.B. in Grenzfällen zur Notwehr, zur Einwilligung sowie anderen Fällen der Provokation (vgl. §§ 199, 233, 213 StGB).

Die Auswertung belegt aber auch, daß allein der Umstand, daß das Opfer "notwendiger Teilnehmer" eines Deliktes ist, nicht aussagekräftig ist, weil dieser Begriff lediglich die zur Tatbestandserfüllung erforderliche Mitverursachung des Opfers unterstreicht, aus der allein sich jedoch noch keine Anhaltspunkte für strafschärfende oder -mildernde Berücksichtigung finden lassen, vgl. z.B. §§ 174ff., 203, 216, 263 StGB.

Mildernd wirkt es sich dagegen aus, wenn der Täter nur noch geringfügige Mittel einsetzen mußte, etwa weil das Opfer selbst einen Anreiz zur Tat gegeben hat, indem es z.B. seine Sachen herumliegen ließ, nicht beaufsichtigte und es keines besonders intensiven Gewahrsamsbruches zur Tatbegehung bedurfte, es

---

384 Baurmann, a.a.O., S. 283.

sei denn, dies beruhte, wie § 246 Abs. 1 2. Alt. StGB zeigt, auf einem Vertrauensverhältnis.

Unter dem Gesichtspunkt steigender Sozialgefährlichkeit und der damit einhergehenden steigenden Schutzbedürftigkeit des Opfers lassen sich folgende Richtlinien für die strafschärfende Berücksichtigung der vom Täter in die Tatbegehung einbezogenen Mitverursachung finden:

Das Ausnutzen besonderer Umstände wie der Hilflosigkeit, Zwangslage oder Willensschwäche des Opfers wirkt sich straferhöhend aus (vgl. z.B. § 223b StGB), obwohl die Begehung der Tat erleichtert wurde, weil insoweit Schutz- und Obhutspflichten gegenüber dem Opfer bestehen. Schutzpflichten, deren Verletzung ebenfalls Ausdruck erhöhter Gefährlichkeit sind, können sich, wie §§ 223 Abs. 2, 266, 246 Abs. 1 2. Alt. StGB belegen, auch aus den konkreten Beziehungen zwischen Täter und Opfer ergeben, insbesondere wenn durch sie Vertrauensverhältnisse begründet werden, deren Mißbrauch eine erhebliche Hinterlist zeigt.

Dabei muß das Vertrauen nicht auf einer zwischenmenschlichen Beziehung beruhen, sondern kann seinen Ursprung auch im geschäftlichen Bereich haben. Erfaßt werden auch Fälle, in denen der Täter z.B. im Rahmen des Betruges amtliche Befugnisse vortäuscht, weil Vorschriften wie die der §§ 203 ff., 353ff. StGB zeigen, daß diesen Personen grundsätzlich Vertrauen entgegengebracht wird und der Täter seine geistige Überlegenheit und den mit der Stellung verbundenen Eindruck ausnutzt, um die hieraus resultierende Arglosigkeit zur Tatausführung auszunutzen.

In diesem Sinne wirkt sich auch strafschärfend aus, wenn sich das Rechtsgut entweder aufgrund persönlicher Beziehungen oder vertraglicher Vereinbarungen oder sozialer Notwendigkeiten bereits im Einflußbereich des Täters befindet.

Ferner werden Vorgehensweisen, die von Heimtücke zeugen, d.h. in denen sich das Opfer keines Angriffs auf seine Rechtsgüter durch den Täter versieht und demzufolge auch auf Vorsichtsmaßnahmen verzichtet, als besonders gefährlich angesehen.

Gemindert wird die Strafzumessungsschuld, wenn das Opfer sein Rechtsgut einem - sozialinadäquaten - Risiko aussetzt sowie in Grenzfällen zur eigenverantwortlichen Schädigung.

bb) Maß der Pflichtwidrigkeit

Das Maß der Pflichtwidrigkeit ist in erster Linie bei Fahrlässigkeitsdelikten für die Beurteilung des Ausmaßes der Sorgfaltspflichtsverletzung von Bedeutung, aber auch bei Vorsatzdelikten, bei denen der Täter gegen besondere Rechtspflichten verstößt[385].

Anzuführen sind hier die Straftatbestände der Untreue gem. § 266 StGB, der veruntreuenden Unterschlagung gem. § 246 Abs. 1 2. Alt. StGB, der Bestechlichkeit gem. § 332 StGB, der Verletzung von Dienstgeheimnissen gem. § 353b StGB, des sexuellen Mißbrauchs gem. § 174 StGB sowie andere Tatbestände, in denen sich Schutz- oder Obhutspflichten des Täters gegenüber dem Opfer ergeben.

Bei diesen Vorsatzdelikten bestimmt das Maß der Pflichtwidrigkeit, insbesondere bei Verstößen gegen besondere Pflichten, wesentlich das Strafzumessungsunrecht. Das Maß der Pflichtwidrigkeit ist dabei um so größer, je höher die Pflicht ist, die verletzt wird. Bei Ausnutzung von Vertrauensstellungen (z.B. §§ 94 Abs. 2 Nr. 1; 174; 266 StGB) kann auch die Art der Stellung für das Maß der Pflichtwidrigkeit wesentlich sein. Daher ist z.B. die Vermögensbetreuungspflicht eines Vormunds bei § 266 StGB größer als die eines Täters, bei dem die Voraussetzungen des nicht unerheblichen Pflichtenkreises und einer gewissen Selbständigkeit gerade noch erreicht sind[386].

Aus diesen Tatbeständen kann gefolgert werden, daß auch außerhalb der durch besondere Pflichten gekennzeichneten Tatbestände das Maß der Pflichtwidrigkeit größer oder geringer sein kann, je nach der Beziehung des Täters zum Opfer und nach seiner beruflichen und sozialen Stellung, wenn insoweit eine innere Beziehung zwischen der beruflichen oder sozialen Stellung bzw. dem Pflichtenkreis und der Straftat besteht und vom Täter wegen seiner beruflichen Aufgaben und der damit verbundenen Pflichten der Allgemeinheit gegenüber erhöhtes Verantwortungsbewußtsein erwartet werden kann[387].

Hintergrund hierfür ist die Erwägung, daß solchen Personen generell ein erhebliches Maß an Vertrauen entgegengebracht wird und die Rechtsordnung dieses Vertrauen für notwendig und daher schützenswert erachtet, gerade weil z.B. im Wirtschaftsleben bestimmte Aufgaben auf Dritte übertragen werden müssen und die Funktionsfähigkeit des Wirtschaftsablaufs in der Regel nur durch einen Vertrauensvorschuß gewährleistet werden kann, weil umfassende Kontrollen nicht möglich sind.

Dies führt beispielsweise auch dazu, daß Mängel der Dienstaufsicht bei der Bemessung der Strafen wegen Bestechlichkeit gem. § 332 StGB und wegen Verletzung von Dienstgeheimnissen gem. § 353b StGB in der Regel keinen Milderungsgrund bilden[388]. Begründung hierfür ist, daß das Maß der Pflichtwid-

---

385 Vgl. Hirsch, in: LK § 46 Rdnr. 61; Stree, in: Sch-Sch § 46 Rdnr. 17.

386 Vgl. Hirsch, in: LK § 46 Rdnr. 61.

387 BGH MDR 1966, S. 36; vgl. a. BGH NJW 1961, S. 1591f.

388 Vgl. BGH NJW 1989, S. 1938.

rigkeit des Beamten, das in solchen Taten zum Ausdruck kommt, nicht deshalb geringer ist, weil es der Dienstvorgesetzte unterlassen hatte, Vorkehrungen oder Maßnahmen zu treffen, die geeignet gewesen wären, den Bediensteten von diesen Straftaten abzuhalten oder deren Fortsetzung zu verhindern. Die Pflichten des Beamten, deren Verletzung in den genannten Vorschriften um der Lauterkeit und Verschwiegenheit der Amtsführung willen unter Strafe gestellt ist, verstehen sich so sehr von selbst, daß Unzulänglichkeiten der Dienstaufsicht seine Verantwortlichkeit nicht zu mindern vermögen. Es kann ihn daher nicht entlasten, wenn er sich darauf beruft, daß die Dienstaufsicht sein strafbares Verhalten nicht - oder nicht früher - bemerkt, aufgedeckt und für die Zukunft unterbunden hat.

Eine andere Beurteilung soll nach der Rechtsprechung ausnahmsweise nur dann in Betracht kommen, wenn sich infolge der Vernachlässigung von Aufsichtspflichten durch den Dienstvorgesetzten schon allgemeine, über Pflichtverletzungen einzelner hinausreichende Mißstände eingestellt haben und der Täter einer daraus erwachsenden Versuchung z.B. zur Ausnutzung von Organisationsmängeln oder Lücken innerhalb eines Kontrollsystems erlegen ist[389].

Aus den genannten Vorschriften kann der Schluß gezogen werden, daß die Rechtsordnung grundsätzlich ein durch das Verhalten eines anderen hervorgerufenes Vertrauen schützen will, weil es Grundbedingung für das Zusammenleben ist und deswegen das Unrecht höher ist, wenn der Täter die Straftat in einem Fall begeht, bei dem sich aus diesem Grund das Rechtsgut bereits in seinem Einflußbereich befindet und das Opfer aufgrund des bestehenden Vertrauensverhältnisses in gewissem Umfang auf Kontrollen verzichtet. Denn wer dieses Vertrauen, zu dem er einem anderen Anlaß gegeben hat, enttäuscht, verstößt gegen die Anforderung, die das Recht - unabhängig von einem moralischen Gebot - deshalb stellen muß, weil die Nichteinhaltung solchen Vertrauens, als allgemeine Verhaltensweise gedacht, den zwischenmenschlichen Verkehr ebenso wie den Wirtschaftsverkehr verunsichern und hemmen würde, so daß hier der Gedanke einer vom Recht zu gewährleistenden Sicherheit zum Tragen kommt.

Letztlich beruhen diese Erwägungen auch auf dem Gedanken der "sozialen Adäquanz" eines Verhaltens, der auch im Strafrecht zum Tragen kommt[390]. Danach sind sozialadäquat alle Verhaltensweisen, "die sich völlig im Rahmen der normalen geschichtlich gewordenen sozial-ethischen Ordnung des Gemeinschaftslebens bewegen, d.h. alle Betätigungen, die so mit unserem Sozialleben verknüpft sind, daß sie als völlig normal anzusehen sind"[391].

Problem dieser Definition ist, daß der Begriff "normal" nicht erläutert wird, obwohl er wertungs- und auslegungsbedürftig ist. Es ist jedoch möglich, inso-

---

389 Vgl. BGH, a.a.O., 1989, S. 1939.

390 Vgl. z.B. Sigg, a.a.O., S. 252f.

391 Vgl. Hirsch, ZStW 74 (1962), S. 79; Welzel, 1969, S. 55 f; Zipf, ZStW 82 (1970), S. 633.

weit Anhaltspunkte festzuschreiben, die sich daran orientieren, wie der Gesetzgeber den Schutz des betreffenden Rechtsgutes ausgestaltet hat, was sich z.B. auch durch einen Vergleich zwischen Grundtatbestand, Qualifizierung und Privilegierung ermitteln läßt. Außerdem bieten diejenigen Konkretisierungen der Sozialadäquanz von Außenkontakten des Rechtsgutträgers eine Orientierungshilfe, die sich in der Form von Gesetzen, Verordnungen, Gewohnheitsrecht, Handelsbräuchen und anderen, zumindest in den betroffenen Kreisen anerkannten Verhaltensnormen im weitesten Sinne niedergeschlagen haben. Hierdurch wird auch dem Gedanken der funktionalen Verantwortlichkeit des Opfers Rechnung getragen.

Hierbei kann jedoch die subjektive Einstellung des Opfers nicht außer Betracht bleiben.

Das Verhalten muß aus einer verantwortlichen und autonomen Entscheidung des Opfers resultieren mit der Folge, daß das Opfer die gefahrerhöhende Wirkung seiner Verhaltensweise sowie die mit ihm einhergehende Verringerung des Selbstschutzes kennen muß, ihm aber ein anderes Verhalten nicht möglich ist.

Als Maßstab für das Vorliegen einer Pflichtwidrigkeit könnte auf die zu § 13 StGB entwickelten Grundsätze zur Garantenstellung zurückgegriffen werden mit der Folge, daß eine straferschwerende Pflichtwidrigkeit anzunehmen ist, wenn den Täter rechtlich oder tatsächlich die Pflicht trifft, für das betreffende Rechtsgut einzustehen oder zu sorgen, insbesondere weil er durch sein vorangegangenes Verhalten dem späteren Opfer Anlaß zu der Annahme gegeben hatte, es werde ihm gerade von seiner Seite kein Schaden zugefügt, so daß das Opfer auch besonders schutzwürdig war.

Strafschärfend wirkt sich unter dem Gesichtspunkt des Mißbrauchs bereits der absichtlich schädliche Gebrauch einer Rechts- oder tatsächlichen Stellung aus.

Mildernd ist zu berücksichtigen, wenn dem Opfer Pflichtverletzungen bekannt waren oder seinen individuellen Fähigkeiten nach erkennbar waren.

Darüber hinaus wirkt sich die Mitverursachung des Opfers unter dem Gesichtspunkt eines einwilligungsnahen Falles dann mildernd aus, wenn das Maß der Pflichtwidrigkeit u.a. von der Vorhersehbarkeit des tatbestandlichen Erfolgs abhängt und diese Voraussehbarkeit ihrerseits vom Verhalten des Verletzten beeinflußt werden kann. Daher ist vor allem bei Fahrlässigkeitsdelikten die Frage der deliktsfördernden Mitverursachung eng mit dem Fahrlässigkeitsvorwurf verknüpft[392].

Die freiwillige Risikoübernahme kann das "Maß der Pflichtwidrigkeit" auch insoweit beeinflussen, als der Grad der vorwerfbaren Sorgfaltspflichtverletzung durch die bewußte Selbstgefährdung des Opfers gemindert werden kann. Allerdings wirkt dies dann nicht mildernd, wenn das Opfer besonders schutzwürdig

---

392 Geppert, ZStW 83 (1971), S. 1000.

ist und der Vorwurf gerade darin besteht, daß der Täter gerade eine dem Opfer gegenüber bestehende Obhuts- oder Sorgfaltspflicht vernachlässigt hat[393].

cc) Beweggründe und Ziele des Täters

Anhaltspunkte enthält das Gesetz auch hinsichtlich der Wertung der Beweggründe und Ziele, d.h. der seelischen Wurzeln der Tat: §§ 216, 213, 211, 34, 32 StGB zeigen, daß Art und Stärke des Beweggrundes, der durch äußere Anreize hervorgerufen werden kann, für die Beurteilung maßgeblich und niedere Beweggründe grundsätzlich strafschärfend sind.

Mit der im Gesetz nicht definierten Formulierung "oder sonst niedrigen Beweggründen" in § 211 StGB, die den benannten niedrigen Beweggründen der Mordlust, der Befriedigung des Geschlechtstriebs oder der Habgier gleichkommen müssen, wird Raum für Wertungen gelassen für solche Beweggründe, die "als Motive einer Tötung nach allgemeiner sittlicher Anschauung verachtenswert sind und auf tiefster Stufe stehen".

Überträgt man diesen Gedanken auf die Strafzumessung, so bestätigt sich, daß bei der Bewertung der Beweggründe auch sozialethische Maßstäbe anzulegen sind, ohne daß jedoch einer moralisierenden Betrachtungsweise vor der rechtlichen der Vorzug gegeben werden dürfte: je nach ihrem sozialethischen Wert schlagen sich die Motive bei den die Strafzumessungsschuld steigernden oder mildernden Erwägungen nieder[394].

Die gesetzlichen Vorschriften zeigen, daß etwa reiner Egoismus, Habgier und Gewinnsucht den "niedrigen Beweggründen" im Rahmen der Strafzumessung gleichzustellen sind.

Mildernd können dagegen positiv zu bewertende oder begreifliche Beweggründe wirken, wenn der Täter beispielsweise über die Rechtfertigungsgründe hinaus eigene Rechtsgüter oder die ihm nahestehender Personen retten will oder wenn er vom Verletzten gereizt bzw. herausgefordert wurde.

Insoweit belegen die ausgewerteten Vorschriften, daß auch der Entstehungsgrund der Beweggründe sich mildernd auswirken kann, z.B. eine plötzlich sich bietende Gelegenheit, Verführung, Verlockung oder Angst.

Ebenso hat sich gezeigt, daß die Aufforderung des Opfers an den Täter, die Tat zu begehen, vgl. § 216 StGB, die Beweggründe des Täters in einem milderen Licht erscheinen lassen, weil der Täter letztlich dem Willen des Opfers Rechnung tragen will und nicht aus egoistischen Motiven heraus handelt.

---

393 Ders., a.a.O., S. 1000f.

394 Stree, in: Sch-Sch § 46 Rdnr. 13; Engisch, ZStW 61 (1942), S. 170ff.

Insgesamt kann gesagt werden, daß ein Umstand umso mehr mildernd berücksichtigt wird, je näher das Verhalten an die Vollform der §§ 32, 213, 199, 233, 216 StGB heranreicht.

Hierbei ist entscheidend, daß das Täterverhalten als Reaktion auf ein vorausgegangenes Opferverhalten zu verstehen ist, d.h. das Opferverhalten ursächlich für das Täterverhalten, m.a.W. tatauslösend war.

Schärfend wirken negativ zu bewertende Motive oder Zielsetzungen, wie sie z.B. in § 211 StGB zum Ausdruck kommen.

dd) Gesinnung, die aus der Tat spricht

Entscheidend für die Beurteilung der aus der Tat sprechenden Gesinnung ist die Einzeltatgesinnung. Hiermit sind die im Gesetz an verschiedenen Stellen ausgeführten Merkmale wie "roh", "böswillig", "grausam" oder "rücksichtslos" zu verstehen. Eine eindeutige Abgrenzung zur Beurteilung der Beweggründe und Ziele des Täters ist vielfach nicht möglich, weil aus deren Bewertung entscheidende Kriterien für die Beurteilung der Tätergesinnung folgen.

Die vorgenannten Merkmale führen zu einem größeren Vorwurf und damit zu höherer Strafzumessungsschuld.

ee) bei der Tat aufgewendeter Wille

Im Rahmen dieser Strafzumessungstatsache wird das Ausmaß der kriminellen Intensität gewürdigt, wobei dieser Begriff von unterschiedlich hohen Hindernissen ausgeht, die willensmäßig überwunden werden müssen. Der Gesetzgeber ist ersichtlich der Auffassung, daß es Ausgangslagen mit heraufgesetzten und solche mit herabgesetzten Hemmschwellen gibt.

Als die Hemmschwelle herabsetzende Umstände werden die Tatförderung z.B. durch V-Männer gesehen sowie sonstige Fälle der bewußten oder unbewußten Tatförderung, vor allem durch das Opfer, vgl. z.B. §§ 213, 246 Abs. 1 2. Alt. StGB: je stärker die Versuchung, desto schwerer ist es für den Täter, den notwendigen Willen gegen die zur Tat drängenden Motive aufzubringen.

Mildernd wirkt es sich unter diesem Gesichtspunkt daher auch aus, wenn der Täter die Tat nur begangen hat, weil sich ihm eine günstige Gelegenheit bot oder aber wenn er sie aus Unbesonnenheit begangen hat.

Eine höhere kriminelle Energie liegt dagegen vor, wenn der Täter mit Willenskraft besondere Barrieren überwinden mußte, z.B. wenn er eine besondere soziale oder berufliche Stellung hat, weil ihm in diesen Fällen eine Orientierung an den sozialen Werten erleichtert ist. Gleiches gilt, wenn er in einem besonderen Pflichtenverhältnis zum Opfer steht.

ff) Faktoren außerhalb der Tat

Zu den außerhalb der Tat liegenden Faktoren, zu denen insbesondere das Vorleben des Täters, seine persönlichen und wirtschaftlichen Verhältnisse sowie sein Verhalten nach der Tat gehören, lassen sich dem Gesetz keine Anhaltspunkte für die strafzumessungsrechtliche Wertung der Täter-Opfer-Beziehung entnehmen.

2. Auswirkungen auf die Strafzumessungsschuld im engeren Sinne

Auslegungsrichtlinien enthält das Gesetz auch zu der Frage, inwieweit der Täter anders handeln konnte, er folglich für das verursachte Unrecht etwas kann, wobei insoweit auf den individuellen Täter abgestellt wird.

a) Grad der Schuldfähigkeit

Der Grad der Schuldfähigkeit des Täters, der sich an den §§ 19, 20 StGB orientiert und durch Beeinträchtigungen der Vermeidemacht beeinflußt wird, bleibt vom Opferverhalten unberührt.

b) Ausmaß der speziellen Schuldmerkmale

Anders verhält es sich jedoch mit dem Ausmaß der speziellen Schuldmerkmale. Hierunter fallen alle diejenigen Merkmale des Deliktstypus, die die in der Tat aktualisierte Einstellung des Täters zu dem spezifischen Rechtsgebot entweder als besonders tadelnswert oder als relativ intakt erscheinen lassen[395].

---

395 Jescheck, a.a.O., S. 423f.; vgl. a. Roxin, 1994, § 10 Rdnrn. 70ff.

Entscheidend für die Beurteilung ist allein das "sittlich-wertwidrige geistige Verhalten des Täters", wie es z.B. im Rahmen der niedrigen Beweggründe, der Böswilligkeit oder der Rücksichtslosigkeit zum Ausdruck kommt[396].

Gemeinsam ist diesen Merkmalen die Bewertung des Täters im Zusammenhang mit der Tat.

Die vorgenannten "echten Gesinnungsmerkmale" führen regelmäßig zu einer Erhöhung des Schuldvorwurfs, weil der Täter aus sittlich in höchstem Maße tadelnswerten oder grob eigennützigen Motiven handelt, insbesondere, wenn er Schwäche, Unerfahrenheit oder Not des Opfers ausnutzt.

Anders sieht es bei den sog. unechten Gesinnungsmerkmalen aus, bei denen zwischen objektiv und subjektiv gefaßten Schuldmerkmalen unterschieden wird.

Bei den objektiven Schuldmerkmalen handelt es sich um Deliktsvoraussetzungen, die zwar als Merkmale des objektiven Tatbestandes erscheinen, die aber in ihrer sachlichen Bedeutung den Schuldvorwurf betreffen, weil sie eine unwiderlegliche Vermutung für eine weniger verwerfliche Einstellung des Täters gegenüber dem Recht enthalten wie z.B. §§ 217, 173 Abs. 3, 258 Abs. 6 StGB.

Im Gegensatz zu den echten Gesinnungsmerkmalen führen sie unter der Voraussetzung, daß der Täter ihren objektiven Bezugspunkt kennt, immer zu einer Herabsetzung der Strafzumessungsschuld im engeren Sinne.

Zu demselben Ergebnis führt die Auswertung der subjektiv gefaßten Schuldmerkmale, bei denen ein bestimmter - wenn auch nur vorgestellter - äußerer Sachverhalt sich tatsächlich motivierend auf den Täter ausgewirkt hat (z.B. § 157 StGB).

c) Grad des Unrechtsbewußtseins bzw. der Möglichkeit der Unrechtseinsicht

Fehlt dem Täter bei Begehung der Tat die Einsicht, Unrecht zu tun, handelt er ohne Schuld, wenn er diesen Irrtum nicht vermeiden konnte, in Fällen der Vermeidbarkeit kann die Strafe nach § 49 Abs. 1 StGB gemildert werden, vgl. § 17 StGB.

Erforderlich sind "die Kenntnis und das geistige Verstehen der Rechtswidrigkeit des Tatverhaltens in ihrem gesamten Unwertgehalt"[397], nicht dagegen die Kenntnis der Strafbarkeit. Der Täter muß die Wertwidrigkeit seines Verhaltens kennen und zudem wissen, daß er die von ihm übertretene Norm selbst dann beachten muß, wenn er sie aufgrund seines Gewissens und seinen eigenen Wertvorstellungen nicht anerkennen sollte.

---

396 Lenckner, in: Sch-Sch vor §§ 13ff. Rdnrn. 122f.

397 Vgl. Rudolphi, in: SK § 17 StGB Rdnr. 3.

Entscheidend ist allein, daß der Täter den vollen Unrechtsgehalt seines Verhaltens bzw. den die Sollgeltung der von ihm übertretenen Rechtsnorm begründenden materiellen Wertgehalt in seiner Gesamtheit erfaßt oder doch zumindest hätte erkennen können. Etwas anderes gilt nur dann, wenn der Täter das materielle Unrecht seines rechtswidrigen Verhaltens nicht richtig oder nicht vollständig erfaßt hat[398].

Konstituierendes Merkmal für das Unrechtbewußtsein als Voraussetzung voller Schuld ist die Entscheidung des Täters für die sicher oder möglicherweise unerlaubte Rechtsgutverletzung. Ein Verbotsirrtum ist daher gegeben, wenn der Täter darauf vertraut hat, sein Verhalten sei erlaubt[399].

Arten des Verbotsirrtums sind der Irrtum über die Existenz, die Reichweite oder die Gültigkeit einer Rechtsnorm.

Im Rahmen des Vermeidbarkeitsurteils wird auf das Erkennen-Können der konkreten Rechtswidrigkeit abgestellt. Entscheidend für die Beurteilung sind die geistigen Erkenntniskräfte des Täters, bereits vorhandene Wertvorstellungen, objektiv bestehende Erkundigungsmöglichkeiten und nicht zuletzt das Bestehen eines gewissen Anlasses, von diesen ihm gegebenen Möglichkeiten auch tatsächlich Gebrauch zu machen.

Bezogen auf das Opferverhalten bedeutet dies, daß sich dieses im Rahmen der Prüfung der Vermeidbarkeit niederschlagen kann, z.B. wenn das Opfer die Einwilligung in die Tatbegehung erklärt hat, ohne jedoch dispositionsbefugt zu sein.

d) Fehlen bzw. Vorliegen von Entschuldigungsgründen

In bestimmten Fällen kann das Opferverhalten dazu führen, daß dem Täter kein Schuldvorwurf gemacht werden kann, vgl. §§ 35, 33 StGB, weil er sich bedingt durch dieses Verhalten des Opfers in einer psychischen Ausnahmesituation befindet mit der Folge, daß er einem übermächtigen Motivationsdruck ausgesetzt ist, so daß seine Motivierbarkeit zu normgemäßem Verhalten eingeschränkt ist und ihm die Befolgung der Norm nicht mehr zuzumuten ist.

Dies bedeutet, daß in Fällen, in denen zwar nicht alle Voraussetzungen des Entschuldigungsgrundes vorliegen, das Verhalten des Opfers aber dem in § 35 StGB umschriebenen Verhalten nahekommt, die Schuld des Täters zumindest gemindert ist.

Möglich ist dies insbesondere dann, wenn das Verhalten des Opfers keine gegenwärtige, nicht anders abwendbare Gefahr darstellte, kein notstandsfähiges

---

398 Vgl. BGHSt 2, S. 202; 19, S. 297.

399 Rudolphi, in: SK § 17 Rdnr. 12; Wessels, 1993, S. 130.

Rechtsgut vorlag oder der Täter nicht den Willen hatte, eine Gefahr abzuwenden.

Das Gesetz schließt eine Strafmilderung jedoch ausdrücklich aus, wenn der Täter die Gefahr mit Rücksicht auf ein besonderes Rechtsverhältnis hinzunehmen hatte. Ein solches Rechtsverhältnis, das über ausschließlich moralische Pflichten hinausgehen muß, besteht z.B. für Angehörige bestimmter Berufe wie Polizisten oder Feuerwehrleute, soweit es sich um die damit verbundenen typischen Gefahren handelt[400].

Dies zeigt einerseits, daß in Fällen, in denen der Täter in einem besonderen Verhältnis zum Rechtsgut steht und er für seinen Schutz einzustehen hat, eine Herabsetzung der Schuld allgemein nicht in Betracht kommt, andererseits eine Strafmilderung unter dem Gesichtspunkt der Unzumutbarkeit in Fällen in Betracht kommt, die § 35 StGB gleichkommen.

Ob auch generell unter dem Gesichtspunkt der "Unzumutbarkeit normgemäßen Verhaltens" eine Herabsetzung der Schuld in Betracht kommt, auch wenn dies als "übergesetzlicher Entschuldigungsgrund" nur unter engen Voraussetzungen anerkannt ist, erscheint fraglich.

Ein aus dem Gedanken der Unzumutbarkeit rechtmäßigen Verhaltens abgeleiteter übergesetzlicher Entschuldigungsgrund ist Bedenken ausgesetzt, weil er wegen des Fehlens eines gesetzlichen Unzumutbarkeitsmaßstabes nicht nur zu einer weitgehenden Rechtsunsicherheit führen würde, sondern auch der Gefahr ausgesetzt wäre, daß die von den Rechtsunterworfenen zur Normerfüllung zu erbringenden Anstrengungen nicht mehr von der Rechtsordnung selbst bestimmt, sondern sich allein nach einem Durchschnitt in der Bevölkerung richten würden[401]. Daher kommt ein Schuldausschluß unter dem Gesichtspunkt der Unzumutbarkeit nur in den gesetzlich geregelten Fällen der §§ 35, 33 StGB in Betracht. Bei den Unterlassungsdelikten hingegen greift dieser Entschuldigungsgrund auch dann ein, wo dem Täter die Erfüllung seiner Handlungspflicht wegen der damit verbundenen Aufopferung eigener billigenswerter Interessen nicht zumutbar ist.

Für den Bereich der Strafzumessungsschuld im engeren Sinne kann dies nicht im selben Umfang gelten. Hier geht es gerade um die Erfassung des "Dafür-Könnens" des individuellen Täters, das wesentlich durch Zumutbarkeitserwägungen mitbestimmt wird. Allen genannten Entschuldigungsgründen liegen im Ergebnis Zumutbarkeitserwägungen zugrunde. Der Gesetzgeber wollte dies mithin sehr wohl als relevanten Umstand gewertet wissen, weshalb er ab einem gewissen Grad der Unzumutbarkeit ausdrücklich den Wegfall der Schuld bzw.

---

400 Nach Wessels, 1993, S. 122, beruht dies auf einer sozialethischen Pflichtenbindung, auf deren Bewährung die Rechtsgemeinschaft gerade in den pflichttypischen Gefahrenlagen vertraut.

401 Rudolphi, in: SK vor § 19 Rdnr. 10.

eine Herabsetzung der Schuld normiert hat. Damit kommt aber auch zum Ausdruck, daß dieser Gedanke sich auch in anderen Fällen auswirken muß, in denen das Opferverhalten zwar nicht einen in den Entschuldigungsgründen umschriebenen Sachverhalt erfüllt, sein Verhalten aber die Frage der Zumutbarkeit normgemäßen Verhaltens für den Täter beeinflußt hat.

Gleichzeitig enthält das Gesetz erste Wertungsvorgaben für die an die Zumutbarkeit zu stellenden Anforderungen, die sich auch an der konkreten Beziehung des Täters zum Opfer auszurichten haben und um so höher sind, je mehr das Opfer vom Täter einen Einsatz für - und nicht einen Angriff auf - sein geschütztes Rechtsgut erwarten durfte.

Zusammenfassend kann gesagt werden, daß Strafmilderung dann die Folge ist, wenn vom Opfer hervorgerufene, unterhalb der Schwelle des entschuldigenden Notstandes liegende Konfliktsituationen vorliegen, vgl. a. §§ 213, 199, 233, 216 StGB. Grund hierfür ist die psychische Ausnahmesituation des Täters, die einerseits in der durch die Provokation bzw. Ersttat ausgelöste affektiven Erregung des Täters, andererseits durch den Mitleidskonflikt und die Hilfsmotivation gemindert ist und daher neben der Unrechts- zu einer Schuldminderung führt.

3. Zusammenfassung und Ergebnis

Die Täter-Opfer-Beziehung sowie das Verhalten des Opfers im Zusammenhang mit der Straftat finden sowohl in zahlreichen Vorschriften des Strafgesetzbuchs als auch in den auf ihm aufbauenden gewohnheitsrechtlich anerkannten Rechtsinstituten ausdrücklich oder konkludent Berücksichtigung. Abhängig von der konkreten Ausgestaltung des Tatbestandes, dem Einfluß auf die konkrete Tatbegehung sowie dem Eintritt des schädigenden Erfolges, können sie sich bei der Strafzumessung mildernd oder schärfend auswirken. Angesichts der Vielzahl möglicher Täter-Opfer-Beziehungen und strafzumessungsrelevanter Opferverhaltensweisen läßt sich keine einheitliche Aussage hinsichtlich der Bewertungsrichtung dieser Strafzumessungstatsache treffen, ohne den jeweiligen Sachverhalt genauer zu kennen.

Den ausgewerteten Straftatbeständen und Rechtsinstituten lassen sich jedoch Anhaltspunkte entnehmen, in welchem Umfang der Gesetzgeber das Opfer geschützt wissen will und wann ein Opferverhalten bei der Bemessung der Strafzumessungsschuld seinen Niederschlag finden muß: Strafschärfung ist die Folge, wenn der Täter Rechtsgüter besonders schutzbedürftiger Opfer schädigt, Strafmilderung, wenn das Opfer den Täter zur Tatbegehung verleitet oder provoziert hat. Allein der Umstand, daß sich das Rechtsgut im Zeitpunkt der Tatbegehung bereits im Einflußbereich des Täters befand, spielt dabei nicht die ausschlaggebende Rolle. Entscheidend waren die jeweilige Stellung des Täters zum

Opfer und dessen Rechtsgütern sowie die Motivation des Opfers für die Entlassung seiner Rechtsgüter in den Einflußbereich des Täters[402].

Überdies läßt die Auswertung auch Rückschlüsse auf das dem Gesetz zugrundeliegende Verständnis des Gesetzgebers bezüglich Opfer zu: das Opfer sollte umfassend vor den durch die einzelnen Straftatbestände umschriebenen Verhaltensweisen geschützt werden, manchmal - wie z.B. § 226a StGB belegt - auch gegen seinen Willen. Grundsätzlich kann sein Verhalten nicht zum Ausschluß der Strafbarkeit führen, es sei denn, die Verhaltensweise ist so schwerwiegend, daß sie sich auf Unrecht oder Schuld[403] auswirken müßte. Der Gesetzgeber erwartet vom Opfer, daß es den Täter weder provoziert noch ihn bewußt und aktiv hierzu ähnlich einem Anstifter veranlaßt[404]. Hieraus kann aber nicht der Schluß gezogen werden, das Opfer solle mit Hilfe des Strafrechts zu Verantwortungsbewußtsein oder Achtsamkeit im Umgang mit seinen Rechtsgütern erzogen werden, wie dies von einigen Autoren auf der Grundlage eines sog. viktimologischen Ansatzes gefordert wird. Dies ist zum einen nicht Aufgabe des Strafrechts, zum anderen würden vielfach gerade einfacher strukturierte Opfer, die besonderen Schutzes bedürfen, nicht mehr vom Schutzbereich des jeweiligen Straftatbestandes erfaßt und müßten befürchten, nunmehr ein weiteres Mal Opfer zu werden, nämlich im Sinne einer "sekundären Viktimisierung"[405]. Auch die teilweise erhobene Forderung, das Opfer müsse seiner Opferwerdung aktiv, z.B. durch Vorsichtsmaßnahmen oder Meiden viktimogener Situationen entgegenwirken, findet im Gesetz keine Stütze.

Dies beruht im Ergebnis auch auf der dem Strafrecht zukommenden Aufgabe, als sog. letztes Mittel die Allgemeinheit vor bestimmten, vom Gesetzgeber als besonders sozialschädlich eingestufte Verhaltensweisen, zu schützen. Aus diesem Grund müssen auch solche Ansätze ausscheiden, die an das Opfer in Anlehnung an Rechtsinstitute aus anderen Rechtsgebieten, insbesondere § 254 BGB, Sorgfaltspflichten stellen wollen.

Die Analyse der maßgeblichen Vorschriften des Strafgesetzbuchs sowie der gewohnheitsrechtlich anerkannten Rechtsinstitute hat unter Zugrundelegung des sog. Gesetzes der Grenzwertbestimmung, demzufolge sowohl dem Allgemeinen als auch dem Besonderen Teil bereits zahlreiche Aussagen für die Bewertungsrichtung zu entnehmen sind, bei Vorliegen von Täter-Opfer-Beziehungen zu folgenden Grenzwerten geführt:

---

402 Vgl. z.B. den Wegfall der Strafbarkeit im Falle der Einwilligung einerseits, die qualifizierende Wirkung dieses Umstandes im Falle des § 246 Abs. 1 2. Alt. StGB andererseits.

403 Vgl. insoweit die Ausführungen zu den Rechtfertigungs- und Schuldausschließungsgründen in diesem Teil unter B. II. 3. ff).

404 Vgl. z.B. §§ 32, 213, 216 StGB.

405 Vgl. zum Begriff Kiefl/Lamnek, a.a.O., S. 239ff.

Strafmilderung ist die Folge bei willentlicher Mitverursachung durch das Opfer

- mittels Provokation[406]
- in Grenzfällen zu bewußter Selbstverletzung/-gefährdung und einverständlicher Fremdgefährdung
- in notwehrähnlichen Fällen
- in einwilligungsnahen Fällen[407]
- in entschuldigungsnahen Fällen,

sofern diese Mitverursachung tatauslösend war, vom Täter nicht herausgefordert wurde und das Einsichtsvermögen des Opfers den Anforderungen der §§ 19, 20 StGB, 3 JGG analog entspricht.

Strafschärfung ist die Folge in Grenzfällen zu § 13 StGB, insbesondere bei

(1) besonderer Schutzbedürftigkeit des Opfers in Fällen
  - der Arg- und Wehrlosigkeit
  - der Schwäche
  - der Unerfahrenheit des Opfers oder
  - des Bestehens einer Obhutspflicht des Täters.

(2) besonderer Schutzwürdigkeit des Rechtsguts, was insbesondere der Fall ist, wenn
  - das Rechtsgut sich aufgrund persönlicher Beziehungen, vertraglicher Vereinbarungen oder sozialer Notwendigkeiten im Einflußbereich des Täters befindet.
  - eine besondere Pflicht zum Schutz des Rechtsguts aus tatsächlichen oder rechtlichen Gründen besteht[408].

Schwierigkeiten bereitet nunmehr die Frage, in welchen Fällen durch Vertrauen gekennzeichnete Sachverhalte den jeweiligen Grenzwerten zuzuordnen sind.

Diese spezielle Täter-Opfer-Beziehung wurde herausgegriffen, weil sie in der Praxis in zahlreichen Fällen prägend für das Bild der Tat war und sich teils

---

406 Provokation soll hier in einem weiten Sinn der Herausforderung des (späteren) Täters verstanden werden und nicht nur in dem Sinn der unmißverständlichen aufreizenden Aufforderung zur Tatbegehung.

407 Vgl. hierzu die Ausführungen in diesem Teil unter B. II. 3. c) sowie im einzelnen die detaillierte Auseinandersetzung mit den aus Rechtfertigungsgründen abzuleitenden Grenzwerten bei Hillenkamp, 1981, S. 239ff.

408 Vgl. etwa die Ausführungen zu den in §§13, 266 StGB vorausgesetzten Garanten- bzw. Vermögensbetreuungspflichten sowie zu den aus dem Bekleiden einer bestimmten Stellung oder eines bestimmten Amtes wie z.B. in § 34 Abs. 2 StGB sowie den Amtsdelikten normierten Fürsorge- und Obhutspflichten.

schärfend, teils mildernd auswirkte, ohne daß hierbei eine einheitliche Linie erkennbar war. Außerdem hat sie in vielen Vorschriften ausdrücklich oder konkludent Ausdruck gefunden, so z.B. in §§ 13, 94, 132a, 201-204, 211, 246 Abs. 1 2. Alt., 263, 266ff., 331-358 StGB sowie dem gewohnheitsrechtlich anerkannten Vertrauensgrundsatz.

Die im Gesetz enthaltenen Aussagen bezüglich des Vertrauens lassen sich wie folgt zusammenfassen: letztlich dienen alle strafrechtlichen Vorschriften dem Schutz des Vertrauens der Allgemeinheit in die Einhaltung von Rechtsnormen, d.h. grundsätzlich wird durch die sanktionsbewehrte Aufstellung von Strafnormen sowie andere sie ausfüllenden Verhaltensregeln ein Grundvertrauen in die Einhaltung von Rechtsnormen geschützt. Dem Bruch dieses Vertrauens kommt jedoch weder strafschärfende noch strafmildernde Wirkung zu, weil sich hierbei eine gegebenenfalls bestehende Täter-Opfer-Beziehung nicht tatgestaltend auswirkt.

Hintergrund einzelner Vorschriften wie §§ 263, 266 StGB ist zwar ein spezieller Vertrauensschutz, jedoch enthalten sie ebensowenig wie die Vorschriften, in denen das Vertrauen ausdrücklich genannt ist, eine Begriffsbestimmung, die eine Subsumtion unter die oben genannten Grenzwerte zuließe.

Allerdings läßt sich den ausgewerteten Vorschriften entnehmen, daß das Vertrauen unterschiedliche Bezugspunkte haben kann, es kann nämlich sowohl personen- als auch sach- und systembezogen sein oder auf rechtsgeschäftlichem Handeln beruhen, wie z.B. §§ 266, 246 Abs. 1 2. Alt., 203, 174ff. StGB belegen. Es muß nicht freiwillig gewährt werden, sondern kann in bestimmten Situationen das einzig mögliche Mittel zur Erreichung eines bestimmten Zwecks sein, weil man sich - wie im Zusammenhang mit den Amtsdelikten dargelegt - gezwungenermaßen auf den anderen verlassen muß oder aber notwendig sein, um flexibel zu bleiben. Die Ausnutzung derartiger Vertrauensverhältnisse, die nicht auf längerandauernden Beziehungen beruhen muß, sondern sich in einem einmaligen Kontakt erschöpfen kann, steht unter dem besonderen Schutz des Gesetzgebers. Im Ergebnis ist auch dies Ausdruck des Gedankens, daß derjenige, der anfängt, eine bestimmte Rolle zu übernehmen, sich hieran so festhalten lassen muß, daß für ihn eine Rechtspflicht zu rollenkonformem Verhalten besteht.

Einschränkungen unterliegt der Vertrauensschutz allenfalls dort, wo erkennbar Anlaß zu Mißtrauen bestand bzw. offenkundig war, der andere werde sich nicht erwartungsgemäß verhalten[409]. Offen bleibt aber, wann die Erwartung des Opfers, sich auf den anderen verlassen zu können, als zerstört angesehen werden muß. Hierbei muß auch auf die dem Vertrauen vom Gesetzgeber zugeschriebene Funktion, das Geschäfts-, Wirtschafts- und soziale Leben zu erleichtern, abgestellt werden.

---

409 Vgl. hierzu die Ausführungen zum Vertrauensgrundsatz sowie zum Begriff der Heimtücke im Rahmen des § 211 StGB.

Die so gewonnenen Erkenntnisse lassen weder eine generelle Leitlinie für die dem Vertrauen zukommende Bewertungsrichtung zu, noch geben sie hinreichende Anhaltspunkte dafür, welchem der oben genannten Grenzwerte ein von Vertrauen geprägter Fall zuzuordnen ist. Dies liegt im wesentlichen in dem facettenreichen, nicht näher definierten Begriff des Vertrauens begründet. Deshalb soll in einem weiteren Schritt versucht werden, eine inhaltliche Bestimmung dieses Begriffs vorzunehmen, was auch eine Auseinandersetzung mit der Funktion des Vertrauens erforderlich macht.

C. Opfervertrauen als Sonderfall der Täter-Opfer-Beziehungen

Durch das Vertrauen - unabhängig davon, ob es sich im Einzelfall um einseitiges, d.h. vom Partner nicht erwidertes oder um ein wechselseitiges Verhältnis handelt - wird eine Beziehung zwischen Täter und Opfer begründet, die vielfach prägend für die konkrete Tatausführung ist. Wird das Vertrauen gebrochen, trifft das Opfer oftmals den Vorwurf, sich "leichtgläubig" oder "blind" auf den anderen verlassen oder zu "vertrauensselig" gehandelt zu haben.

Auch im Rahmen der Strafzumessung kommt dem Vertrauen erhebliche Bedeutung zu, indem es sich in Fällen, in denen es durch das Gericht als "blind" oder "ungerechtfertigt" eingestuft wird, mildernd niederschlägt, in Fällen, in denen es mißbraucht wurde, strafschärfend auswirkt.

Dabei ist die Bandbreite dessen, was noch oder nicht mehr als Vertrauen aufgefaßt wird, nahezu unüberschaubar, ohne daß der Versuch unternommen wird, dem facettenreichen Begriff des Vertrauens Konturen zu verleihen. Die Wertung richtet sich oft gefühlsmäßig an der Erkenntnis aus, daß es offenkundig Fälle gibt, in denen Vertrauen, andere, in denen Mißtrauen angebracht ist.

Bevor jedoch die Auswirkungen des Vertrauens auf die Strafzumessungsschuld untersucht werden können, bedarf es zunächst einer Auseinandersetzung mit der Frage, was inhaltlich unter Vertrauen zu verstehen ist und welche Bedeutung ihm im gesellschaftlichen und rechtlichen Bereich zukommt.

I. Das Wesen des Vertrauens

1. Begriff des Vertrauens

Im allgemeinen Sprachgebrauch dient der Begriff "Vertrauen" zur Umschreibung vielfältiger Beziehungen und Verhaltensweisen. Die Bandbreite seines Anwendungsbereichs reicht von tiefer Freundschaft über Gut- und Leichtgläubigkeit bis hin zu Leichtsinn oder Vertrauensseligkeit, für die es sogar oft als Synonym genannt wird[410].

Im Berufs-, Wirtschafts- und Gesellschaftsleben wird es vielfach institutionalisiert[411], indem Organe gebildet oder Vertrauenspersonen bestimmt werden, die eine verantwortungsvolle Zusammenarbeit ermöglichen und das Vertrauen der von ihnen Vertretenen erhalten sollen und auf die der einzelne sich bei der Wahrnehmung seiner Interessen verlassen können soll[412].

Definitionen des Begriffs reichen von der Umschreibung als "persönliches, enges und freundschaftliches Verhältnis, das sich in besonderer Sympathie und Entgegenkommen äußert" [413] über das "Zutrauen in eigene Erwartungen"[414] bis hin zum "Glaube[n] daran, daß man sich auf jemanden oder etwas verlassen kann"[415] oder eine der Grundlagen gemeinschaftlicher Verbundenheit in Familie, Ehe, Freundschaft im Verhältnis von Arzt zu Patient[416].

Ausgangspunkt soll danach das Wort "Trauen" mit dem Sinngehalt sein, daß man dem anderen nichts Böses zutraut. Allerdings soll Vertrauen nicht gleichzusetzen sein mit einer vagen Hoffnung, sondern einen "höheren Grad der Erwartung als bei der Hoffnung, aber einen schwächeren als Zuversicht"[417] ausdrücken. Bei der substantivischen Verwendung des Wortes schwingt z.B. in Formulierungen wie "jemand besitzt das Vertrauen eines anderen" eine Tendenz zur Objektivierung mit[418].

Ähnliche Erläuterungen finden sich auch für den juristischen Bereich: Vertrauen soll "die sichere Erwartung" des Eintretens eines bestimmten Umstandes sein[419]. Dabei wird auf Begriffe wie Vertrauensfrage, Vertrauensgrundsatz im Strafrecht, Vertrauenshaftung als Haftung für die Verletzung eines Vertrauens, Vertrauensinteresse, Vertrauensschutz verwiesen. Von zentraler Bedeutung ist dabei der sog. Vertrauensschutz, worunter allgemein die rechtliche Berücksichtigung eines entgegengebrachten Vertrauens verstanden wird. Dieser erstreckt sich nicht nur - wie z.B. bei Vertrauensleuten - auf Personen, sondern

---

410 Vgl. z.B. Arzt, Kriminalistik 1976, S. 434; Hartmann, a.a.O., S. 469; Schneickert, a.a.O., S. 204, 207.

411 Vgl. z.B. Vertrauensärzte, Vertrauensmänner, Vertrauensbeiräte.

412 Vgl. Creifelds, a.a.O., S. 1299; Tiech, a.a.O., S. 1070.

413 Dahlinger, a.a.O., S. 80f.; ähnlich Drecoll, a.a.O., S. 20; Girshausen, a.a.O., S. 9f., 17, 71; Sauter, a.a.O., S. 47f.

414 Luhmann, a.a.O., S. 1.

415 Drosdowski, a.a.O., S. 761; ähnlich Diesel, a.a.O., S. 26f.; Schottlaender, a.a.O., S. 31.

416 Vgl. Hartmann, a.a.O., S. 471.

417 Grimm, a.a.O., Sp. 1946.

418 Dies., a.a.O., Sp. 1946.

419 Köbler, a.a.O., S. 403.

auch auf Gegenstände, beispielsweise öffentliche Bücher (vgl. § 892 BGB) oder tatsächliche Verhaltensweisen wie z.B. im Rahmen der Rechtsscheinhaftung.

Zusammenfassend kann Vertrauen danach als Ausdruck einer im Vergleich zur bloßen Hoffnung gesteigerten positiven Erwartungshaltung umschrieben werden, bei der man sich auf den anderen verläßt und davon ausgeht, dieser werde sich in einer bestimmten Weise verhalten und nicht zum Nachteil des Vertrauen Erwartenden handeln. Dieses Verständnis schließt nicht aus, daß Vertrauen unbedacht oder routinemäßig erwartet oder entgegengebracht wird und erfordert insbesondere dann keinen unnötigen Bewußtseinsaufwand, wenn die Erwartungen nahezu sicher sind.

Angesichts dieser Weite werden auch Fälle erfaßt, in denen man im Ausgangspunkt mißtrauisch ist, sich aber dann doch auf den anderen insofern verläßt, als man ihm die Verletzung bestimmter "Spielregeln" nicht zutraut, d.h. vor dem Hintergrund bestimmter Verhaltensregeln auf seine Fairneß baut.

Die hierdurch entstehenden Beziehungen können ihren Ursprung sowohl im zwischenmenschlichen oder rechtsgeschäftlichen Bereich finden als auch auf rein tatsächliche Umstände zurückzuführen sein.

Diese auf der Grundlage des allgemeinen Sprachgebrauchs erabeitete Definition ermöglicht jedoch weder eine eindeutige Abgrenzung zu Grenzfällen des Vertrauens wie z.B. dem Leichtsinn, noch läßt sie Rückschlüsse auf die Frage zu, in welchen Situationen Vertrauen, in welchen jedoch Mißtrauen angemessen erscheint. Insoweit ist zu vermuten, daß die Begriffsbestimmung und die sich hieran anschließende Beurteilung der Auswirkungen des Vertrauens abhängig von dessen Entstehung, Funktion, Intensität und speziellen Ausgestaltung sind.

Da dem Vertrauen auch im juristischen Bereich erhebliche Bedeutung zukommt, die sich nicht nur im Strafrecht, sondern auch in anderen Rechtsgebieten niedergeschlagen hat, soll versucht werden, unter Einbeziehung dieser Erkenntnisse eine zumindest für den juristischen Sektor handhabbare funktionale Erklärung des Vertrauens zu finden.

2. Funktion des Vertrauens

Die Beschreibung des Vertrauens bzw. des Vertrauensschutzes sowohl im juristischen als auch im ethischen Bereich hat gezeigt, daß kennzeichnend für die Vertrauensgewährung in allen Fällen auch fehlende Information ist und es daher immer eine riskante Vorleistung darstellt: dem Vertrauenden fehlt gesichertes Wissen, um erfolgssicher handeln zu können.

Zwar hat er in vielen Situationen die Wahl, ob er in bestimmten Hinsichten Vertrauen schenken will oder nicht, jedoch wäre ohne jegliches Vertrauen ein Zusammenleben weder in zwischenmenschlicher noch in wirtschaftlicher Hinsicht möglich[420]. Es verbleibt trotz aller Bemühungen um Organisation und Planung eine Restunsicherheit, die es zu überwinden gilt[421]. Dem Vertrauen kommt daher die Funktion zu, für Sicherheit und Vereinfachung im Alltagsleben zu sorgen: Vertrauensurteile verallgemeinern daher Erfahrungen, dehnen sich auf andere, jedoch "ähnliche" Fälle aus und stabilisieren diese in dem Maße, als sie sich bewähren[422]. Vertrauen reduziert somit die Komplexität des zukünftigen Umfeldes und ermöglicht dem Vertrauenden so zu handeln, als ob es in der Zukunft nur bestimmte Möglichkeiten gäbe, auf die er sein Verhalten dann einstellt. Bereits von vornherein steht fest, daß er weder das genaue Ergebnis kennt noch dessen Eintritt beherrscht oder erzwingen kann. Wäre eine solche Ergebnisbeherrschung sichergestellt, wäre Vertrauen allerdings auch unnötig, weil dann eine ausreichende Tatsachengrundlage für die Entscheidung vorläge. Vertrauen bleibt somit immer eine riskante Vorleistung[423].

Wie sich schon bei der Darlegung des Vertrauensgrundsatzes gezeigt hat, geht in diesen Fällen, d.h. insbesondere im Geschäfts- und Verkehrsleben, der Vertrauensgewährung regelmäßig eine - wenn auch teilweise unbewußte - Interessenabwägung voraus: das Vertrauen bezieht sich immer auf eine kritische Alternative, in der der Schaden beim Vertrauensbruch größer sein kann als der Vorteil, der aus dem Vertrauenserweis gezogen wird, d.h. der Vertrauende macht sich an der Möglichkeit übergroßen Schadens die Selektivität anderer bewußt und stellt sich ihr.

Allerdings kann hieraus nicht gefolgert werden, daß der Vertrauensgewährung grundsätzlich eine rational durchdachte Abwägung zwischen dem Risiko und den für das Vertrauen sprechenden Umständen vorauszugehen hat. In vielen Fällen wird das Vertrauen geradezu unbedacht, leichtsinnig oder aber auch routinemäßig gewährt, insbesondere wenn die Erwartungen nahezu sicher erscheinen, weil die an den anderen gestellten Verhaltenserwartungen besonders hoch sind.

Problem des Vertrauens ist immer, daß einerseits trotz umfassender organisatorischer, planerischer und Kontrollmaßnahmen nicht alles Handeln durch sichere Voraussicht beherrscht werden kann und Restunsicherheiten nicht auszuräumen sind, die aber überwunden werden müssen, andererseits erst in der rückblickenden Bewertung beurteilt werden kann, ob die Vertrauensgewährung "richtig" war oder nicht, was wiederum davon abhängt, ob das Vertrauen enttäuscht oder belohnt wurde. Der Vertrauende sucht zwar Anhaltspunkte für seine Vertrauensgewährung, jedoch fehlt ihm im Entscheidungszeitpunkt entweder

---

420 Vgl. auch Sprichwörter wie "Niemandem vertrauen ist tyrannisch".

421 Ehrlich, a.a.O., S. 9,31; Kaiser, L., a.a.O., S. 69; Nitschke, a.a.O., S. 177f.; Tischler, a.a.O., S. 123.

422 Luhmann, a.a.O., S.27.

423 Vgl. ders., a.a.O., S. 20; Stratenwerth, 1958, S.78f.

das Wissen oder aber es widerspräche Funktion und Stil des Vertrauens, detaillierte Fakteninformationen und fachliche Beweise anzubieten oder zu fordern[424]. Allerdings muß er seine Risikobereitschaft unter Kontrolle halten und darf nicht bedingungslos vertrauen, sondern nur in Grenzen und nach Maßgabe bestimmter Erwartungen[425], die auch in gewissem Umfang Eigenkontrollen erfordern sowie die Auseinandersetzung mit dem Objekt bzw. Subjekt des Vertrauens.

Dabei sucht der Vertrauende im allgemeinen in seinem subjektiven Weltentwurf Anhaltspunkte dafür, ob Vertrauen gerechtfertigt ist oder nicht. Hintergrund ist, daß ohne jede vorherige Information Vertrauen kaum möglich ist, weil es sich im Ergebnis um überzogene Information handelt, die Vertrauensgewährung also darauf beruht, daß der Vertrauende sich in gewissen Grundzügen schon auskennt.

Insoweit sind Strukturen der Umwelt, vor allem die der Sozial- und Rechtsordnung, durchaus von Bedeutung für die Frage, ob und in welcher Form Vertrauen gedeihen kann.

Das mit der Gewährung von Vertrauen immer verbundene Risiko kann nicht vollständig ausgeschlossen werden, es kann allenfalls verringert werden, indem versucht wird, gewisse Anhaltspunkte für das Gewähren von Vertrauen zu finden.

Damit drängt sich die Frage auf, wie man Anhaltspunkte für die Vertrauensbildung gewinnen soll oder woran man sich innerhalb des Vertrauensaktes orientieren kann.

Im Rahmen zwischenmenschlicher Beziehungen ist ein wesentlicher Faktor die Beziehung zur Vertrauensperson: bei einem guten Freund oder Verwandten wird man in der Regel eher davon ausgehen, daß er den in ihn gesetzten Erwartungen gerecht wird.

Andere Vertrauensgrundlagen können sich aus der Motivationsstruktur des Partners ergeben und Folge einer Abwägung sein, die sich mit den Fragen auseinandersetzt, ob der Vertrauensbruch dem Gegenüber besonders große, verlokkende Vorteile bietet und wie groß der eigene Einfluß und die Konsequenzen sind, mit denen er rechnen muß.

Dabei bietet die Rechtsordnung, die für bestimmte Erwartungen und Sanktionsmöglichkeiten hohe Sicherheiten gewährt, eine unentbehrliche Grundlage für jede langfristige Überlegung dieser Art und entlastet damit das Risiko der Vertrauensgewähr. Dies zeigen insbesondere die zahlreichen Rechtsinstitute, die unter dem Begriff des Vertrauensschutzes zusammengefaßt werden.

Darüber hinaus legt die Rechtsordnung vielfach auch fest, inwieweit das mit der Vertrauensgewähr eingegangene Risiko durch weitere Kontrollen begrenzt

---

424 Luhmann, a.a.O., S. 32.

425 Vgl. ders., a.a.O., S. 31.

werden soll, indem sie Grundsätze dafür bereit hält, wann der Vertrauende von der Richtigkeit der Angaben seines Gegenübers ausgehen kann[426].

Anhaltspunkte ergeben sich auch daraus, ob das Gegenüber mit einer weiteren Zusammenarbeit oder Begegnung rechnen und dann die Konsequenzen fürchten muß.

Insbesondere bei rein zwischenmenschlichen Beziehungen wirkt sich aus, daß die Beteiligten wissen, daß sie sich in Zukunft wieder begegnen werden und daß sie unter nicht genau vorhersehbaren Umständen, die mal den einen, mal den anderen begünstigen, voneinander abhängig sind. Beide wissen, daß der Partner diese Situation so einschätzt.

Neben diesem Gesichtspunkt, durch Sanktionsmöglichkeiten Motive zu strukturieren und damit die Ungewißheit zu verkleinern, hat diese Abwägung noch eine weitere für die Vertrauensbildung wesentliche Funktion, die in der Strukturierung der Zurechnung der Schuld und damit dem Risiko sozialer Verurteilung und Blamage besteht; denn die Verteilung sozial gebilligter Sanktionsmöglichkeiten sagt zugleich etwas darüber aus, auf wessen Seite im Falle des Vertrauensbruches unbeteiligte Dritte stehen werden: gibt der Vertrauende unbedacht Sanktionsmöglichkeiten aus der Hand, entgleitet ihm damit auch die Möglichkeit, die Schuldzurechnung zu seinen Gunsten zu lenken, und die Vorwürfe richten sich gegen ihn selbst.

Demzufolge sind die Typizität und Voraussehbarkeit solcher Schuldzuweisungen gleichfalls eine wesentliche Hilfe bei der Vertrauensentscheidung; d.h., daß derjenige, der vertraut, seine eigene Risikobereitschaft unter Kontrolle halten muß.

Allerdings darf dies nicht dazu führen, daß im Ergebnis die Maxime heißt, "vertraue nur dort, wo Du sicher sein kannst, daß Dein Vertrauen nicht enttäuscht wird", weil dann für Vertrauen kein Raum mehr ist.

Vertrauen ist keine Prognose, deren Richtigkeit am Eintreffen des vorausgesagten Geschehens gemessen und nach einigen Erfahrungen auf Wahrscheinlichkeitswerte gebracht werden könnte. Demzufolge wird die Möglichkeit einer Enttäuschung nicht einfach ignoriert, sondern vorausgesehen und intern verarbeitet. Anders als bei unsicheren Erwartungen im allgemeinen wird die Fortsetzung des Erwartens im Enttäuschungsfalle aber nicht miterwartet und als Routineverhalten mit vorbereitet; vielmehr beruht die Sicherheit des Vertrauens gerade darauf, daß ein Bruch des Vertrauens dessen Entzug und damit eine radikale Änderung der Beziehung zur Folge haben muß.

---

426 Vgl. z.B. § 808 Abs. 1 BGB, wonach bei Namenspapieren mit Inhaberklausel der Schuldner durch Leistung an den Inhaber der Urkunde befreit wird. Beispiel hierfür ist das Sparbuch: Leistungsbefreiung für den Schuldner tritt ein durch Leistung im Rahmen des Sparvertrages an den Inhaber, dessen Verfügungsberechtigung der Auszahlende nicht zu prüfen braucht.

Vertrauen ist also nicht nur im Einzelfall, sondern erst recht auf Systemebene darauf angewiesen, daß die Risikoneigung unter Kontrolle gehalten wird, jedoch widerspricht es der Funktion und dem Stil des Vertrauens, detaillierte Tatsacheninformationen und fachliche Beweise zu fordern oder anzubieten, wenngleich die Möglichkeit einer solchen Erläuterung andeutungsweise anklingen sollte.

3. Formen des Vertrauens

a) nach dem Bezugspunkt

Schon die Auswertung der gesetzlichen Vorschriften belegt die unterschiedlichen Bezugspunkte des Vertrauens: so sieht das Gesetz beispielsweise in §§ 203, 331-358 StGB Vertrauen in einen bestimmten Personenkreis vor, aber auch Vertrauen in eine bestimmte Institution.

Vertrauen kann demzufolge persönlich begründet sein und sich nach der Ausgestaltung der konkreten Beziehung zwischen beiden Personen beurteilen. Dieses sog. personale Vertrauen kann wiederum untergliedert werden in die Fälle, in denen der einzelne seinem eigenen Vertrauen vertrauen kann oder darauf vertraut, daß andere ihm vertrauen.

Das Vertrauen bezieht sich danach unabhängig von spezifischen eigenen Interessen und rechtlichen Erlebniszusammenhängen auf einen Gegenstand ohne Rücksicht auf den jeweiligen Sachzusammenhang, in dem er relevant wird, wenn der Vertrauende diese konkrete Person trifft, ungeachtet der jeweiligen Rollenzusammenhänge[427].

Andererseits kann das Vertrauen sich auch auf bestimmte Gegenstände und Institutionen beziehen, denen in einer durch ihre Beschaffenheit und Funktion festgelegten Hinsicht Verläßlichkeit zukommt. Diese Art des Vertrauens ist eher sachlich begründet und wird auch als "Systemvertrauen" bezeichnet, wodurch zum Ausdruck kommt, daß darauf vertraut wird, daß andere in gleicher Weise vertrauen[428].

Je nachdem, welche Form gewährt wird, unterscheiden sich Anwendungsmöglichkeiten, Risiken und Folgeprobleme: während beim personalen Vertrauen Reflexivität Ausnahmeerscheinung ist, baut das Systemvertrauen darauf auf, daß andere auch vertrauen und daß diese Gemeinsamkeit des Vertrauens bewußt wird, so daß die rationale Basis des Systemvertrauens im Vertrauen in das Vertrauen liegt. Gerade bei diesem Systemvertrauen muß man sich auf fremde In-

---

427 Vgl. z.B. Sauter, a.a.O., S. 47.

428 Eichler, a.a.O., S. 2; Luhmann, a.a.O., S. 50ff.

formationen verlassen können. Dieses Vertrauen kann in einer hochkomplexen Umwelt nicht mehr durchgängig persönliches Vertrauen sein[429]. Es ist typischerweise ein Vertrauen in spezielle und nachweisbare Fähigkeiten zur Informationsverarbeitung, in funktionale Autorität und letztlich in die Funktionsfähigkeit der Wissenschaft als Handlungssystem[430].

Im Hinblick auf diese Ordnung der Informationsverarbeitung kann das Vertrauen des Bürgers nicht mehr die einfache Form des Vertrauens in die Recht- und Zweckmäßigkeit der Amtsausübung durch Amtsträger annehmen; es zeigt sich, daß auch beim Vertrauen in generalisierte Medien der Kommunikation ein Mindestmaß an realen Grundlagen erforderlich ist.

b) nach inhaltlichen Gesichtspunkten

Die konkrete Form und Intensität des Vertrauens, die auch die jeweilige Funktion verdeutlichen, lassen sich wie folgt umschreiben:

Bei der elementarsten und schwächsten Spielart des Vertrauens liegt die Basis zunächst einmal im "Trauen", d.h. wenn man einem anderen nichts Böses zutraut. In dieser Variante sind Berührungspunkte mit dem bereits dargelegten Begriff der Arglosigkeit zur Definition des Mordmerkmals "Heimtücke" zu erkennen.

Vertrauen kann wesentlich mehr sein als nur mangelndes Mißtrauen, nämlich Ausdruck einer positiven Erwartungshaltung, weil man sich auf den anderen verläßt und mit seiner "Treue" sich ihm öffnet und seinen Intimbereich nicht abschirmt. Diese Form des Vertrauens orientiert sich insbesondere an Personenbeziehungen.

Vertrauen ist aber auch bei fehlender oder zumindest stark abgeschwächter "Arglosigkeit" gegeben. Dies ist dann der Fall, wenn man im Ausgangspunkt mißtrauisch ist, sich aber dann doch auf den anderen insofern verläßt, als man ihm die Verletzung bestimmter gesellschaftlich anerkannter Regeln nicht zutraut. Der Vertrauensakt liegt dann gerade darin, daß man sich über vorhandenes Mißtrauen hinwegsetzt, indem man sich beispielsweise selbst bei der Konfrontation mit Straftätern sowie in anderen Fällen eines bewußt eingegangenen Risikos auf die Funktionsfähigkeit gewisser "Spielregeln" verläßt; mit anderen Worten, man vertraut auf einen guten Ausgang, weil man ursprünglich vorhandene Bedenken beiseite schiebt. Das Risiko wird bewußt in Kauf genommen.

Das zeigt auch, daß insbesondere Vertrauen in die Funktionsfähigkeit von Systemen das Vertrauen in die Funktionsfähigkeit ihrer immanenten Kontrollen

---

429 Diese Form des Vertrauens existiert z.B. noch in Gestalt des befreundeten Hausarztes.

430 Luhmann, a.a.O. S. 56ff.; vgl. a. Rehbinder, a.a.O., S. 150ff.

einschließt. Die Risikoneigung muß in diesem System selbst unter Kontrolle gehalten werden.

4. Bedeutung des Vertrauens im Zivilrecht und im öffentlichen Recht

Zwar handelt es sich bei "Vertrauen" um einen der Ethik entstammenden Begriff der Empfindungswelt, während sich die Rechtsordnung in erster Linie am äußeren Verhalten eines Menschen, d.h. dem äußeren Tatbestand und den damit verbundenen Rechtsfolgen orientiert, jedoch tritt diesem "natürlichen" Vertrauen innerhalb des Rechts ein rechtlich typisiertes entgegen: dies beruht auf der Notwendigkeit, im Rechtsleben Tatbestände zu schematisieren und von individuellen Besonderheiten zu lösen, um allgemeingültige Aussagen über die Konsequenzen eines rechtlich relevanten Verhaltens treffen zu können.

Die rechtserheblichen Umstände des Vertrauens können im wesentlichen mit den folgenden Fragen umrissen werden: wer ist es, der einem anderen Vertrauen schenkt; wer ist dieser andere, der das ihm entgegengebrachte Vertrauen zu rechtfertigen hat; welche Handlungen werden von ihm erwartet; worauf beruht der Vertrauensbeweis, welche persönlichen Beziehungen der Beteiligten tragen ihn?

Daher erscheint es sinnvoll zu prüfen, wie sich die Rechtsordnung zu den Erscheinungsformen dieses Grundbegriffes stellt, insbesondere, wann sie Vertrauen als besonders schützenswert erachtet mit der Folge, daß die Enttäuschung dieses Vertrauens rechtliche Konsequenzen nach sich zieht.

Für das Strafrecht hat die Auswertung der gesetzlichen Vorschriften sowie der entsprechenden Rechtsinstitute gezeigt, daß Vertrauen die auf bestimmten - im einzelnen noch herauszuarbeitenden - Umständen beruhende Erwartung normgemäßen bzw. diesen Erwartungen entsprechenden Verhaltens darstellt[431].

a) Vertrauen im Zivilrecht

Ebenso wie im Strafrecht sind auch im Zivilrecht Vertrauensverhältnisse normiert. In der Regel handelt es sich bei den vertraglichen Schuldverhältnissen im Hinblick auf das Gebot der Vertragstreue und Vertrauensrechtfertigung in der

431 Vgl. die Ausführungen in diesem Teil unter B. III. 3.

das gesamte Schuldrecht beherrschenden Formel "Treu und Glaube" um Vertrauensverhältnisse[432].

Allerdings wird in der Regel nur dann von Vertrauen gesprochen, wenn das persönliche Moment in der Natur der Vertragsbeziehungen stark hervorgehoben ist und dadurch ein besonders persönliches Vertrauensverhältnis herausgebildet ist. Kennzeichen dieser Vertrauensverhältnisse ist demzufolge eine aufgrund der Natur der betreffenden Lebensbeziehung gebotene Steigerung des Vertrauensbeweises, dem eine Verstärkung des [illegible] auf der anderen Seite entspricht[433].

Beispiele für derartige Vertrauensverhältnisse sind der Dienstvertrag und das Rechtsinstitut der culpa in contrahendo.

Umfassender Vertrauensschutz wird durch § 242 BGB, den Schutz von Treu und Glauben, gewährt, der eine weit über seinen Wortlaut hinausgehende Bedeutung erlangt hat und Ausdruck des allgemeinen Rechtsgedankens "Jedermann hat in Ausübung seines Rechts und Erfüllung seiner Pflichten nach Treu und Glauben zu handeln", ist. Damit liegt die Aufgabe des § 242 BGB darin, Auswüchse zu beschneiden, d.h. der Rechtsausübung dort eine Grenze zu setzen, wo die sich aus der sozialethischen Gebundenheit des Rechts ergebenden Schranken eindeutig überschritten sind.

Treue bedeutet dem Wortsinn nach eine auf Zuverlässigkeit, Aufrichtigkeit und Rücksichtnahme beruhende äußere und innere Haltung gegenüber einem Menschen; Glaube dagegen das Vertrauen auf eine solche Haltung.

Durch dieses Begriffspaar will § 242 BGB im Rahmen seiner Wirkungsmöglichkeiten den in der Gemeinschaft herrschenden sozialethischen Wertvorstellungen Geltung verschaffen und dem Gedanken Rechnung tragen, daß Recht nicht nur Macht, sondern auch Pflicht und Verantwortung gegenüber den anderen und der Allgemeinheit bedeutet. Der Inhalt des Grundsatzes von Treu und Glauben ist daher an den im Bewußtsein der Gemeinschaft oder der beteiligten Verkehrskreise (z.B. Kaufleute, Landwirte) verankerten Anschauungen von Recht und Gerechtigkeit und an den Rechtswerten auszurichten, auf die die Worte "Treue" und "Glauben" verweisen. Anhaltspunkte für die Ausgestaltung ergeben sich aus der Verkehrssitte als der tatsächlichen Übung in den beteiligten Kreisen. Die Anforderungen an Treu und Glauben lassen sich nicht allgemein, sondern nur nach Lage des Einzelfalles bestimmen. Jedoch kann als Richtlinie eine Interessenabwägung zugrundegelegt werden, die durch folgende Erwägungen charakterisiert wird[434]:

---

432 Eichler, a.a.O., S. 13ff.

433 Vgl. Fikentscher, a.a.O., Rdnr. 162ff.

434 Vgl. hierzu Eichler, a.a.O., S. 18ff.

- das persönliche Verhältnis zwischen den Beteiligten als subjektives Vertrauenselement und Grundlage für die Typisierung, das festlegt, inwieweit sich der einzelne darauf verlassen kann, daß sein Vertrauen geschützt wird.
- die sich an §§ 157, 242 BGB orientierende Verkehrssitte als objektives Ergänzungsmoment, weil gewisse äußere Umstände erfahrungsmäßige Schlüsse auf die übliche Entstehung einer Vertrauenslage und ihre rechtliche Erheblichkeit zulassen.
  Demzufolge kehrt das im allgemeinen Übliche dem Vertrauensmoment gegenüber hervor und setzt insbesondere übertriebene, auf übersteigerte Vertrauensbekundung zurückgehende Anforderungen an die Redlichkeit und Sorglosigkeit auf das im Verkehr übliche Mindestmaß herab.
- die Arglisteneinrede als formales Ausgleichsmoment.

Von Bedeutung ist in diesem Zusammenhang insbesondere die Frage nach Inhalt und Umfang vorvertraglicher Aufklärungs- und Beratungspflichten, woraus sich im Ergebnis Anhaltspunkte dafür ergeben, inwieweit der Geschädigte sich auf den Vertragspartner verlassen konnte.

Für den Bereich des Zivilrechts besteht in Fällen, in denen der Verkäufer im Rahmen eingehender Vertragsverhandlungen einen ausdrücklichen Rat erteilt, bei fahrlässig falscher Raterteilung eine Schadensersatzpflicht wegen Verletzung einer im Rahmen des Kaufvertrags übernommenen Nebenpflicht neben Gewährleistungsansprüchen.

Auch für ein Unterlassen wird gehaftet, wenn eine Verpflichtung zur Aufklärung vorliegt. Wie bereits im Zusammenhang mit der strafrechtlichen Haftung für ein Unterlassen dargelegt, besteht im Rahmen der Vertragsverhandlungen keine allgemeine Aufklärungspflicht[435]. Nur bei Vorliegen besonderer Umstände trifft den Vertragspartner eine solche Pflicht. Dabei muß es sich um solche Umstände handeln, die den Vertragszweck des anderen vereiteln können und daher für seinen Entschluß von wesentlicher Bedeutung sind[436]. Je größer der Informationsbedarf und damit einhergehend schutzwürdiger der Käufer ist, um so näher liegt die Annahme einer Aufklärungspflicht[437]. Dabei ist immer auf den Grundgedanken der culpa in contrahendo, der in der Inanspruchnahme und Gewährung besonderen Vertrauens mit der Folge der Begründung einer entsprechenden Verhaltenspflicht liegt, abzustellen[438]. Ansatzpunkt für ein berechtigtes Vertrauen ist dabei auch, daß eine Partei nach den tatsächlichen Umständen - etwa Erklärungen, Werbeaussagen, Marktchancen, Vorweisen von besonderen Einrichtungen - eine besondere Funktion übernimmt, so daß der andere Teil im

---

435 Vgl. Rith, in: Mü-Ko, § 242 BGB Rdnr. 205.

436 Vgl. BGH NJW 1979, S. 2245.

437 Vgl. Breidenbach, CR 1989, S. 600-602.

438 Vgl. a. Ballerstedt, AcP 151 (1950/1951), 507; Larenz, 1975a, S. 397.

Vertrauen darauf auf eigene Maßnahmen (beispielsweise zur Informationsbeschaffung) verzichtet. Bezeichnet sich daher der Verkäufer z.B. als Berater, sollen ihn Beratungspflichten in dem Maße treffen, in dem der Käufer auf die Wahrnehmung dieser Funktion erkennbar vertraut[439].

Darüber hinaus kommt das Vertrauen insbesondere in den Vorschriften über Schadensersatz bzgl. des sog. Vertrauensinteresses z.B. in §§ 122, 178, 873, 892 BGB zum Ausdruck. Dabei ist festzustellen, daß das Vertrauen um so höher eingeschätzt wird, je mehr der Vertrauende die Wahrnehmung seiner Interessen einem anderen überläßt (z.B. § 675 BGB) und dadurch ein besonderes Treueverhältnis zwischen den Beteiligten entsteht. Diese Treuepflicht ist umso strenger, je enger das Vertrauensverhältnis ist. Sie hängt auch von der wirtschaftlichen Bedeutung des Geschäfts und der (Un)Erfahrenheit des Auftraggebers ab[440].

Das Ausnutzen einer Vertrauensstellung wird auch durch § 138 BGB geschützt, wonach ein Rechtsgeschäft, das gegen die guten Sitten verstößt, nichtig ist mit der Folge, daß ein Rechtsgeschäft insbesondere dann unwirksam ist, wenn sich Vater, Mutter, Vormund, Rechtsanwalt oder Personen ähnlicher Stellung unter Mißbrauch ihrer Autorität unangemessene Vorteile versprechen lassen[441].

Auf dem Schutz hervorgerufenen Vertrauens beruhen auch die Grundsätze über die Rechtsscheinvollmacht: die §§ 170 ff. BGB gehen davon aus, dem Geschäftsgegner sei die Nachprüfung dann nicht zuzumuten, wenn das Verhalten des Vertretenen nach der Verkehrsauffassung auf das Bestehen der Vollmacht schließen läßt.

Dieser Rechtsgedanke, der auch in § 370 BGB und § 56 HGB zum Ausdruck kommt, bildet die Grundlage für die Anerkennung von Duldungs- und Anscheinsvollmacht. Sie sind zwar an unterschiedliche Voraussetzungen geknüpft, beruhen aber letztlich gemeinsam auf dem Gedanken des Vertrauensschutzes und damit auf dem Grundsatz von Treu und Glauben[442].

Ebenfalls Ausdruck des Vertrauensschutzes ist der z.B. in §§ 932, 892, 891 BGB normierte Gutglaubensschutz.

b) Vertrauen im öffentlichen Recht

Im öffentlichen Recht wird Vertrauen z.B. in den §§ 48, 49 VwVfG unter den Voraussetzungen geschützt, daß die Behörde einen Vertrauenstatbestand ge-

---

439 Vgl. Breidenbach, CR 1989, S. 601.

440 BGH MDR 1959, S. 210.

441 RG JW 1937, S. 25; BGH LM (3c) Nr.1.

442 BGH NJW 1956, S. 1674; 1962, S. 1003.

setzt hat und der Bürger hierauf in schutzwürdiger Weise vertraut hat, indem er bereits Vermögensdispositionen getroffen hat, die er nicht mehr oder nur unter unzumutbaren Nachteilen rückgängig machen kann. Bei ursprünglich rechtmäßigem Verhalten der Behörde genießt der Bürger größeren Vertrauensschutz als bei ursprünglich rechtswidrigem.

Entscheidend ist hierbei das Vorliegen eines tatsächlichen Anhaltspunktes für das Vertrauen in Form eines Verwaltungsaktes. Die Bejahung der Schutzwürdigkeit ist von einer Abwägung zwischen dem privaten und dem öffentlichen Interesse abhängig, wobei jeder Bürger schutzwürdig ist, der sich mit guten Gründen auf den Bestand des Verwaltungsaktes und die daraus resultierenden Rechte verlassen durfte, insbesondere weil die Fehlerhaftigkeit nicht in seinem Verantwortungsbereich liegt und ihm demnach nicht bekannt war und sein mußte. Ausschlaggebend für die Beurteilung ist insoweit eine "Parallelwertung in der Laiensphäre", wobei im Rahmen der groben Fahrlässigkeit auf individuelle Gegebenheiten, insbesondere auch auf die persönlichen Umstände und Fähigkeiten des Betroffenen abzustellen ist.

Der Vertrauensschutz basiert in diesen Fällen sowohl auf Gründen der Rechtssicherheit als auch auf Treu und Glauben.

Ähnliches gilt auch für die im Verwaltungsverfahrensrecht anwendbaren Grundsätze über die Verwirkung, § 53 VwVfG. Auch sie setzen eine Vertrauensgrundlage, einen Vertrauenstatbestand sowie eine Vertrauensbetätigung voraus.

5. Zusammenfassende Betrachtung

Dem Vertrauen kommt sowohl im Rechtsleben als auch im alltäglichen Leben erhebliche Bedeutung zu. Es tritt in beiden Bereichen in unterschiedlichen Formen auf: neben den natürlichen oder ethischen Vertrauensbegriff tritt ein rechtlich typisierter Vertrauensbegriff wegen der im Rechtsleben erforderlichen Notwendigkeit, Sachverhalte sowohl zu schematisieren und zu generalisieren als auch von individuellen Besonderheiten zu lösen.

Gemeinsam ist dem Vertrauen in beiden Fällen, daß der Vertrauen Erwartende trotz fehlender Informationen Entscheidungen treffen und sich auf den anderen verlassen muß. Da diesem nichts Böses zugetraut wird, verzichtet er in einem bestimmten Umfang auf Kontrollen.

Hierin zeigt sich die Funktion des Vertrauens, die soziale Komplexität zu reduzieren und Rechtssicherheit zu erhöhen: Vertrauen gründet auf der Verallgemeinerung von Erfahrungen, was es von der bloßen Hoffnung unterscheidet. Es trägt dem Umstand Rechnung, daß ein Übermaß an Mißtrauen zu einem Übermaß an Komplexität führt, den einzelnen überfordert und handlungsunfähig macht. Derjenige, der im Übermaß mißtraut, wird von weniger Information abhängig, weil er mehr Information braucht und zugleich die Information verengt, auf die zu stützen er sich getraut.

Dabei gibt es offensichtlich Fälle, in denen Vertrauen, und andere, in denen Mißtrauen angezeigt ist. Daraus folgt, daß Vertrauen keine Absolutheit beanspruchende Verhaltensmaxime ist, sondern sich aus den objektiven Merkmalen der Situation, aus ihrem gemeinsamen menschlichen Verständnis ergeben muß, ob man in einzelnen Hinsichten Vertrauen schenken soll oder nicht. Diese Situation muß genügend objektive Merkmale aufweisen, die als Urteilsgrundlage für die Vertrauensbildung dienen können und die auch für Dritte den gleichen Sinn und die gleiche Vertrauensrelevanz besitzen.

Das Vertrauen kann sowohl personen- als auch sachbezogen sein.

Der Gesetzgeber gewährt nicht nur im Bereich des Strafrechts Vertrauensschutz, sondern auch im Zivilrecht sowie im öffentlichen Recht, was sich insbesondere im Grundsatz von Treu und Glauben, einem Ausfluß des Vertrauensprinzips, niederschlägt.

Allerdings steht das Vertrauen nicht in jedem Fall unter dem besonderen Schutz des Rechts mit der Folge, daß es für die Vertrauensperson Pflichten und bei deren Verletzung rechtliche Konsequenzen auslöst.

Die Rechtsordnung muß objektivierbare Anhaltspunkte für die Vertrauensgewährung herausarbeiten und sich in der Anwendung des Vertrauensprinzips Selbstbeschränkungen auferlegen, um nicht besser ausformulierte konstruktive Errungenschaften zu gefährden[443]. Dabei wird das Vertrauensprinzip durch zwei Komponenten charakterisiert: zum einen durch die rechtsethische, zum anderen durch die am Gedanken der Verkehrssicherheit orientierte Komponente. So beinhaltet auch das hinter allen Vorschriften stehende Prinzip von Treu und Glauben, daß in zurechenbarer Weise erwecktes Vertrauen eingelöst werden soll, wenn der andere entsprechend vertraut hat. Grund für die Einführung des Vertrauensprinzips mit seiner sozialethischen Komponente war die Erkenntnis, daß ein Zusammenleben in der Gesellschaft nicht möglich ist, wenn entgegengebrachtes Vertrauen in der Regel enttäuscht statt bestätigt wird. Anderenfalls herrschte ein steter Kriegszustand[444].

Soweit daher das sog. Systemvertrauen geschützt wird, verlangt das Recht von dem Vertrauenden je nach Lage des Einzelfalles Maßnahmen zum Zwecke des Selbstschutzes, wobei diese auf Erfahrungssätzen beruhen.

Auch der vom Gesetzgeber zugrundegelegte Vertrauensbegriff ist daher weit gehalten im Sinne von "dem Anderen nichts Böses zutrauen", erfährt jedoch Einschränkungen durch den unterschiedlichen Schutz, der gewährt wird.

---

443 Luhmann, a.a.O., S. 37.

444 Vgl. Larenz, 1979, S. 81 ff.

Demzufolge berücksichtigen die rechtlichen Regelungen wie § 242 BGB oder die Grundsätze über die Duldungs- und Anscheinsvollmacht die Vertrauensmomente in den Grenzen des jeweiligen Rechtsinstituts unter Zugrundelegung der nach den durchschnittlichen Anforderungen des Verkehrslebens gebotenen Schutzwürdigkeit des Vertrauens.

Zwar ist das Vertrauen begriffsnotwendig immer subjektiv geartet, weil es auf persönlichen Erwartungen und Erklärungen aufbaut, die dem Einblick des Außenstehenden unzugänglich sind, jedoch lassen gewisse äußere Umstände erfahrungsmäßige Schlüsse, die Gegenstand der allgemeinen Verkehrsauffassung sind, auf die übliche Entstehung einer Vertrauenslage und ihre rechtliche Erheblichkeit zu.

Im Zivilrecht finden sich zum einen Vertrauensverhältnisse mit personenrechtlicher Struktur wie z.B. der Dienstvertrag, bei denen als Vertrauensbruch jede Handlungsweise gewertet wird, die mit dem Wesen und Zweck der Vertrauensstellung der Vertrauensperson unverträglich ist, zum anderen das Anvertrauen einer Rechtsmacht, das dadurch gekennzeichnet ist, daß der Anvertrauende sich in die Hände des Vertrauensmannes begibt, indem er ihm durch einen Rechtsakt der Entäußerung die tatsächliche oder rechtliche Möglichkeit verschafft, unmittelbar auf seine Vermögenssphäre einzuwirken.

Der Vertrauensgedanke fundiert insoweit das gesamte Recht, das gesamte Sicheinlassen auf andere Menschen, so wie umgekehrt Vertrauenserweise nur aufgrund einer Risikominderung durch das Recht zustandekommen können. Die Rechtslage und die Sanktionsmöglichkeiten im Falle des Vertrauensbruchs können bei der Vertrauensentscheidung eine gewisse Entscheidungshilfe bieten.

Unter Einbeziehung dieser gesetzgeberischen Entscheidungen soll auch dieser Arbeit ein weiter Vertrauensbegriff, verstanden als "dem anderen nichts Böses zutrauen", zugrundegelegt werden. Für die strafzumessungsrechtliche Wertung sollen Kriterien herausgearbeitet werden, die dem Vertrauen unter Berücksichtigung seiner Funktion und den damit verbundenen Anforderungen sowie der Schutzwürdigkeit des Vertrauens in der jeweiligen Situation Rechnung tragen. Entscheidende Frage wird damit sein, wie weit der einzelne auf Sicherheiten verzichten und damit gleichzeitig davon ausgehen kann, dies werde von anderen nicht ausgenutzt.

Die Reichweite dieses Vertrauensbegriffs soll mit Hilfe der folgenden Fallgruppen beschrieben werden, die auch Grundlage für die Überprüfung der im folgenden Kapitel zu entwickelnden Kriterien für die strafzumessungsrechtlichen Auswirkungen des Vertrauens sein sollen.

1. Fallgruppe:

Das Opfer versieht sich gerade von diesem Täter keines Angriffs aufgrund der zwischen ihnen bestehenden Beziehungen. Zwischen Täter und Opfer bestehen dann meist schon über einen längeren Zeitraum persönliche Kontakte, z.B. Unzucht des Vaters mit Kindern.

2. Fallgruppe:

Der Täter baut bewußt Kontakte auf und schafft eine persönliche Beziehung, um diese später zur Tatbegehung auszunutzen, z.B. Heiratsschwindler.

3. Fallgruppe:

Das Vertrauen des Opfers, das sich auf bestimmte Umstände gründet - erst einmal unabhängig davon, ob vom Täter gefördert oder nicht - und gemeinhin als Leichtgläubigkeit bzw. Vertrauensseligkeit zu qualifizieren ist.

4. Fallgruppe:

Mißbrauch einer Vertrauensstellung bzw. einer Stellung, mit der allgemein ein bestimmtes Ansehen verbunden ist[445].

5. Fallgruppe:

Das Opfer, das zwar darauf vertraut, es werde nichts passieren, aber trotzdem die reale Möglichkeit einer Rechtsgutverletzung ins Auge faßt, sich der Gefahr aber aus anderen Gründen trotzdem aussetzt, z.B. Selbstbedienungsladen, Fall Deutsche Bundesbank.

6. Fallgruppe:

Das Opfer, dessen Vertrauen eher als Sorglosigkeit oder Nachlässigkeit einzuordnen ist z.B. das Opfer, das die Geldbörse gut sichtbar offen in seinen mitgeführten Einkaufskorb legt.

7. Fallgruppe:

Opfer mit zu großem Vertrauen in sich selbst, z.B. bei § 263 StGB "mich haut man nicht übers Ohr".

8. Fallgruppe:

Das Opfer verläßt sich auf das Ausbleiben einer Rechtsgutverletzung, weil die Rechtsordnung für diesen Fall Sanktionen androht, so daß es im Falle des Vertrauensbruchs so gestellt wird, als hätte es das Opfer mit einem vertrauenswürdigen Menschen zu tun gehabt[446].

9. Fallgruppe:

---

445 Vgl. z.B. die im Ersten Teil unter A. dargelegten Beispiele 4 und 6.

446 Im Ergebnis dient die Rechtsordnung als Vertrauensersatz, vgl. a. Darmstaedter, SJZ 1948, Sp. 431f.

Das Opfer hat bestimmte Erwartungen an den Täter, der diese auch handelnd bestätigte, evt. auch sich zunutze machte.

Die Erwartung, daß derjenige, dem das Vertrauen gilt, die Interessen des ihm Vertrauenden nicht beeinträchtigen werde, kann unterschiedliche Gründe haben; z.B. wird der andere als eine Person angesehen, die fremde Interessen respektiert und aus diesem Grund die Situation nicht ausnutzen wird oder hat durch sein Verhalten eine Vertrauensbeziehung geschaffen.

10. Fallgruppe:

Das Opfer steht mit dem Täter in Geschäftsbeziehungen.

11. Fallgruppe:

Das Opfer ist im Ausgangspunkt mißtrauisch, verläßt sich aber dann doch auf den anderen insofern, als es ihm die Verletzung bestimmter "Spielregeln" nicht zutraut, d.h. vor dem Hintergrund bestimmter Verhaltensregeln auf seine Fairneß baut.

II. Auswirkungen des Vertrauens auf die Strafzumessungsschuld

1. Ausgangslage

Vertrauen definiert sich nach seinem allgemeinen Wortsinn generell als der gute Glaube daran, der andere werde einem nichts Böses tun und sich den positiven Erwartungen entsprechend verhalten.

Allein aus dieser Definition lassen sich jedoch keine zwingenden Rückschlüsse auf die Bewertungsrichtung ziehen, weil sie keine Subsumtion unter die als Richtlinie erarbeiteten Grenzwerte der garantenähnlichen Stellung im Sinne des § 13 StGB bzw. der bewußten Selbstgefährdung und Provokation ermöglichen.

Insoweit muß auch auf die Funktion des Vertrauens in ethischer und rechtlicher Hinsicht zurückgegriffen werden.

Ziel der nachfolgenden Untersuchung soll daher sein, generelle Kriterien zu erarbeiten, unter denen das Vertrauen dem besonderen Schutz der Rechtsordnung unterliegt mit der Folge, daß es einer Garantenstellung nahekommt und wann es den Fällen der bewußten Selbstgefährdung und der Provokation gleichkommt und deshalb nicht dem besonderen Schutz der Rechtsordnung unterfällt.

2. Voraussetzungen für den besonderen Schutz des Vertrauens

a) Vertrauensschutz

Der Gesetzgeber stellt an den besonderen Schutz des Vertrauens abhängig von der jeweiligen Form des Vertrauens unterschiedliche Anforderungen. Je größer die geforderten Sicherheiten, [illegible] umfassender ist der Schutz des Geschädigten.

b) Anforderungen an den Vertrauensschutz im einzelnen

Unter Berücksichtigung der vom Gesetzgeber getroffenen Aussagen zum Vertrauensschutz sowohl im Strafrecht als auch in anderen Rechtsgebieten sowie der generellen Funktion des Vertrauens kann festgestellt werden, daß Vertrauen dann besonderen Schutz genießt, wenn objektiv ein Vertrauenstatbestand gegeben ist, das Opfer bzw. der Geschädigte gutgläubig und die Vertrauensgewährung ursächlich für die später eingetretene Schädigung geworden ist. Im folgenden sollen Grundlagen und Anforderungen dieser Merkmale näher beleuchtet werden.

aa) Vorliegen eines Vertrauenstatbestandes

(1) Grundlagen

Das Erfordernis eines Vertrauenstatbestandes leitet sich zunächst aus dem Verständnis des Vertrauens ab, wie es oben dargelegt wurde: im Gegensatz zur bloßen Hoffnung sucht der Vertrauende immer Anhaltspunkte dafür, ob Vertrauen angemessen ist oder nicht, ohne daß dem stets eine rational durchdachte Entscheidung vorausgehen muß. Da Vertrauen eine Verallgemeinerung von Erfahrungen darstellt, kann es ohne jede vorherige Information nicht gewährt werden. Entscheidende Frage ist aber die, wann eine Situation genügend objektive Merkmale aufweist, um als Urteilsgrundlage für die Vertrauensbildung dienen zu können und wann sie auch für Dritte den gleichen Sinn und die gleiche Vertrauensrelevanz besitzt.

Auch in rechtlicher Hinsicht wird der besondere Schutz des Vertrauens vom Vorliegen eines Vertrauenstatbestandes abhängig gemacht.

Dies belegt besonders deutlich der Vertrauensgrundsatz, wie er seine Ausprägung im Bereich der Fahrlässigkeitsdelikte erfahren hat: als Spezialfall des erlaubten Risikos besagt er, daß man darauf vertrauen kann, daß andere die geltenden Regeln einhalten werden und man sein eigenes Verhalten danach ausrichten kann, es sei denn, es werde erkennbar, daß der andere die Regeln nicht einhält[447]. Grundlage dieses Vertrauens sind in diesem Fall allgemein anerkannte Erfahrungssätze, die sich teilweise auch in anderen Rechtsvorschriften niedergeschlagen haben, sowie die Verkehrsanschauung.

Bestätigt wird dies auch durch die an das Vorliegen einer Garantenpflicht im Sinne des § 13 StGB geknüpften Anforderungen: aufgrund besonderer Schutz- oder Obhutspflichten muß der Garant sogar Schaden von dem Rechtsgut des Dritten abwenden, der sich aufgrund dieser Stellung bzw. des Vorverhaltens des Garanten auch auf dessen erwartungsgemäßes Verhalten verlassen kann.

Für das Zivilrecht und das öffentliche Recht gilt dies noch in deutlicherem Maße: das schützenswerte Vertrauen wird immer an einen bestimmten Tatbestand, dem allgemein ein bestimmter Bedeutungsgehalt anhaftet, geknüpft wie z.B. einen Vertrag, wenn seine Enttäuschung Haftungspflichten auslösen soll[448].

(2) Arten der Vertrauenstatbestände

Vertrauenstatbestände können durch vielfältige Umstände hervorgerufen werden. Als Grundlage kommen, wie z.B. §§ 246 Abs. 1 2. Alt., 264 oder 263, 13 StGB belegen, Verträge oder aber die zwingende Notwendigkeit, sich in bestimmten Situationen auf den anderen zu verlassen, in Betracht.

Gleichzeitig können Eigenschaften der betreffenden Person Grund für das entgegengebrachte Vertrauen sein, z.B. im Bereich familiärer und ähnlicher zwischenmenschlicher Beziehungen oder bei Amtspersonen bzw. Angehörigen solcher Berufsgruppen, bei denen mit der Ausübung einer bestimmten Funktion oder der Übernahme bestimmter Aufgaben besondere Anforderungen oder Pflichten verbunden sind[449].

Auch bei Vorliegen eines Vertrauenstatbestandes muß der Vertrauen Gewährende seine Risikobereitschaft unter Kontrolle halten.

Hier kommt auch der Gedanke des Strafrechts als "ultima ratio" zum Tragen, aus dem folgt, daß erhöhtes Schutzbedürfnis nur bei gesteigerter Sozialgefährlichkeit des Rechtsgutangriffs besteht.

---

[447] Vgl. die Ausführungen unter B. II. 6. c).

[448] Vgl. hierzu oben unter C. I. 4. Sowie Craushaar, a.a.O., S. 20.

[449] Vgl z.B. § 266 StGB sowie die Ausführungen zu den Amtsdelikten.

Je nach Lage des Einzelfalles muß das Opfer daher selbst vorbeugende Maßnahmen zu seinem Selbstschutz ergreifen.

Hinsichtlich der Anforderungen an den Selbstschutz haben sich Erfahrungssätze herausgebildet, die in Bezug auf die jeweilige Vertrauensrichtung herausgearbeitet werden sollen.

Diese, den besonderen Schutz des Vertrauens rechtfertigenden Vertrauenstatbestände sollen im folgenden mit (ausreichend gesicherter) Vertrauenslage und Vertrauenszwang bezeichnet werden. Ihre besonderen Schutz bedingende Wirkung ergibt sich aus der Verknüpfung dieses Gesichtspunktes mit dem Gedanken des Selbstschutzes. Sie setzen stets die Unmöglichkeit oder Unzumutbarkeit des Selbstschutzes voraus.

(2.1) (ausreichend gesicherte) Vertrauensgrundlage

Kennzeichen der Vertrauensgrundlage ist, daß auch bei Berücksichtigung aller zur Deutung heranzuziehenden Umstände die Situation nicht mit absoluter Sicherheit den Schluß auf eine bestimmte Deutung, d.h. erwartungsgemäßes Verhalten, zuläßt, sondern nur von einer mehr oder minder großen Wahrscheinlichkeit gesprochen werden kann.

Das im Ergebnis maßgebliche Kriterium für die Annahme einer ausreichend gesicherten Vertrauensgrundlage wird in diesen Fällen nicht in dem Ausmaß des Wahrscheinlichkeitsurteils gesehen, sondern in dem Gesichtspunkt des möglichen und zumutbaren Selbstschutzes. Dabei bemessen sich die an den Selbstschutz zu stellenden Anforderungen je nach Lage des Einzelfalles danach, welche Maßnahmen der Vertrauende nach der allgemeinen Verkehrsauffassung hätte treffen können, mit anderen Worten, welche vorbeugenden Maßnahmen ihm möglich und zumutbar waren und in der betreffenden Situation üblich sind.

Generell kann festgestellt werden, daß vom Vertrauenden um so geringere Selbstschutzmaßnahmen erwartet werden, je mehr die Umstände den Schluß auf erwartungsgemäßes Verhalten nahelegen mit der Folge, daß kein Selbstschutz erforderlich ist in Fällen, in denen einer Situation eine bestimmte Regelbedeutung zukommt, auf die der Vertrauende meint sich verlassen zu dürfen.

Die Anforderungen an das Vorliegen einer Vertrauensgrundlage sowie den Selbstschutz hängen im einzelnen auch von der jeweiligen Vertrauensrichtung ab.

Anhaltspunkte für das Vorliegen einer Vertrauensgrundlage in familiären und diesen gleichkommenden zwischenmenschlichen Beziehungen enthält die Rechtsordnung sowohl in strafrechtlichen als auch in zivilrechtlichen Vorschriften[450]: aufbauend auf dem Grundgedanken, daß Ehe und Familie zu den wichtigsten Grundlagen des Gemeinschaftslebens gehören und Keimzelle des Vertrauens sind[451], soll innerhalb dieser durch persönliches Zusammenleben und auf längere Dauer angelegte Beziehungen grundsätzlich von erwartungsgemäßem Verhalten ausgegangen werden können. Dies wird auch durch familienrechtliche Vorschriften wie § 1618 BGB belegt, wonach Eltern und Kinder einander zu Beistand und Rücksicht verpflichtet sind.

In diesem Bereich ist der Begriff des Vertrauens aufgrund der persönlichen Beziehungen am wenigsten verrechtlicht, sondern beruht überwiegend auf Gefühlen: zwischen den Beteiligten besteht in diesen Fällen ein enges persönliches Band, aus dem grundsätzlich ein Fürsorge- und Obhutsverhältnis folgt, das es gleichzeitig auch unmöglich macht, in diesem Verhältnis in gleichem Umfang das Bemühen um Organisation und rationale Planung zu fordern wie z.B. im Wirtschaftsleben. Daher zieht der Gesetzgeber grundsätzlich das Vertrauen dem Mißtrauen vor, weil es hier Funktion und Stil des Vertrauens widerspräche, detaillierte Fakteninformationen und fachliche Beweise zu fordern.

Außerdem wäre dies speziell im Verhältnis von Kindern und Eltern und ihnen gleichgestellten Personen nicht möglich, weil gerade Kinder, die schon mangels Erfahrung nicht in der Lage sind, auf umfassende Hintergrundinformationen zurückzugreifen, sich in diesem Bereich grundsätzlich auf diese Personen verlassen, auf deren Schutz, Treue und Fürsorge sie angewiesen sind.

Allein aus den familiären Beziehungen wird regelmäßig auf dem Vertrauen entsprechendes Verhalten geschlossen, so daß Selbstschutzmaßnahmen nicht nur nicht erforderlich, sondern sogar sozial unerwünscht sind.

Im rechtsgeschäftlichen Bereich kommen als ausreichende Vertrauensgrundlage z.B. Verträge oder öffentliche Register in Betracht[452]. Die an diese Vertrauenstatbestände zu stellenden Anforderungen orientieren sich daran, daß gerade bei der Teilnahme am Rechtsverkehr das Vertrauen häufig nicht auf einer länger andauernden Beziehung beruht und sich nicht auf eine bestimmte Person und deren Eigenschaften bezieht, sondern der Vertrauende auch mit ihm völlig fremden Personen Rechtsbeziehungen eingehen muß. In diesen Fällen zeigen sich deutlich die Funktion des Vertrauens als Wissensersatz und Entlastungs-

---

450 Vgl. z.B. §§ 174 Abs. 1 Ziff. 1 und 3, 174a, 221, 223 Abs. 2, 180 Abs. 3 StGB.

451 Vgl. a. das sog. "Urvertrauen" als das "aus der engen Mutter-Kind-Beziehung im Säuglingsalter hervorgegangene natürliche Vertrauen des Menschen zu seiner Umwelt" in: Drosdowski, a.a.O., S. 761; vgl. a. Luhmann, a.a.O., S. 29: "Vertrauen muß ebenso wie Generalisierungen anderer Art gelernt sein. Die grundlegenden Voraussetzungen dieses Lernvorgangs werden im Kleinkind geschaffen. In der Familie findet das Vertrauen seine erste Bewährung in einer Umwelt, die durch soziale Institutionen und durch besondere Vertrauensleistungen der Familienmitglieder weitgehend entkompliziert ist".

452 Vgl. insoweit die Ausführungen zu §§ 266 Abs. 1, 266b, 246 Abs. 1 2. Alt., 13 StGB.

faktor sowie das Angewiesensein auf Tatbestände, auf die er seine Erwartungen gründen kann. Daher sieht die Rechtsordnung grundsätzlich sowohl Verträge als auch Verhandlungen im Vorfeld von Verträgen, aus denen sich für beide Partner Treuepflichten ergeben[453], als Vertrauensgrundlage an.

Hinsichtlich der Anforderungen an den Selbstschutz muß berücksichtigt werden, daß trotz aller Bemühungen um Organisation und rationale Planung nicht alles Handeln auf an Gewißheit grenzender Sicherheit beruhen kann.

Durch die Auswahl und die im Rahmen der entsprechenden Stellung möglichen Kontrollen entwickelt sich insbesondere nach längerer, beanstandungsfreier Zusammenarbeit eine Vertrauensgrundlage. Dem Opfer fehlen gerade, wenn es sich um Aufgaben in Spezialbereichen handelt, vielfach die Möglichkeiten, Kontrollen vorzunehmen. Hinzu kommt, daß in Fällen, in denen die wechselseitige Einschätzung, sich auf den anderen verlassen zu können, einmal stabilisiert ist, es ein alles zerstörender Fehler wäre, wenn einer der Beteiligten nunmehr Vorsichtsstrategien anwenden würde.

Gerade hier bietet die Rechtsordnung, die für bestimmte Erwartungen und Sanktionsmöglichkeiten hohe Sicherheit gewährt, eine unentbehrliche Grundlage für jede langfristige Überlegung dieser Art und entlastet damit das Risiko des Vertrauenden.

Der Vertrauende muß allerdings das verbleibende Restrisiko und damit seine eigene Risikobereitschaft unter Kontrolle halten. Er muß sich klarmachen, daß er sich nicht bedingungslos auf den anderen verläßt, sondern in Grenzen und nach Maßgabe bestimmter, vernünftiger Erwartungen.

Maßgebliches Kriterium für die Beurteilung des Umfangs des Selbstschutzes und damit die Frage, wann ein Vertrauensobjekt genügend objektive Merkmale aufweist, um als Urteilsgrundlage für die Vertrauensbildung dienen zu können und die für alle Menschen den gleichen Sinn und die gleiche Vertrauensrelevanz zu besitzen, liefert auch hier die Rechtsordnung, die für bestimmte Erwartungen und Sanktionsmöglichkeiten hohe Sicherheit gewährt, daher unentbehrliche Grundlage für jede längerfristige Überlegung dieser Art ist und damit das Risiko der Vertrauensgewähr entlastet, zum anderen die Verkehrssitte, weil gewisse äußere Umstände erfahrungsmäßige Schlüsse auf die übliche Entstehung einer Vertrauensgrundlage und ihre rechtliche Ausgestaltung zulassen.

Des weiteren enthält die Verkehrssitte aber auch Anhaltspunkte dafür, ob und welche selbstsichernden Maßnahmen in der jeweiligen Situation möglich, üblich und zumutbar sind.

Eingang in die hier anzustellenden Überlegungen muß damit auch der Vertrauensgrundsatz finden, wonach sich jeder auf das pflichtgemäße Verhalten seines Mitmenschen verlassen darf, ohne damit schon selbst eine Sorgfalts-

453 Vgl. etwa die Haftung im Rahmen der culpa in contrahendo sowie die Strafbarkeit im Rahmen der §§ 266, 246 Abs. 1 2. Alt. StGB.

pflichtwidrigkeit (im Sinne des Fahrlässigkeitsdelikts) zu begehen, weil ansonsten sämtliche Sozialkontakte schon im Vorfeld mit dem Makel des ständigen Mißtrauens der Menschen zueinander behaftet wären mit der Folge, daß gesetzliche Beziehungen jeglicher Art immer im Vorfeld gestört wären[454].

Ausnahmen werden immer nur dann gemacht, wenn die Möglichkeit eines Fehlverhaltens anderer Verkehrsteilnehmer im Einzelfall durch konkrete Umstände belegt ist oder bei vorausgegangenem Fehlverhalten des späteren Verletzten.

Außerdem muß man sich anhand der Motivationsstruktur des anderen verdeutlichen, welche Vor- bzw. Nachteile für diesen mit einem Vertrauensbruch bzw. einem dem entgegengebrachten Vertrauen entsprechenden Verhalten entstehen: je größer die im Falle des Vertrauensbruchs sich bietenden Vorteile, desto höhere Anforderungen bestehen an die vorzunehmenden Sicherheitsvorkehrungen, um das Restrisiko möglichst klein zu halten.

Anhaltspunkte für ein insoweit gemindertes Risiko sind Verträge, aber auch der Umstand, daß die Beteiligten wissen, daß ihre Beziehungen auch in die Zukunft gerichtet sind und sie daher weiterhin aufeinander angewiesen sind.

Von Bedeutung ist dabei auch, daß bestimmte Positionen, wie sie z.B. § 266 StGB im Auge hat, von besonderer personenrechtlicher Prägung sind. Der personenrechtliche Rechtscharakter wird z.B. darin sichtbar, daß im Einzelfall aus der Beschaffenheit der Dienstleistung, namentlich bei höheren Diensten, Nebenpflichten erwachsen, wie die Abwendung von Schäden usw. sowie sonstige Handlungsweisen, die alle ihre rechtliche Zusammenfassung in dem Begriff der "Treuepflicht"[455] gefunden haben. Deren Umfang hängt, wie dargelegt, auch von dem Maß der persönlichen Beziehungen ab, die zwischen den Beteiligten bestehen. Je mehr der Vertrag auf Vertrauen beruht, um so höhere Anforderungen sind in dieser Hinsicht zu stellen, so daß nur eingeschränkter Selbstschutz gefordert wird.

Zusammenfassend kann gesagt werden, daß grundsätzlich Informationsmöglichkeiten genutzt werden müssen und der Vertrauende genötigt ist, sich selbst zu sichern, und zwar zunächst im Stadium der Auswahl, sodann im Wege der Vereinbarung.

Das Recht verlangt von ihm - je nach Lage des Falles verschiedene - Maßnahmen zum Zwecke des Selbstschutzes. Was hier an Selbstschutz verlangt wird, darüber haben sich auf allen Rechtsgebieten Erfahrungssätze herausgebildet.

Die an den Selbstschutz zu stellenden Anforderungen werden hierbei danach bestimmt, ob und welche selbstsichernden Maßnahmen in der jeweiligen Situa-

---

454 BGHSt 7, S. 118; Müller, a.a.O., S. 12ff.

455 Vgl. a. die in § 266 StGB vorausgesetzte "Vermögensbetreuungspflicht".

tion möglich, üblich und zumutbar sind. Dabei ist zu beachten, daß Sicherheitsvorkehrungen mit zunehmender Dauer der Beziehungen abnehmen.

Allerdings enthält das Gesetz hier weiterführende Anhaltspunkte: wie §§ 263, 264, 264a StGB belegen, will der Gesetzgeber Vertrauen grundsätzlich auch dann geschützt wissen, wenn keine längere Täter-Opfer-Beziehung vorausgegangen ist. Außerdem sollen grundsätzlich vorhandene Informationsquellen genutzt werden, § 264 StGB, weil erst ab einem gewissen Grad, der sich an der Vermögensbetreuungspflicht des § 266 StGB orientiert, Kontrollen nicht mehr möglich bzw. zumutbar sind.

Dabei geht der Gesetzgeber insbesondere davon aus, daß bei Vorlage bestimmter Urkunden, z.B. öffentlicher Urkunden, dem Selbstschutz Genüge getan wurde.

Daß auch und vor allem schwächere Teilnehmer im Rechtsverkehr des besonderen Schutzes bedürfen, belegt § 264a StGB, der einen Schutz des in Geldangelegenheiten unerfahrenen Anlegers statuiert und damit zum Ausdruck bringt, daß der Umstand, daß Informationsmöglichkeiten bestanden, nicht allein ausschlaggebend sein kann. Der besondere Schutz des Vertrauens soll demnach nur gegen bestimmte Angriffe schützen[456] und dem Umstand Rechnung tragen, daß vielfach ab einem bestimmten Grad vertraut werden muß, weil es unzählige Situationen gibt, in denen man z.B. mangels Fachkompetenz darauf angewiesen ist, sich auf den anderen zu verlassen und nach entsprechender Prüfung auch der Auffassung ist und sein darf, trotz der bestehenden Risiken werde alles gut ablaufen.

Hinzu kommt, daß beispielsweise bei der Begründung von Arbeitsverhältnissen der Arbeitgeber Informationsmöglichkeiten zugunsten höher bewerteter Interesse wie der Individualsphäre des Bewerbers oder dessen Interesse an Resozialisierung teilweise nicht ausschöpfen darf. So sollen im Rahmen von Bewerbungsgesprächen nur solche Fragen zulässig und daher wahrheitsgemäß zu beantworten sein, die mit der zu leistenden Arbeit in unmittelbarem Zusammenhang stehen. Daher sind Fragen nach Vorstrafen nicht einschränkungslos zulässig, schon um die Resozialisierung des Betreffenden nicht unnötig zu erschweren und ihn nicht unnötig in Gewissensbisse zu bringen[457].

Der Arbeitgeber kann demzufolge nicht ohne Beschränkung auf das für den zu besetzenden Arbeitsplatz wichtige Strafrechtsgebiet Fragen stellen und muß außerdem deutlich zum Ausdruck bringen, daß Strafen, die der Tilgung oder der beschränkten Auskunft nach §§ 51, 30 BZRG unterliegen, nicht mitgeteilt werden müssen.

---

456 § 263 StGB: Hervorrufen des Vertrauens durch den Täter durch bestimmte Angriffsmittel.

457 BAG AP 2 zu § 123 BGB.

Der Gesetzgeber ist demzufolge der Auffassung, daß dort vertraut werden kann (und muß), wo sicheres Wissen nicht möglich oder zumutbar ist bzw. im Einzelfall um sozial höher bewerteter anderer Interessen zurückstehen muß. Insbesondere dort, wo das gesamte Verhalten und Vorbringen des Gegenübers geeignet war, ihn als besonders vertrauenswürdige Person erscheinen zu lassen, soll er hieran festgehalten werden können, vor allem wenn dies nur dazu bestimmt war, beim Opfer jegliche Verdacht- und Argwohnschöpfung zu verhindern.

(2.2) Vertrauenszwang

Von sog. Vertrauenszwang soll dann gesprochen werden, wenn der Vertrauende sich unabhängig von der Tatsache, ob er über ausreichend Information über die betreffenden Personen verfügt, auf sie verlassen muß, weil ihnen wie z.B. Amtsträgern bestimmte Aufgaben übertragen sind und für den Vertrauenden bei der Auswahl keine Wahlmöglichkeit besteht. Er verläßt sich demzufolge auf die genannten Personen nicht unbedingt deshalb, weil er in unmittelbarer Nähe zur Gewißheit steht, sondern weil er sich, unabhängig davon, ob eine sichere oder unsichere Vertrauensgrundlage besteht, möglichen Risiken ausliefern muß: er ist auf diese Personen angewiesen, "muß" vertrauen[458], zumal ihm in der Regel die Möglichkeiten fehlen, Kontrollen vorzunehmen, entweder aus tatsächlichen Gründen oder weil der andere über überlegenes Fachwissen verfügt.

Aus den §§ 331-358 StGB folgt, daß man sich auf bestimmte Personen aufgrund der von ihnen ausgeübten Funktion oder des von ihnen bekleideten Amtes soll verlassen können: sowohl die Allgemeinheit als auch der Staat als Arbeitgeber sollen sich auf die Sauberkeit der Amtsführung verlassen können.

Um diesem Umstand Rechnung zu tragen, will die Rechtsordnung durch Sanktionen und deren Vollzug dafür sorgen, daß der Vertrauende so gestellt wird, als hätte er es mit einem vertrauenswürdigen Menschen zu tun gehabt[459].

Dies wird belegt durch die Vorschriften der §§ 203, 356, 174b, 204, 174a, 132a StGB, die bestätigen, daß mit bestimmten Berufen, aber sogar auch mit dem Gebrauch bestimmter Bezeichnungen der Anschein besonderer Eigenschaften, Fähigkeiten, Integrität und Vertrauenswürdigkeit verbunden ist. Die Rechtsordnung berücksichtigt auch, daß der "Vertrauenszwang" in einigen Fällen nahezu "Abhängigkeit" und Angewiesensein schafft.

---

458 Vgl. insoweit auch die Wendung des "Mußvertrauens" bei Rumpf, AcP 119 (1920), S. 24.

459 Vgl. insoweit auch die mit den Amtsdelikten korrespondierenden Disziplinarvorschriften.

Insoweit handelt es sich um sog. "künstliche" Vertrauenstatbestände[460], weil sie erst durch das Gesetz geschaffen und zur Grundlage des Vertrauensschutzes erhoben werden.

Obwohl es sich um einen Fall des "Muß-Vertrauens" handelt, liegt ein besonders "starker" Vertrauenstatbestand vor, weil die Mitwirkung eines staatlichen Organs sowie die zum Teil mit Strafsanktionen versehenen Pflichten hier eine besonders hohe Richtigkeitsgewähr bieten und es daher unangemessen erscheint, dem Vertrauenden irgendeine Prüfobliegenheit aufzuerlegen, die Vertrauensperson oft ausdrücklich oder sogar konkludent Vertrauen zuläßt oder zur Vertrauensgewährung auffordert, z.B. Rechtsanwälte als Organe der Rechtspflege, Pfarrer, so daß der Vertrauende aufgrund dieses Verhaltens des anderen annimmt, er könne vom Vertrauensgewährer Erfüllung seines Vertrauens erwarten.

Auch soweit es sich nicht um staatliche Organe oder Ämter handelt, kann mit einer bestimmten Stellung ein starker Vertrauenstatbestand verbunden sein, wie die genannten Vorschriften bestätigen: nicht nur mit bestimmten Berufen sowie mit dem Gebrauch bestimmter Berufsbezeichnungen oder akademischer Titel und Grade ist der Anschein besonderer Eigenschaften, Fähigkeiten, Integrität und Vertrauenswürdigkeit verbunden, sondern auch mit bestimmten anderen Stellungen und Positionen. Dieser Personenkreis fordert oft sogar ausdrücklich oder konkludent unter Hinweis auf den Beruf bzw. die Stellung sowie die damit u.a. verbundenen Treuepflichten dazu auf, sich auf ihn zu verlassen. Auch in diesen Fällen besteht ab einem gewissen Grad eine Angewiesenheit auf den anderen: vielfach ist der Rechtsgutinhaber gerade im Wirtschaftsleben gezwungen, die Besorgung seiner Angelegenheiten ganz oder teilweise Dritten zu überlassen, vgl. § 266 StGB.

Hinsichtlich des Selbstschutzes gegenüber Amtspersonen sowie diesen gleichgestellten Personen müssen vom einzelnen keine Selbstschutzmaßnahmen ergriffen werden, zumal dies regelmäßig auch nicht möglich ist. Insoweit kann der Vertrauende, der vielfach auch hinsichtlich der Auswahl der betreffenden Person keine Wahlmöglichkeit hat, davon ausgehen, daß das Vertrauen in die Funktionsfähigkeit des betreffenden Systems das Vertrauen in die Funktionsfähigkeit ihrer immanenten Kontrollen einschließt.

---

460 Vgl. Canaris, a.a.O., S. 492.

bb) Gutgläubigkeit

(1) Grundlagen

Die Gutgläubigkeit des Opfers als weitere Voraussetzung für den besonderen Vertrauensschutz leitet sich daraus ab, daß nur in solchen Fällen, in denen das Opfer die wahre Sach- und Rechtslage, das heißt die Unrichtgkeit des Vertrauenstatbestandes nicht kennt, ein entsprechend erhöhtes Schutzbedürfnis vorliegt und das Handlungsunrecht unter den Gesichtspunkten der Art und Weise der Ausführung, des gesteigerten Maßes der Pflichtwidrigkeit sowie der erhöhten kriminellen Energie größer ist.

Auch der für den Bereich der Fahrlässigkeitsdelikte entwickelte Vertrauensgrundsatz belegt, daß der Vertrauensschutz dann entfällt, wenn gegenteilige Anhaltspunkte dafür vorlagen, das heißt, wenn offenkundig ist, daß der andere sich dem Vertrauen zuwiderlaufend verhalten wird.

Außerdem kann das in § 263 StGB enthaltene Irrtumsmerkmal hier als Argument angeführt werden: der Gesetzgeber will das Opfer nur dann vor bestimmten Angriffen schützen, wenn es sich im Irrtum befand, mit anderen Worten seine Vorstellung nicht den Tatsachen entsprach[461]. Umgekehrt kann hieraus der Schluß gezogen werden, daß kein Schutzbedürfnis besteht, wenn das Opfer in Kenntnis der wahren Sachlage gehandelt hat.

Entsprechendes folgt auch aus dem dem Vertrauen entgegengesetzten Begriff der Heimtücke: diese soll dann entfallen, wenn das Opfer im Zeitpunkt des Tötungsentschlusses nicht mehr arglos ist[462].

(2) Anforderungen an die Gutgläubigkeit

Gutgläubigkeit des Opfers liegt dann vor, wenn es von dem Vorliegen eines Vertrauenstatbestandes ausgeht und deshalb vertrauensentsprechendes Verhalten des Täters erwartet.

Der gute Glaube wird bei manchen Vertrauenstatbeständen ebenso wie gegenüber Amtspersonen grundsätzlich vermutet.

Fraglich ist aber, inwieweit bei Zweifeln oder nachträglich eingetretenen Störungen in der Vertrauensbeziehung noch von Gutgläubigkeit gesprochen werden kann.

---

461 Vgl. hierzu die Ausführungen unter B. II. 2. j).

462 Vgl. insoweit die Ausführungen zur Arglist weiter oben B. II. 2. e).

Auch diese Frage kann nur unter Rückgriff auf die Funktion des Vertrauens beantwortet werden: Vertrauen wird, weil die Wirklichkeit zu komplex ist, mit Hilfe symbolischer Implikationen kontrolliert, und dazu dient ein grob vereinfachtes Gerüst von Indizien, das nach Art einer Rückkoppelungsschleife laufend Informationen darüber zurückmeldet, ob die Fortsetzung des Vertrauens noch angebracht ist oder nicht.

Daraus folgt, daß nicht jede Information die Vertrauensgrundlage gefährdet oder zerstört, weil die Vertrauens[illegible] [illegible] Kredit [illegible], in dessen Rahmen auch ungünstige Erfahrungen zurechtinterpretiert oder absorbiert werden können. Sie wird durch Schwellen kontrolliert, die ihr Verhalten nicht überschreiten darf, ohne daß ihr das Vertrauen entzogen wird.

Hinsichtlich der Anforderungen an die Gutgläubigkeit ist zu berücksichtigen, daß Vertrauen auch in der Form des bloßen Unterdrückens von Mißtrauen vorliegen kann, was seinen Niederschlag auch bei der Beurteilung der Gutgläubigkeit finden muß.

Bezüglich der Anforderungen, die an die Störung zu stellen sind, ist zu berücksichtigen, daß Vertrauen auch in der Form des bloßen Unterdrückens von Mißtrauen vorliegen kann, was seinen Niederschlag auch in der Beurteilung der Gutgläubigkeit finden kann.

Insoweit bietet es sich an, auf die Ausführungen zum Irrtumsmerkmal in § 263 StGB zurückzugreifen.

Wie an anderer Stelle ausgeführt[463], besteht Einigkeit darüber, daß ein Für-wahr-halten nicht nur bei (absoluter) subjektiver Gewißheit, sondern auch bei weniger als dieser, bei Zweifeln vorliegen kann. Die Meinungen gehen jedoch darüber auseinander, wie intensiv bzw. welcher Qualität diese Zweifel sein dürfen, um noch von einem Irrtum sprechen zu können.

Wie bereits dargelegt, reichen die Definitionen des Irrtums von der Auffassung, daß ein für Betrug ausreichender Irrtum auch dann vorliegt, wenn der Geschädigte die vorgespiegelte Tatsache nur für möglicherweise wahr hält, wenn er sich nur von dieser Vorstellung zur Vermögensverfügung motivieren läßt[464] über die Auffassung, ein Irrtum sei erst dann gegeben, wenn der Getäuschte die behauptete Tatsache für wahrscheinlich wahr halte[465] oder Zweifel schließen einen Irrtum nur dann aus, wenn sie auf konkreten Anhaltspunkten beruhen[466] bis hin zu der Auffassung, ein Irrtum liege dann nicht vor, wenn die vom Getäuschten vorgenommene Vermögensverfügung bei einem anderen Vermögens-

---

463 Vgl. hierzu auch die Ausführungen unter B. II. 2. j).

464 Achenbach, in: Jura 1984, S. 603; Bottke, in: Juristische Rundschau 1987, S. 428; ders., in: Jura 1991, S. 267.

465 Krey, a.a.O., Rdnr. 373ff.; Giehring, in: GA 1973, S. 10ff., 16ff.

466 Amelung, in: GA 1977, S. 1ff.; Beulke, NJW 1977, S. 1073

delikt eine trotz der Zweifel wirksame Einwilligung in die Vermögensschädigung darstelle[467].

Im Hinblick auf Funktion und Inhalt des Vertrauens ist es angemessen, Gutgläubigkeit auch dann anzunehmen, wenn der Vertrauende gewisse, nicht ausräumbare Zweifel hegt, er sich aber von der vertrauensvollen Vorstellung zu seinem Handeln motivieren läßt. Entscheidend ist, daß der Vertrauende sich auch in diesen Fällen, in denen er Zweifel hat, letztlich auf den anderen verläßt.

Hinzu kommt, daß gerade wirtschaftliche Entscheidungen häufig aufgrund einer Risikoabwägung getroffen werden und anderenfalls gerade hier durch übersteigerte Anforderungen an das Merkmal der Gutgläubigkeit letztlich das Vertrauen aus diesem Bereich ausgegrenzt würde.

Hinsichtlich der Anforderungen an die Gutgläubigkeit ist auf das individuelle Opfer abzustellen, zum anderen auch auf die Vertrauensrichtung.

Wollte man nicht auf das individuelle Opfer abstellen, dann würden gerade unerfahrene, einfältigere Personen geringeren Schutz erfahren, obwohl gerade sie es besonders schwer haben, sich vor Angriffen auf ihre Rechtsgüter zu schützen. Der Täter würde dann auch noch dafür belohnt, sich ein besonders schwaches Opfer ausgesucht zu haben.

cc) Ursächlichkeit

Die Vertrauenslage muß sich auf die konkrete Tatbegehung ausgewirkt haben, weil sich nur dann die sozialschädlichen Folgen eines Vertrauensbruchs niederschlagen, d.h. das Vertrauen muß - zumindest auch - Grundlage für das Verhalten des Täters geworden sein.

dd) Kenntnis des Vertrauenstatbestandes seitens des Täters

Auch der Täter muß Kenntnis vom Vorliegen eines Vertrauenstatbestandes haben[468], was zumindest dann der Fall ist, wenn das Opfer eine Vertrauensinvestition getätigt hat, in der sich das Vertrauen objektiviert hat[469]. Nur in diesen Fällen kann dem Täter auch ein gesteigertes Maß an krimineller Energie vorgeworfen werden.

---

467 Herzberg, a.a.O., S. 289ff.; Röhmel, JA 1977, S. 585.

468 Vgl. insoweit auch die Ausführungen zur Arglist unter B. II. 2. e).

469 Irrt er sich insoweit, wirkt sich dies mildernd im Rahmen der Strafzumessung aus; ausführlich zur irrigen Annahme von Strafmilderungsgründen Küper, GA 1968, S. 321f.

3. Folgen für die Bemessung der Strafzumessungsschuld

Überträgt man die vorgenannten Rechtsgedanken zum besonderen Vertrauensschutz auf die Grenzwerte der garantenähnlichen Stellung im Sinne des § 13 StGB sowie der bewußten Selbstgefährdung und der Provokation, ergibt sich folgendes Bild:
Ein Grenzwert zu § 13 StGB mit strafschärfender Wirkung liegt vor bei
- Vorliegen eines Vertrauenstatbestandes
- Ursächlichkeit
- Gutgläubigkeit des Opfers
- Kenntnis des Täters von Vertrauenstatbestand und Gutgläubigkeit

Dies ist insbesondere der Fall
- bei Vertrauenserschleichung zur Tatbegehung
- bei Ausnutzen von Vertrauen in familiären und diesen gleichkommenden anderen zwischenmenschlichen Beziehungen
- bei Begehung der Tat unter Ausnutzung eines Amtes oder einer Stellung, mit dem oder mit der besondere Pflichten verbunden sind.

Dagegen liegt ein strafmildernder Grenzfall zu bewußter Selbstgefährdung vor, wenn es an einem Vertrauenstatbestand fehlt oder das Opfer nicht gutgläubig ist. Voraussetzung ist aber immer, daß das Opfer entsprechend den für den Täter geltenden §§ 19, 20 StGB in der Lage ist, die Bedeutung des Geschehens richtig einzuschätzen. Nur in diesen Fällen kann gesagt werden, daß das Strafzumessungsunrecht, das sich daran orientiert, inwiefern das Opfer auf eine Weise verletzt wird, auf die es sich aus eigener Kraft einstellen und schützen kann, unter dem Gesichtspunkt erleichterter Tatbegehung erhöht ist.

Daher ist Strafmilderung insbesondere dann die Folge,
- wenn das Opfer in Kenntnis der Tragweite seines Verhaltens selbstgefährdende Handlungen ohne vorherige Kontrollen vornimmt oder sich dementsprechend wissentlich in eine bestehende Gefahr begibt, ohne daß der Täter hierzu durch konkretes Verhalten wie der gezielten Vertrauenserweckung zur Tatbegehung Anlaß gegeben hätte.
- in Fällen des nachlässigen Verhaltens des Opfers
- wenn das Opfer ihm mögliche und zumutbare Kontrollen unterläßt, z.B. fehlende Überwachung von Arbeitnehmern auf Diebstähle, Unterlassen der Bewachung von wertvollen Gegenständen.

Fehlt ein ursächlicher Zusammenhang zwischen dem Vertrauenstatbestand oder der selbstgefährdenden Handlung und der konkreten Tatbegehung, kommt dem Vertrauen keine tatgestaltende oder -fördernde Rolle zu, so daß es bei der Bemessung der Strafzumessungsschuld unberücksichtigt bleibt.

4. Anwendung der entwickelten Grundsätze auf die dargelegten Fallgruppen

1. Fallgruppe:

Nach den vorstehend erarbeiteten Grundsätzen erhöht sich die Strafzumessungsschuld des Täters, wenn zwischen Täter und Opfer soziale Bindungen bestanden, bei denen grundsätzlich vom anderen kein Vertrauensbruch erwartet wird, sondern man sogar auf dessen Treue-, Obhuts- und Fürsorgepflicht bauen kann.

Sowohl Erfolgs- als auch Handlungsunrecht sind höher einzustufen.

2. Fallgruppe:

Auch in diesem Fall kommt dem Vertrauensmißbrauch strafschärfende Wirkung zu.

3. Fallgruppe:

Im Rahmen dieser Fallgruppe kann keine generelle Entscheidung bezüglich der Auswirkungen auf die Strafzumessungsschuld getroffen werden.

Hier bedarf es der einzelfallbezogenen Prüfung, inwieweit die unter 3. genannten Voraussetzungen für die besondere Schutzwürdigkeit des Vertrauens vorliegen.

4. Fallgruppe:

Die Strafzumessungsschuld des Täters ist erhöht, wenn mit der Ausübung einer bestimmten Funktion oder der Übernahme bestimmter Aufgaben besondere Pflichten verbunden sind. Die Selbstschutzmöglichkeiten des Opfers sind insoweit eingeschränkt.

5. Fallgruppe:

Es liegt ein Vertrauenstatbestand in Form des Vertrauenszwanges vor: das spätere Opfer hat keine andere Wahl als zu vertrauen und muß sich demzufolge erhöhten Risiken aussetzen. Das Opfer geht trotz der bestehenden Risiken davon aus, alles werde gut ablaufen.

Dabei kann auch ein allgemeiner sozialer Zwang zur Vertrauensbekundung bestehen, weil ein Verzicht auf die Vertrauensbekundung zu einer unerträglichen Einschränkung der Bewegungs- und Handlungsfreiheit führen würde und daher allgemein nicht erwartet wird. Obwohl dem Opfer die mit der Aufnahme oder Unterhaltung geschäftlicher oder anderer Beziehungen verbundenen Risiken bekannt sind, muß es sich ihnen aussetzen. Weitergehende Selbstschutzmaßnahmen sind unzumutbar oder unmöglich.

In diesen Fällen ist Strafschärfung die Folge. Anders ist es allerdings dann, wenn das Opfer trotz der Möglichkeit von Kontrollmaßnahmen diese unterläßt und lediglich hofft, es werde schon alles gut verlaufen. Insoweit fehlt es regelmäßig bereits an einem Vertrauenstatbestand.

6. Fallgruppe:

Mangels Vorliegens einer ausreichend gesicherten Vertrauensgrundlage genießt das Opfer nicht den besonderen Schutz des Vertrauens. Das Opfer erkennt das mit seinem Verhalten verbundene Risiko und geht dies ein, obwohl es diese Risiken durch ihm zumutbare Kontrollen bzw. Absicherungen ausschalten könnte.

Damit rückt der Gedanke der Taterleichterung in den Vordergrund.

7. Fallgruppe:

Erforderlich ist eine einzelfallbezogene Prüfung. Entscheidend ist, wie dieses "zu große Vertrauen in sich selbst" sich auswirkt, d.h. ob das Opfer z.B. ohne an einen Vertrauenstatbestand anknüpfen zu können, sich auf den anderen verläßt oder ob sein Verhalten die Strafschärfung nach sich ziehenden Voraussetzungen erfüllt.

8. Fallgruppe:

Auch bei dieser Fallgestaltung ist eine einzelfallbezogene Prüfung erforderlich. Allein der Umstand, daß die Rechtsordnung für den Fall des Vertrauensbruchs Sanktionen vorsieht, führt noch nicht zur Annahme eines Vertrauenstatbestandes. Entscheidend ist vielmehr die konkrete Ausgestaltung der Vertrauenslage sowie die Feststellung, ob gegebenenfalls ein Fall des Vertrauenszwanges vorliegt.

Der Umstand, daß die Rechtsordnung die Rechtsgutverletzung sanktioniert, ist lediglich ein Faktor bei der Ermittlung der Motivationsstruktur des anderen im Rahmen der übergeordneten Prüfung des Vorliegens eines Vertrauenstatbestandes.

9. Fallgruppe:

Kennzeichnend für diese Fälle ist, daß jemand ausdrücklich oder konkludent dazu auffordert, sich auf ihn zu verlassen bzw. es zuläßt, daß sich der andere auf ihn verläßt und ihn darin bestätigt. Aus diesem Grund geht der Vertrauen Gewährende von erwartungsgemäßem Verhalten aus und hält demzufolge Kontrollmaßnahmen nicht für erforderlich. Er unterstellt sich bzw. sein Rechtsgut der Fürsorge oder Obhut des Täters, indem er sich in dessen Gefahren- oder Einwirkungsbereich begibt.

Im Gegensatz zu demjenigen, der aufgrund eines Vertrauenszwanges entsprechend handelt und sich den Risiken aussetzt, weil er keine Wahl hat, geht das Opfer sie in diesen Fällen ein, weil es gerade vom Täter erwartet, dieser werde für die Entsprechung seines Vertrauens sorgen. Der Täter schaltet das Mißtrauen des Opfers durch die Bestätigung seines vertrauensvollen Verhaltens aus, arbeitet mithin planmäßig auf die Taterleichterung hin. Demzufolge ist der gegenüber dem Täter im Rahmen der Strafzumessungsschuld zu erhebende Vorwurf größer.

10. Fallgruppe:

Im Einzelfall ist zu prüfen, ob ein Vertrauenstatbestand vorlag und die erforderlichen und zumutbaren Selbstschutzmaßnahmen ergriffen worden sind.

11. Fallgruppe:

Vertrauen liegt vor in Form des Unterdrückens von Mißtrauen. Das Opfer ist sich noch bestehender Risiken bewußt, hat diese aber durch Abwägung der für beide Teile aus dem Vertrauensbruch folgenden Konsequenzen eingegrenzt und kann sich hierbei auch an der Rechtsordnung orientieren, soweit diese Sanktionen für den Fall der Enttäuschung des Vertrauens vorsieht.

Dritter Teil:

Schlußbetrachtung

Der Strafzumessungsvorgang steht nach grundsätzlicher Feststellung der Schuld regelmäßig im Blickpunkt des Interesses von Täter und Öffentlichkeit.

Auch wenn gem. § 267 Abs. 3 Satz 1 StPO im Urteil die Gründe anzuführen sind, die für die Zumessung der Strafe bestimmend gewesen sind und diese gegeneinander abzuwägen sind, so erscheint das konkrete Ergebnis vor allem für den Täter oft nicht nachvollziehbar, wenn nicht sogar bezüglich der Höhe der Strafe willkürlich.

Dies liegt vor allem daran, daß die für die Zumessung der Strafe entscheidende Regelung, § 46 StGB, nur eine beispielhafte Aufzählung der strafzumessungsrelevanten Tatsachen und keine Entscheidung enthält, welche Auswirkungen ihnen im Einzelfall zukommen. Demzufolge können sich beispielsweise aus einem und demselben Umstand abhängig davon, welchem Strafzweck der Vorrang eingeräumt wird, sowohl Strafschärfungs- als auch Strafmilderungsgründe ergeben.

Die Auseinandersetzung mit dem Wesen der Strafe belegt, daß eine echte Mathematisierung der Strafzumessungsentscheidung mit der Folge einer im voraus exakt berechenbaren und dann einzig richtigen Entscheidung nicht möglich ist.

Ziel - auch dieser Arbeit - kann daher nur sein, mit dazu beizutragen, die Strafzumessungsentscheidung transparenter zu machen und durch generelle Richtlinien Entscheidungshilfen für die Feststellung und Bewertung strafzumessungsrelevanter Tatsachen zu geben. Dabei lassen sich anhand der vorliegend untersuchten Täter-Opfer-Beziehung, die im Katalog des § 46 Abs. 2 Satz 2 StGB zwar nicht ausdrücklich genannt, sich aber als strafzumessungsrelevant erwiesen hat, deutlich die mit Strafzumessungsentscheidungen verbundenen Probleme aufzeigen: allgemeingültige Aussagen über ihre Bewertungsrichtung sind angesichts der Vielfalt von Täter-Opfer-Beziehungen bzw. strafzumessungsrelevanter Opferverhaltensweisen kaum möglich.

Aus diesem Grund wurde das Opfervertrauen aus der Vielzahl möglicher Täter-Opfer-Beziehungen herausgegriffen. Gerade durch Vertrauen gekennzeichnete Straftaten führen im Bereich der Strafzumessung oft eher zu gefühlsmäßigen Entscheidungen, die sich daran ausrichten, ob die jeweilige Vertrauensbekundung als ein sittlich wertvolles Vertrauen eingestuft wird, anstatt daran, ob das Vertrauen - unabhängig von dem Vorliegen einer sittlich anerkennenswerten Vertrauensgesinnung - als zur Verfügung stehendes Mittel, mit dem sozialen Umfeld zurechtzukommen, richtig oder falsch eingesetzt wird. Beispielhaft kann anhand dieser Strafzumessungstatsache dargelegt werden, daß Ausgangspunkt jeder Wertung zunächst eine genaue inhaltliche Umschreibung des Begrifffs, darüber hinaus eine detaillierte Auseinandersetzung mit den im Strafgesetzbuch, in gewohnheitsrechtlich anerkannten Rechtsinstituten sowie anderen Rechtsgebieten - soweit eine Übertragung auf das Strafrecht möglich ist - enthaltenen Rechtsgedanken zur Beurteilung der jeweiligen Strafzumessungstatsache sein muß: das Gesetz enthält nämlich nicht nur Anhaltspunkte für die strafzumessungsrechtliche Beurteilung des Opferverhaltens im allgemeinen, sondern auch speziell zum Vertrauen.

Die Auswertung dieser Regelungen führt zu dem Ergebnis, daß das Gesetz von einem weiten Vertrauensbegriff ausgeht und notwendige Einschränkungen des besonderen Vertrauensschutzes vom Vorliegen bzw. Nichtvorliegen bestimmter Voraussetzungen abhängig macht.

Dies muß sich auch in strafzumessungsrechtlicher Hinsicht auswirken mit der Folge, daß für die konkrete Tatgestaltung ursächlich gewordenes Vertrauen sich dann als strafmildernd erweist, wenn es einen Grenzfall zur bewußten Selbstgefährdung oder der Provokation darstellt, sich jedoch dann als strafschärfend auswirkte, wenn den Täter eine garantenähnliche Stellung im Sinne des § 13 StGB traf.

Für die Konkretisierung der so ermittelten Grenzwerte bilden der für den Bereich der Fahrlässigkeitsdelikte entwickelte Vertrauensgrundsatz sowie die zivilrechtlichen Regelungen betreffend den Vertrauensschutz eine wesentliche Grundlage.

Damit ist auch ein weiteres Ziel der Untersuchung, nämlich aufzuzeigen, daß die vorhandenen rechtlichen und gewohnheitsrechtlich anerkannten Regelungen umfassend für die Gewinnung einer nachvollziehbaren und berechenbaren Strafzumessungsentscheidung genutzt werden müssen, erreicht.

Printed by
CPI books GmbH, Leck

Kolibri 360 GmbH
Ferdinand-Jühlke-Straße 7
99095 Erfurt, Deutschland
produktsicherheit@kolibri360.de